Le Capital humain

du même auteur :

La Part des loups
Agone 2005

Lettres à Jules
Agone 2004

Le Roman de Gluck
l'Esprit frappeur 2003

Paul des Épinettes
l'Insomniaque 2002

Je hais les matins
Denoël 2001

Le Capital humain

Jann-Marc Rouillan

roman

L'Arganier
la belle ouvrage

la belle ouvrage
Une collection dirigée par Nicolas Grondin

Nous remercions vivement l'équipe des Éditions Agone
sans laquelle nous n'aurions pu éditer cet ouvrage.
AGONE
BP 70072 — 13192 Marseille cedex 20
www.agone.org

Par solidarité avec les prisonniers,
les droits d'auteur de ce livre sont reversés à l'association
LE JARGON LIBRE
80, rue Ménilmontant 75020 PARIS

Éditions L'Arganier
« Un arbre au seuil du désert »

Une maison d'édition d'ÉdiGroup
60, rue Saint-André-des-Arts
75006 PARIS
www.larganier.fr

ISBN : 978-2-912728-51-7
Dépôt légal : premier trimestre 2007

Toxic

Bien qu'au quatrième étage, j'aurais pu me croire en sous-sol. Le couloir était banal. La lèpre bubonique écaillait l'acrylique. Des auréoles tachetaient le ciel de plâtre. Les néons grésillaient une comptine d'insectes moribonds.

Un sac plastique à chaque main, j'errais dans le dédale des corridors et ce silence de l'absence des hommes, au travail. Des mégots au bec écrasé pointaient le jeu de piste. Au-dessus des lavabos des toilettes collectives, je surpris une silhouette sombre dans les miroirs. C'était la mienne. Une chasse d'eau fuyait, son écho comme une balise.

Ce mélange diffus d'effluves humains croupis et de senteurs de lessive au pin me ramenait dans un vieil hôpital, ou plutôt à de vieux souvenirs, plus personnels, d'un centre de désintoxication, non loin de Créteil.

— Comme je l'ai répété au juge et aux éducateurs, ici... Vous serez bien.

Et cette fois, curé ou troufion ? Pour l'application des peines, l'Administration Pénitentiaire confit plus volontiers ses pensionnaires à des institutions religieuses ou militaires.

Soutane ou clairon ? Sabre ou goupillon ?

J'étais, selon l'expression consacrée, « sans attache familiale ». Depuis une éternité. Depuis si longtemps qu'y penser ne soulevait plus en moi la moindre émotion. J'avais donc opté pour le missel en acceptant, en guise d'hébergement, le Foyer des Travailleurs Chrétiens, dans une banlieue écartée, non loin de celle de mon enfance. Quant au contrat de travail, le juge s'était contenté d'une promesse d'embauche, comme soudeur professionnel, émanant d'une boîte d'intérim. J'avais bossé pendant dix ans comme tel à l'atelier de la Régie Industrielle des Établissements Pénitentiaires de la Centrale de Lannemezan… Dix ans !

Dix ans et, sempiternels, le même taf, la même cellule, le fil d'une même journée sans cesse recommencée. Sans surprise. Sauf peut-être le départ d'un baluchonné, l'arrivée d'un bleu, les saignées entre quelques-uns… Puis on retombait très vite dans la routine de la réclusion anthropophage.

Dès que j'en avais eu la possibilité légale, j'avais posé une demande de libération conditionnelle. Pour la forme, car je n'avais guère d'illusion : plus personne ne sortait en « condi ». Pourtant elle conservait, envers et contre tout, son rang de religion carcérale, avec sa déesse : la belle, l'évasion… La cavale. Consolatrice ou guerrière, la liberté nourrit d'espoir la viande prisonnière sans rancune qui, le soir venu, au coin de sa cage de béton, implore idoles et chimères : sainte Envolée, que votre escampette soit bénie, apportez-nous les morphines de nos jours et de nos nuits.

Moi aussi, la « condi » ? Peut-être, malgré tout…

Et puis, miraculeusement, je l'avais signée. Juges et geôliers m'accordaient leur bonne grâce ! Oh, pas pour mes beaux yeux ! Rien ne se fait pour rien, en prison. Ma demande tombait pile avec la mise en place des tribunaux intérieurs de l'application des peines, avant l'agitation des syndicats de l'ordre, en même temps que la propagande humaniste préparant la réélection de Chirac sur le credo sécuritaire. Mon dossier était arrivé au bon moment. Ou peut-être étais-je le moins pire, le moins dangereux? À quoi bon chercher de raison à cette loterie?

Quoi qu'il en soit, ce fut l'éclaircie. Je n'allais pas crever en zonzon comme tant de collègues... et mon poto Dynamo.

Depuis que j'avais quitté le bureau de la direction du Foyer, j'étais resté seul, à chercher ce numéro 451 qui était désormais le mien. Et je scrutais les chiffres décatis sur ces portes d'un orange passé, grenelé comme les pelures mâchées, séchées, que nous brûlions en guise de désodorisant au pays des prisons. Pour mes congénères et voisins, je serais –peut-être?– le « *cum* du 451 » ou le « *z'oreille* du quatrième ». Pour l'administration, je devenais « l'occupant provisoire » de la 451, dossier 645 à ouvrir avec le formulaire 25b et la fiche SS.1225. L'ex-taulard au sujet duquel le responsable pourrait contacter le juge Untel, l'éducateur Machin, le commissaire Trucmuche... Comme si les hommes, ici aussi, ne pouvaient vivre sans étiquette, sans le cachet identificatoire pour le reconnaître dans la friche de l'anonymat.

À notre époque, on ne disparaît plus, ou du moins pas impunément ni sans risque. Si à l'appel, on s'abstient de répondre: « Présent! », les alarmes retentissent et les chiens sont lâchés. L'hallali sonne au corps intime comme un sémaphore, une tutelle. Et la peur patiente perfore cœur et âme. Aux Amériques, des savants policiers ont conçu des puces qu'ils greffent sous la peau des *new-citizens*, que les caméras urbaines accolées aux puissants calculateurs informatiques peuvent ainsi suivre à la trace. L'Ordre fredonne en sourdine le vieux « Je suis partout », telle une réminiscence du refrain vert-de-gris. Le chœur antique des ignorants noie la métropole cannibale d'un bonheur insoutenable.

Celui qui ne se conçoit pluriel est désormais écrasé, jusqu'à l'appartenance à la série limitée la plus privilégiée. Presque hors norme mais toujours dans la course. Dans le bain. Mort à celui qui demeure lui-même et personne d'autre, à celui qui a du singulier. L'être différent est traqué.

D'une lettre de Flaubert, longtemps j'ai gardé, noté sur un morceau de bon de cantine : *la foule, le nombre, le troupeau sera toujours haïssable.* Et parfois, en catimini, je ronge l'os cruel de ce ressentiment. Les chiens errants transbahutent une rage solitaire. J'étais un chien en cavale. Moi, l'ancien A 214 de Lannemezan, le futur 451 du Val-de-Marne, je refusais la menace du nombre. La dictature de la majorité se résume à un plébiscite pour commandeurs et croyants. Les 80 %, les 87 %, les 96 % et surtout les 99 % nous réduisent à n'être que moins d'un sur cent. À l'indéchiffrable. À « l'incompté » de l'individu superflu, à ce pas-grand-chose dont ils n'ont, finalement, plus à tenir compte.

Ils finiront par nous rayer des listes avant de nous liquider.

La déflagration de la pensée commune n'a laissé de nous qu'une ombre grisée sur le mur sale d'une rue. Une rue pas loin de chez nous, un jour que nous rentrions dîner, sortions travailler ou comptions « larciner » en douce –oui même ça...–, qu'importe ! Je me remémore cette ombre rapportée par l'atomique *Little Boy,* quelque part sur des ruines japonaises de l'août 1945. Était-ce un homme ? Une femme ? Le mur a été sensibilisé comme le négatif d'une pellicule photo. Voilà notre état réel : zombie ! Le Rien en guise de destin.

Tout –c'est-à-dire la savante machinerie faite des autres et des rapports entre eux– essaie de nous brider et de nous rapetisser. Une machinerie qui nous pénètre et tue jusqu'à notre indépendance du dedans, à la manière d'un bernard-l'hermite. Nous, hommes, femmes, spectres de sujets indistinctement vivants ou morts, car c'est égal pour la machinerie ! Puisque nous allons vers l'unité incomplète comme si, par l'opération du commun esprit, le Un valait 0,99 ou 0,999 ou… etc. sans atteindre jamais le recouvrement de l'unité, inéluctablement entre le Un à part entière et le nul affublé d'un exposant résiduel d'existence. Mais pas tout à fait le néant non plus… Le néant est une condition encore bien trop humaine ! Et lorsque le sujet citoyen, le mec dûment enregistré, prétend à ce qu'on lui rende des comptes, on lui répond illico : « Circule ! Va voir plus loin si tu y es ! »

Nous sommes à l'homme ce que le bonzaï est à l'arbre.

J'espérais malgré tout que l'Ignoré se cultivait encore, incognito. J'avais un besoin irrépressible d'y croire et la volonté de me libérer du troupeau. De chasser, comme les barreaux, les conjugaisons multiples. Un barreau n'est jamais seul, il a besoin de la présence mimétique des autres ferrailles comme lui dressées.

Moi qui voulais leur échapper pour de vrai. Conscient que l'évasion représentait la seule radicalité de notre temps. M'en aller voir ailleurs. Prendre la tangente comme on largue les amarres pour des mers sidérales.

451.

Je pressai sur la poignée et poussai. La porte s'entêta.

J'eus un bref instant de panique, puis je me souvins de la clef dans ma poche. Le directeur l'avait tirée d'une petite armoire métallique et tendue d'un geste ferme. Surpris, j'avais scruté cette bête informe posée sur ma paume, comme une libellule. Une clef! J'en avais oublié non pas la notion, mais la perception: son image, son poids. J'ai fini par l'enfourner au creux de ma main. Elle paraissait vivante. Agitée. Je l'ai serrée fort dans l'ascenseur, jusqu'au mal. Comme si je désirais me marquer de son empreinte négative, me démontrer que je ne rêvais pas, que j'étais bien présent, désormais captif du tangage lent de cette boîte de conserve ascensionnelle et de ses soupirs de ferraille.

La chambre était petite et étroite.

Elle ressemblait tant à la cellule abandonnée le matin même, juste avant 7 heures! Je ne serais pas dépaysé... Une armoire. Une kitchenette. Un lit à une place. Une table. Une chaise. Et des traces plus claires sur le mur dénonçant l'amputation de photos de famille, ou de pulpeuses icônes déloquées hantant les oraisons solitaires des mecs. Mais...

Mais une fenêtre!

Une vraie fenêtre, une fenêtre de laquelle on peut tomber.

Elle m'attira.

Dehors, le jour déclinait. La rocade se chargeait d'une circulation chaotique. Bouleversée. Lancinante. Au-delà du flot, d'autres bâtiments sans âge, sans vie s'abîmaient en clignant de leurs yeux électriques. De simples cubes maculés, jetés là sur des plages de parkings et de goudrons noirs. Et puis au loin, vers le fleuve et Paris, on devinait les contours accablants de la zone industrielle d'où s'échappaient des geysers moirés, des fumées de SOS, des sirènes titubantes, des clameurs sans messages.

Un horizon! Un lointain après treize piges de lignes droites vers les cimes de murs gris.

Un tumulte étrange me saisit. Je reculai.

Au loin, un énorme pilon scandait une rengaine obstinée. Il battait de son cœur mécanique dans la poitrine barrée de la ville. L'écho rebondissait d'immeuble en immeuble et s'enfuyait sur le ronronnement bichrome du boulevard.

Je posai mes deux sacs plastiques sur le matelas nu.

Deux couvertures vert-administratif somnolaient, pliées en quatre au bout du lit. De simples bêtes apprivoisées. Soumises, râpées à l'usage jusqu'à la trame plus claire.

Je retournai à la fenêtre. Je la frôlai. Et laissai reposer mon front sur la vitre glacée. Je me sentais vidé. Fragile. Au bord de la rupture et de ces quatre étages de vertige. Je m'écoulais dans le puits assombri. En un impitoyable abandon. Jusqu'à la nausée.

J'étais dehors.

À cette pensée, je me redressai. J'étais « libre », comme ils disent. Enfin, pour moi, c'était officiellement « libre sous condition ». Libre « sauf si »... Un oubli, un détour et je retournais direct à la case « mitard ». Quelque part, un dé roulait sur le tapis vert de la comédie judiciaire.

Les songes, le désespoir, n'étaient plus de mise : je restais sur mes gardes. Vigilant. Appliqué. Je vivais en sursis. Et je n'aurais pas de répit. Pas de possible repli.

Je fis l'inventaire des placards, des étagères. Que dalle ! *Woualou* ! Au moins, lorsque je débarquais dans une cellule, je trimballais mon paquetage. Un foutoir de prisonnier, savant mélange de casseroles, de livres, de produits culinaires en tout genre. Pour le reste, il se trouvait toujours un collègue pour dépanner.

À cette heure, je devais parer au plus pressé. J'avais aperçu une supérette près de l'arrêt du bus. J'entrepris une liste au dos du billet SNCF Tarbes-Paris. Des draps. Un oreiller. Une casserole. Une boîte de *Ricoré*...

Non !

Ma propre voix résonna et me fit sursauter. La chicorée était bonne pour le Pays-du-dedans. *Terminarès* le jus de taules, désormais je boirai du vrai *caoua* comme le citoyen Latruffe.

Un bol. Des cuillères. Du sel. Un couteau. Pour les extras, je verrais sur place, au magasin. Bien que l'improvisation m'inquiétât : je craignais les interminables rayons, le choix. En prison, c'est une notion archaïque. Pour tout, rarement plus de deux ou trois possibilités, et toujours à prendre ou à laisser.

Je sortis, tirant la porte derrière moi. Simplement. Ce n'est qu'au contact de la clef dans la poche que je sus que je devais la verrouiller. Je fis demi-tour, envahi de la bizarre sensation d'être pris en faute.

Allongé sur le lit, je ne dormais pas. Malgré le froid et la pluie, j'avais laissé ouvert volet et fenêtre, je désirais tant que le dehors me pénétra jusqu'au plus profond, jusqu'à mes rêves, pour qu'ils flairent, chiens de chasse en vadrouille, la piste des nuages. Qu'ils sentent bon l'herbe, mais aussi les trottoirs mouillés. La moisissure des feuilles mortes et la torréfaction des gasoils. Il le fallait. J'avais faim de ces parfums longtemps interdits. Si j'avais pu, j'aurais étendu une couverture sur la pelouse trempée et n'aurais fait qu'un avec l'humidité de la nuit.

Les phares des voitures abandonnaient des traces chancelantes zébrant un coin de la chambre et le haut des murs. Les pneus chuintaient sur la chaussée. Il avait plu. Une pluie ordinaire presque machinale. Dans le sud, j'avais oublié ce renoncement climatique très parisien.

Très tard, la nuit se teinta de roux. Le colorant tombait, abrupt, des projecteurs et des réverbères. Je le reconnaissais, c'était la marque de la surveillance policée. L'enfer de l'obsession contemporaine. Dehors comme dedans. Ne rien laisser à la tendresse de l'obscurité. Tenir sous contrôle la moindre particule d'instant, l'empailler de ce jus de formol orangé. Le contraste violent du blanc et du noir se traquait sur le bitume comme dans les têtes. Sur le trottoir, une silhouette devait se décomposer en un kaléidoscope grisé jusqu'à l'absence. Je me demandais : « Ici aussi ? »

Oui, ici aussi ! Les ombres terrorisaient. Les humains devenaient ombres par la force des choses, cette ombre qui les menaçait jusque dans leur sommeil. La fragilité du système paranoïde se révèle à la dictature des firmaments électriques. Avec, de toute éternité, cette idée d'avec le feu se défendre de l'Ennemi redoutable.

L'entêtant remord illuminait leur ville. Ils étaient épouvantés par le crime, par ce qu'ils avaient fait de leurs vies –de la vie– sans s'en confesser jamais. Qui donc, « Ils » ? Mais les « Autres » ! Tous les autres ! Les maîtres comme leurs esclaves ! Ceux qui commandent, contrôlent et ceux qui acceptent de l'être.

Les « Autres », en prison, constituent le mouvant d'un monde immobile : les matons et les prisonniers, les gardiens et les gardés, les travailleurs et les inoccupés, les clans et ceux qui « se la jouent », qui caricaturent leurs pitoyables destinés. Finalement, ils se ressemblaient –sauf quelques-uns, peut-être ?–, j'en étais férocement convaincu.

Et moi, je suis demeuré solitaire si longtemps. Absent. Étranger. Dans ce pays, comme dans le pays d'où je venais.

Impossible de fermer l'œil, de se laisser aller.

Sinon je repartais en arrière, vers la galère et ses indicibles colères. Vers le cauchemar des coursives et la litanie des cellules recrachant du renfermé jusque dans les songes de liberté. Jusqu'à la moelle des os. Sous le crachin, un relent de charnier empestait l'air des promenades. Le cambouis des machines et les cris stridents des métaux torturés, les discussions insipides tournant en rond comme des microsillons, avec le pesant de malheur des pauvres types, chaque seconde puait l'homme en décomposition.

Alors je n'osais plus bouger. Je me tapissais sous la couverture aux exhalaisons de vieux désinfectant.

Les « Autres » du Foyer rentraient maintenant du travail pour dormir. Certains s'agitaient, laissant sourdre jusqu'à moi les effluves de leur cuisine, des bribes de conversations, parfois des rires. Ensuite, la rengaine télévisuelle les berçait une heure ou deux. Puis la quiétude reprenait le dessus.

Lorsque je faisais le point, je me disais que, jusque-là, ma vie avait connu trois étapes… tranchées.

Une enfance, prolongée jusqu'à mes seize ans, faite d'un fatras de bons sentiments, d'école et de copains. La candeur et l'innocence bercent encore ma mélancolie de leur rengaine. Je suis né dans une petite ville sans histoire, presque un village, proche de la capitale. Les jours de beau temps, en bande, nous escaladions la hauteur près du fort et, agrippés aux branches d'un vieux saule, nous apercevions la Tour Eiffel et le Sacré-Cœur. La périphérie ne formait pas encore l'indistincte banlieue. Elle tenait à son indépendance, à son éloignement presque libre, avec ses jeux, ses drames, son absence. Un pays longtemps demeuré lointain et calme, pareil à quelque contrée orientale.

Puis sans compromis, j'entrais en adolescence comme on marche vers l'orage. Avec les fugues, la nuit, dans les squats de

Paris. La came et les bastons dont je revenais amoché. Les slogans scandant l'affront et la rébellion. Et comme la musique des rues, des poésies rimaient sans suite la cavale blafarde de l'aube, toujours avant la lumière retrouvée, comme les riffs d'une guitare désaccordée. Discordante. Cette musique de l'entre-deux eaux qui sonne faux et coule dans les caniveaux. Je poursuivais alors le *white horse* à fleur de peau, en intraveineuses ardentes de mille soleils incandescents. Je tricotais les premières amours pour le vrai, pour le feint, pour rien, comme les chiens de Ferré. Un cul dans les buissons de la nuit, et puis l'ennui. Les jours qui filent. L'envie qui s'enfuit. Et vouloir changer de vie, changer de peau jusqu'au sang! Jusqu'au désespoir de l'hémoglobine carmin. Jusqu'à la lame nue et bleue afin de mieux trancher dans le vif du gibier. Jusqu'aux coups de feu de cette cuisine assassine. Finalement l'espérance m'abandonna, et en conséquence, j'étais dévolu aux pages *black and white* des faits divers et du judiciaire. Et ce qui devait arriver... arriva. Comme si cela avait été le but à peine dissimulé, le non-dit. La triste conclusion m'engloutit avec la prison et son abominable addition. La garde à vue sur l'île de la Cité. Nu malgré le froid de janvier. Les comprimés de *Subutex*, le soir venu. Et puis, les murs gris. Les cris de Fleury-Mérogis et le sondage des barreaux l'après-midi. Les jours qui filent, les nuits. Du dehors, plus rien que l'inexorable oubli. Le piège de l'espérance. Infinie.

Et la folie.

Quarante piges, toute une vie... ma vie.

De la première époque, j'héritai mon identité codifiée, mon numéro de sécu et ma nationalité; le fait de lire –*thank you!*– et d'écrire juste ce qu'il faut avec tout le savoir-vivre banalisé: « Merci », « bonjour », « je vous en prie »,

« enchanté »… Mais aussi des regrets. Pire une mélancolie indicible au point de n'oser épeler son nom. Un village, mon village partout à un carrefour, près d'un *Auchan*, sur des parkings comme des îles désertes le dimanche après-midi, le long des immeubles lépreux. Mon Chez-moi. Mon pays.

Ce genre de ville dont le nom se termine invariablement par un Y. VitrY, IvrY, ChevillY, MassY, GentillY, DrancY, BobignY, GagnY, OrlY, IssY… J'étais d'icY. Je m'appelais Patrick BranlY, comme si la banlieue elle-même avait déteint sur mon patronyme, que les rues y avaient tatoué leur Y en signe de possession, comme sur une bête du troupeau avant la transhumance. Et puis, j'étais –et je reste– pas mal branleur, aussi. Les années de prison n'y ont rien changé, sinon en pire.

De cette seconde période, je conservais un surnom: « Toxic ». Il résumait parfaitement mon initiation à tout ce qui se fume, se sniffe, s'injecte et se boit.

C'est rue d'Amsterdam qu'on m'appela Toxic pour la première fois. La chambre de passe puait la sueur, les pieds et le vieux foutre. Claudio étalait les sachets de dope sur la table de nuit. Il préparait les pipes avec une attention d'horloger. Une putain était recroquevillée sur le fauteuil de faux cuir rouge sang. Elle était de Lorraine, ou bien du Jura –enfin de par là– et se dénommait, réellement, Nadia. Mais, depuis qu'un 45 tours de Gainsbourg claironnait en boucle sur le juke-box du bougnat de Saint-Lago, elle avait décrété qu'on l'appellerait Mélanie si on avait la prétention de vouloir l'enfiler entre deux passes.

Lorsque nous nous consumions, en manque de sexe, elle ne nous refusait rien. Nous étions ses copains. Pour cacher nos affaires aux macs, elle se glissait dans le chiotte à la turque du palier. À peine si elle relevait sa minijupe de daim, et j'avais juste la place de refermer la porte dans mon dos. D'un coup, comme je repoussais le loquet, ses fesses froides glaçaient mon bas-ventre. Aucun préliminaire, je la limais sans manière. Son parfum à trois balles se mêlait aux senteurs de désinfectant chimique échappées de l'œil borgne entre nos pieds. Je jouissais à la va-vite, comme les chiens.

Ce soir-là, je n'avais pas envie de profiter d'elle, malgré le lit disponible. Je n'avais d'yeux que pour les minuscules doses de cristaux pâles entre les doigts de Claudio. De la poche intérieure de mon blouson, je dégainai la shooteuse. Claudio me surveillait d'un regard inquiet.

— Oh... déconne pas! Impossible de te l'injecter, elle te crèverait.

Comme si de rien n'était, j'astiquai mon matos.

Mélanie sortit de sa léthargie lascive. Elle étira son beau corps de femme. Combien sa beauté était charnelle... Elle n'avait aucun besoin de se forcer à la retape et, aux heures de pointe, elle ne cessait les va-et-vient, escaliers et sexes d'hommes entre ses cuisses. Ces séances l'abandonnaient, en fin d'après-midi, courbaturée comme une gymnaste après les heures d'entraînement.

— Pat... Ne fais pas ça. J'ai la piaule pour une plombe, après je repars aux asperges.

Mais rien n'y fit. Une force irrépressible me commandait de me planter une aiguille au creux du bras.

— Tu m'entends!

Sa voix se faisait suppliante.

— Elle est toxique. Elle va te zigouiller.

— Toxique ou pas, balance-moi la dope.

Je n'avais pas grand-chose à perdre. Ma vie? Une simple survie de nuisible. Déjà la bête grise s'excitait dans les starting-blocks, laissant à peine translucide le cylindre de plastoc. D'un trait, je l'ingurgitai par la veine. Claudio me fixait, la bouche entrouverte. Déjà, il rangeait la précieuse came, prêt à filer si le *fix* me culbutait en OD.

Inutile de raconter du bla-bla, le *shoot* me secoua furieusement. Il explosa et son souffle balaya ma raison comme la maison des trois petits cochons dans les *cartoons*. Mon corps tanguait de même, navire à la tempête.

Quand je soulevai les paupières, Claudio me fixait toujours.

— Ça va ?

— Ça va !

Rassuré, il alluma sa pipe. Il tira une longue bouffée et laissa tomber :

— Je te baptise Toxic Ier, roi des toxicos.

Il porta à nouveau la pipe à sa bouche et repoussa sa tête en arrière. Après avoir rejeté la seconde bouffée, il ajouta d'une voix caverneuse :

— En vérité je vous le dis, pas un junkie sur la place de Paris, n'égale mon poto dans la défonce…

Mélanie, étalée sur la descente de lit aux longs poils d'acrylique, alluma son caillou.

— T'es vraiment craignos comm'mec.

Elle pouffa sans qu'on sache si elle s'étouffait à cause de la fumée ou de rire à ce surnom : « Toxic ».

Le lendemain, mes congénères, de la Fontaine des Innocents jusqu'aux squats du 20e, des petits casseurs aux pique-tripes, reprirent à leur compte ma nouvelle identification. Fidèle à ma réputation, j'explorais la plus lointaine galaxie de la défonce, jusqu'aux abysses des caniveaux. Un rituel de droguonaute, servi comme à la messe, dans l'espace de la relativité égoïste. Parfois des dealers scrupuleux me consultaient afin que je donne mon avis sur leur marchandise qu'ils n'osaient écouler sur le marché.

Comme je survivais, ils ouvraient boutique.

J'étais Toxic à jamais. Semblable au champignon vénéneux, à la vipère cornue, à la datura des fossés, on me cataloguait de la race venimeuse, de la famille tue-mouche. La pire des mauvaises herbes, et je cosignais par le meurtre. Baptême sanguinaire des barbaries urbaines. Je fus ordonné prêtre en camarderie, pour liaisons criminelles et sacerdoces scélérats.

Je n'avais pas levé le ciboire vers le ciel mais le noir poignard. Pointé vers le royaume d'en bas. Comme celui que je portais tatoué au bras. En guise de signe de la vengeance, un serpent s'enlaçait à la lame. Mais de qui me venger ? De qui ?

Mais des « Autres », sans doute. De tous les autres, certainement.

Pour ce qui est de ma troisième vie, son carcéral logeait encore en moi. Ce sale locataire prenait ses aises dans ma viande et me tenait par la barbichette. Si je déconnais, ça ne serait pas un nouveau mandat de dépôt, mais un permis d'inhumer. Comme pour Dynamo et sa bouille surgie du passé :

— Tu sais pourquoi il y a tant et tant de récidive ?

Bouille hirsute. Édentée. Rongée et grêlée de tâches funestes. Il arborait dans les coursives la varicelle des trépassés.

— Non ?

— Parce qu'on ne soigne la prison que par la prison… Il faut faire contre-feu, tu comprends ? C'est comme la came… Trop de prison tue la prison !

Dynamo s'abîmait dans un pressentiment *ante mortem.* Et il creva empoisonné de son mal intime. Pauvre momie. Sidéen. Crucifié sur la couche du mouroir aux suppliciés. Menottes aux poignets et chaînes aux pieds.

Vers minuit, j'allumai la veilleuse près du lit. Je sortis le cahier d'écolier. Le vert, celui au-dessus de la pile. Au crayon, en haut d'une page vierge, j'écrivis de mémoire un énoncé de Gaston Phébus : *Le loup mange les hommes morts ou les pendus attachés bas ou tombés du gibet.*

Et je me suis recouché.

Je n'ai pas dormi, ou alors par inadvertance. Je guettais ma montre. Je me décidai enfin et enfilai mes jeans.

Dans la nuit, je m'étais levé pour pisser et j'avais été surpris de ne pas retrouver la cuvette des chiottes à l'endroit habituel de la cellule. J'hésitais, puis finalement urinais dans l'évier. S'extraire de sa boîte, la nuit, ce n'était pas encore intégré à ma vie, surtout dans la somnolence. Bientôt, par force, je décamperai vers les communs, dans le commun. Désormais, je pisserai et je chierai avec un esprit public. Collectif. À tour de rôle, tous dans le même orifice.

Je croisai une ombre africaine à moitié nue s'échappant de la douche. Autrement, si le couloir était désert, une vie solitaire suintait en dessous des portes. Et cette musique, je la connaissais bien, chacun à l'abri dans son emballage, pareil au grillon dans son trou. S'agiter, aller, venir, recommencer, ouvrir un tiroir, le fermer, laver la tasse de café, essuyer à nouveau le bout de ses souliers avec une éponge humide, vérifier ses poches pour la énième fois. La vie c'était donc ça, dedans comme dehors ?

Une demi-heure après, ils partirent. En groupe. Comme à la Centrale quand, avec mes congénères, nous descendions à l'atelier. En bleu de travail, une vingtaine de prisonniers à la queue leu leu. Des ouvriers d'un autre monde. Payés à la tâche comme ceux du XIXe siècle. Payés en sucre d'orge. Un mois de grâces supplémentaires, deux mois pour les plus chanceux.

La grille de l'étage. L'escalier. Une nouvelle grille. Puis une autre. Et d'autres escaliers. Le détecteur de métal. Un escalier. Une dernière grille. Tous les jours, à 7 heures 30 précises. Nous ne croisions jamais les autres prisonniers. Que des travailleurs et les matons de la première équipe du matin. Au retour, vers 1 heure 30, idem : nous remontions quand les autres prisonniers étaient enfermés pour la coupure du repas.

Mon bol de *Nescafé* à la main, debout près de la fenêtre, je suivais des yeux mes colocataires partant au boulot. Les uns traversaient en direction de la gare SNCF. Les autres remontaient le trottoir vers l'arrêt de bus. Des retardataires tentaient de rejoindre le groupe devant eux. Ils se courbaient et pressaient le pas. Les trois derniers couraient. Des insectes emmitouflés ! Tremblant de froid et de peur d'arriver en retard. Grégaires orphelins des quartiers populaires. Sardines de conserves roulantes. Et dire que je devrais les supporter quelques mois. Le temps que le juge m'oublie, que la prison me lâche la grappe.

Pleuvait-il ou bien n'était-ce qu'une simple impression d'humidité ? Encore un ! Un ultime. Lui sifflotait avec ses deux mains plongées dans une doudoune verte. Un genre de vêtement chinois, ou sibérien. Tranquille, il prit le temps d'observer le ciel. Puis il entra dans le petit jardinet devant le Foyer, ressortit avec un vieux vélo et l'enfourcha. Assis sur la selle, la jambe gauche tendue pour appui, il extirpa de sa poche un bonnet rouge qu'il enfila jusqu'aux yeux.

J'observai l'émule de Cousteau s'éloignant sur le flot trouble de la ville. Il plongea dans le passage piéton, sous le boulevard grouillant de squales multicolores et pressés. Le cycliste réapparut sur l'autre rive et slaloma sur le parking de la cité en évitant les récifs des carcasses calcinées. Il pédalait avec nonchalance jusqu'à disparaître dans le lointain en direction des usines du bord de Seine.

À neuf heures tapantes, je poussai la porte de l'agence d'intérim TIKKO. Deux gars patientaient déjà sur les fauteuils de skaï orangé. Le plus âgé semblait y finir sa nuit. À droite, une jeune femme brune, installée derrière un large bureau gris, me guettait sous une frange taillée au carré. Elle attendit que je sois assez prêt pour m'interroger des yeux.

— Bonjour, je suis Monsieur Branly…

— Ah, c'est vous…

Un sourire franc illumina son visage :

— Monsieur Lesueur vous attend.

Et elle m'indiqua de la main une porte de vitre dépolie. Elle me suivait des yeux avec insistance. Je le sentais dans mon dos. Je me retournai et croisai son regard indiscret. Elle n'en fut pas gênée. Et elle me sourit plus ouvertement encore.

— Vous tombez bien… Ah, on peut dire que vous tombez bien ! J'ai un boulot pour vous. Vous commencez demain à la TSTF. Ça vous va ?

— Pas de problème…

Je me souvenais de la vieille usine chimique sur le quai, pas très loin du Foyer. Une chance pour moi, ni RER, ni bus, j'irais à pied.

Comme son costume, Lesueur était d'un gris passe-partout. Le genre de camouflage urbain et civil imitant l'uniforme et marquant le rang. Nul besoin de galon, à sa vue n'importe qui savait qu'il avait à faire à un chef, petit chef ou sous-chef, comme on voudra. En tout l'homme reniflait l'entre deux, ni gros, ni maigre, ni vieux, ni jeune, ni grand, ni petit. Et le modeste juste ce qu'il faut comme l'autorité, celle de sa fonction locale dans la grande chaîne du commandement.

— Vous avez rendez-vous avec le chef du personnel, bureau de la DRH, soyez-y sans faute demain matin à l'embauche... Pour votre dossier, voyez avec Louise.

Elle s'appelait donc Louise. Elle me fit un signe de la main quand je quittai le bureau de son patron.

— Depuis le temps que j'entends parler de vous... Asseyez-vous...

— De moi ?

— La police, le juge, les éducateurs de prison... Ils sont venus, ils me téléphonent.

Elle rigolait en dessinant sur sa joue un geste enfantin qui signifiait « la barbe ! »

— Et depuis dix jours, ils m'alertent de votre arrivée !

— Ah bon ?

Une sorte de gêne m'envahissait. Je n'avais jamais aimé passer pour la vedette. Elle ajouta plus bas, d'un ton complice :

— Je dois les avertir si je note le moindre comportement anormal.

Elle rit.

— Vous n'avez rien d'anormal ?

— Je ne crois pas.

Je répondis aux questions : âge, qualification, adresse... mais mon esprit s'éloignait. Je pensais aux flics. Ainsi, ils se lançaient déjà à mes trousses. Ou plus précisément, ils m'attendaient à l'affût. Des chasseurs qui, sûrs de leur art et de leur force, ne se cachent même plus à leurs proies.

Pourquoi en serait-il autrement, ne représentons-nous pas leur casse-croûte ? De quoi vivraient-ils sans nous ? Chaque matin en se rasant, ils devraient nous bénir de leur apporter leur pain quotidien. En fait, derrière le fatras des bonnes mœurs, certains en ont bien conscience. Voilà pourquoi ils veillent à notre reproduction, à notre récidive, à notre productivisme délinquant. Ils prêtent garde à ne jamais éradiquer, laissant assez d'indics en circulation pour la prochaine récolte. C'est tout un art. Une culture! À la façon des sociétés de pêche et de chasse, ils respectent les quotas, délimitent des réserves, réintroduisent si besoin et alevinent dans les cités. Lorsque nécessaire, ils n'hésitent guère à jeter de l'huile sur le feu. Ainsi les matamores patienteront jusqu'au jour des grandes moissons, quand ils ramèneront leurs filets et balanceront toute la poiscaille en vrac rue de la Santé ou avenue des Peupliers.

Je soupirai en serrant les poings.

Sans que j'y prenne garde, l'arôme de femme me grisait. Sa voix m'emplissait de délicatesses anciennes et son parfum de fleur me chavirait d'une senteur d'adolescence. D'innocence en carafe. Je me berçai à la danse experte de ses longs doigts sur le clavier. J'eus une vague réminiscence d'infirmerie. À la Centrale, les infirmières étaient les seules femmes que je côtoyais. Je n'ai jamais eu de parloir. Et tous les jours pour les médicaments et la piqûre d'*Interféron* une fois par semaine, elles me parlaient et je m'immergeais dans l'instant féminin, à l'étal d'une mer sereine.

Je me déloquais de l'état de chose.

De numéro de pénitence.

D'animal en laisse.

Elles me disaient des mots de tous les jours et je croyais à des poèmes extraordinaires. L'une d'elles, au moment de l'aiguille, abandonnait sa chevelure légère le long de mon épaule dénudée, comme la caresse d'une aile d'oiseau.

Je n'osais plus respirer.

— Signez là.

Louise se pencha au-dessus du bureau. Par inadvertance, je perdis mon regard dans son décolleté offert. Il plongea le long de la chaîne d'or comme à l'amarre d'un vaisseau captif. Les globes de ses seins se rejoignaient en dessinant un triangle sombre.

L'usine

L'ancien grillage rouillé se perdait au loin, baignant dans l'eau boueuse du fleuve, au bout du chemin. Par endroits, la végétation grimpante le dévorait et l'attirait vers la terre. Les lierres roux s'accouplaient aux ronces nues. Il n'avait pas fière allure et un côté plutôt champêtre. Il y avait bien longtemps, sa prestance éblouissait les passants et les visiteurs. Des peintres en blouses claires le rafraîchissaient assez souvent pour qu'il garde une physionomie de barrière d'entreprise technologique et prospère. Je m'en souvenais du temps où, les jours d'école buissonnière, je jouais dans le coin avec ma bande.

Et la longue clôture blanche marquait la *borderline*, comme un rempart aux herbes folles des champs délaissés. La cité n'existait pas. Ni le boulevard. Ni la gare RER. Ni l'hypermarché. Ni rien de ce qui fonde aujourd'hui le territoire de leurs survies. Cependant il s'agissait déjà d'une campagne infidèle, comme le studio de Boulogne imitait les rues de la capitale. C'était pour de faux! Et nous, tout gosses, plongions dans la méprise de ces temps d'incertitudes. Nous aussi étions à l'abandon. Allongés près de nos vélos, nous fumions des P4 et buvions au goulot de la *Pelure d'Oignon* tiédasse. Les marées de foin léger se balançaient au vent. L'hémoglobine des coquelicots mouchetait les après-midi de début d'été. Passé le fleuve, un éclat de blés mûrs dorait les collines.

Nous jouions au foot puis nous nous chamaillions en nous distribuant de fraternels marrons. Et au couchant, pour le retour du côté des grues et du débarcadère, la somnolente flamboyance vibrait sur les pierres blêmes du remblai. Quand le soleil, énorme pièce de monnaie rougie, s'immobilisait au-dessus des toits de Paris, nous grimpions enfin sur nos bicyclettes. Comme nous, l'astre attendait, obstiné. Puis, à contre-cœur, il s'éloignait sur le chemin de halage derrière les peupliers. Et nous, nous pédalions sur la route du fort. Dans notre dos, la douce harmonie de la rivière entrait dans la promesse de la nuit.

Les jours d'école buissonnière.

Je passai sous la barrière frappée du triangle clignotant et rouge : « Seveso 2 ». Le vigile ne leva même pas un œil interrogateur. Les pieds sur le rebord de la fenêtre, il lisait *Le Parisien.*

Je traversai l'immense parking au trois-quarts vide et suivis les flèches défraîchies : « Bureaux administratifs ».

Les autres arrivaient. La plupart débarquaient d'un car jaunasse, long et sale. Un vieux modèle de *Chausson*, fatigué. D'autres garaient leurs véhicules personnels, en vrac, dans le *no man's land.* Ils se rejoignaient en silence avant d'improviser une file indienne et de passer aux pointeuses. Les nouveaux arrivés saluaient d'un signe circulaire et collectif, ou serraient les pognes en agitant mollement les épaules.

Eux aussi étaient gris. Uniformément gris. Les jeunes. Les moins jeunes. Les plus vieux. Les « Çaifrans » ou les Immigrés. Les Blacks et les Petits-gris. Ils étaient gris.

Inéluctablement. Et j'en tressaillis.

En prison, à peine réveillés, nous nous glissions dans notre peau bleue d'ouvrier. Il n'y avait aucun intermède ni surprise. De les voir, là, avec leurs frusques de pauvres gens, me fit mal au cœur. Ou plutôt ça m'emplit d'une intime tristesse. Je revis mon père, dans le civil, au retour de la briqueterie, brûlé à la chaleur du four et grillé par les litrons de rouge étoilés censés le désaltérer. Lui aussi portait sur ses épaules rondes la lèpre poussiéreuse. Ce renoncement blafard aux gestes lents comptés comme les heures sup' et les primes parcimonieuses. Je le guettais à l'entrée de la cité HLM, comme les autres enfants fidèles. Je reconnaissais la pétarade de sa mobylette peinant dans la côte le long du fort militaire. Il passait sans un signe. Sans me voir, peut-être ? Et grimpait direct vers le plat de pâtes ou le risotto. Puis il s'enfermait jusqu'à l'aube. Quand on se levait pour l'école, il était déjà reparti au boulot. Absent.

Les prolos s'agglutinaient devant les machines. Toujours les mêmes. La quarantaine ou plus. Avec leurs vieilles vestes démodées, dépareillées, les blousons à cent balles frappés des sigles américains : *Arizona*, *Texas Rangers*, *Cherokee*. Les mêmes casquettes de base-ball *Red Socks* ou *49th*. Avant d'entrer au taf, ils ne faisaient déjà plus qu'un. Une classe à la queue leu leu. Bien ordonnée. Si absente, si incolore que les petits penseurs postmodernes la pensent à jamais disparue. Les dos légèrement voûtés, le sac à l'épaule avec le thermos coiffé de sa tasse de plastique bleu, ou rouge vif. Celui-là, avec les bras tendus et *L'Équipe* largement déployée, deux compères penchés pour lire par-dessus son épaule.

Mon voisin du Foyer, le cycliste au bonnet rouge pédalait jusqu'à eux. Il fit un large cercle sur l'asphalte comme s'il dessinait les contours d'une arène de cirque. La file hésitait. Il y eut deux ou trois cris d'encouragement. Le cycliste réalisa alors une figure acrobatique digne de *La Piste aux étoiles*. La file lâcha un « Ho ! » de surprise, puis applaudit.

Dans la chevauchée, l'acrobate tira son couvre-chef écarlate et le jeta en l'air avec une posture de cosaque. Il gara enfin sa monture sous l'auvent de plastique jaune paille, ramassa son bonnet, l'épousseta d'un aller-retour sur la cuisse, rejoignit la queue et se soumit à l'embauche, en sifflotant.

— C'est toi le nouveau ?

L'homme n'attendit pas ma réponse.

— Je m'appelle Giraud, je suis le chef d'équipe.

— Moi, c'est Patrick Branly... mais-on-m'appelle-Toxic.

Je me maudis intérieurement. Pourquoi avais-je parlé de ça ? Giraud leva les yeux vers moi, hésita puis lâcha :

— Toxic... Je crois que le surnom convient à l'endroit. Tu ne seras pas dépaysé. Je vais te présenter au reste des gars.

Il se redressa, me toisa un bref instant et extirpa du placard une combinaison d'un rouge délavé.

— Offerte par la maison !

Il me la jeta à la façon d'un ballon de rugby...

— La seconde tu l'auras plus tard.

Giraud poussa la porte du vestiaire. Ils étaient là.

Sept ou huit mecs. Pour les uns à moitié à poil, et pour les autres –une bonne tripotée–, vautrés sur le banc de bois séparant les rangés d'armoires métalliques vertes. Au bout, un corps se recroquevillait en chien de fusil : il dormait déjà. Le chef fit trois pas dans la salle.

— Oh... Oh !

Il attendit le silence.

— Voici Toxic. Il va bosser avec nous... Soudeur *Sécurit*, il remplace Jipé. Vous allez lui expliquer le taf...

Déjà il faisait demi-tour et, passant près de moi, il ordonna :

— Trouve-toi un casier de libre, après tu passeras aux accessoires…

Les autres me saluèrent avec quelques grognements, comme si je dérangeais leurs petites habitudes. Certains ne se tournèrent même pas. Un gros poilu, qui baissait son slip, m'offrit en guise de bienvenue la vision de son cul gélatineux.

Huit mecs. Trente-deux casiers. J'avais l'embarras du choix !

— Pas ç'ui-là !

La main encore tendue vers le loquet sans cadenas, je tournai mon regard en direction de la voix. En taule, une telle intervention aurait été immédiatement cataloguée comme provocation, l'expression d'un premier rapport de force. Mais le gars ne paraissait pas agressif, il semblait tout simplement triste.

Ma réaction leur parut suspecte. Je m'en rendis immédiatement compte. L'instinct des taulards m'avait fait faire volte-face, les poings serrés, sans doute un éclair de violence dans l'œil. Les deux mecs les plus proches levèrent les yeux vers moi. Ils s'interrogeaient en silence puis baissèrent le regard sur leurs affaires, étalées sur le banc sale.

Que croyaient-ils savoir ? Que dalle ! Nibe. Ils ne déchiffreraient jamais mon dressage carcéral, treize années comme des cicatrices brunes à mon échine animale. J'avais été un chien entravé, battu. Et alors ?

Finalement je me rabattis sur le premier casier de la rangée, le plus près de la sortie. C'était mieux comme ça. Comme si je voulais à peine entrer, rester en dehors de tout ça. Prêt à filer.

Derrière la porte grinçante, la photo d'une belle noire, simplement vêtue de jarretelles blanches, me sauta à la figure. Étendue sur le dos, les cuisses généreusement ouvertes, elle écartait des doigts les lèvres de son con rose. Un rose tendre. Au marqueur noir dans une bulle, une main malhabile lui prêtait ce désir :

MAIS MOI LA DANS LE CULE.

Cette banalité me perça le flanc d'une pointe de désespérance. La découverte de l'odalisque à poil, dans le recoin d'un mâle –prisonnier ou non–, était une absence d'imprévu aussi surprenante qu'une image pieuse dans le tiroir d'un curé, qu'un Jésus enchristé au-dessus du lit d'un pensionnaire, qu'un poster de star juvénile sur le mur d'une chambre d'ado ou qu'une photo du Che étoilé dans le salon d'un gauchiste qui ne sera jamais guérillero. Depuis des temps immémoriaux, la misère des pauvres se nourrit d'idoles, de fétiches.

Je décidai de conserver la photo. Cet outrage aux bonnes mœurs, cette exhibition pornographique, avait sa place en ce lieu plus que je n'y trouverais la mienne. À la traîne de ses couleurs criardes, des fantômes de fantasmes se cavalaient et j'y lisais, à leur sillage d'écume, le défaut de chimère de mes devanciers.

Le placard lui-même était crasseux. Semblable à tous les autres, sans doute. Pour l'instant, je ne possédai pas grand-chose à lui confier, aucune photo souvenir ou fatras sentimental. Rien qu'un vieux jeans et mon éternel blouson de cuir, souvenir des temps héroïques.

— Bon. Ton boulot, c'est simple… très simple. Nous sommes la *Sécurit*… La SE… CU… RI… TA… TE!

Le vieux martelait chaque syllabe avec un large sourire.

— Quand les deux équipes dégazent, ou après les séries, on vérifie les canalisations, les cuves, les joints et tout le bastringue. Et si nécessaire, le soudeur recolle les morceaux. Tu as ton masque?

Il pendait à ma ceinture.

— Fais gaffe, ici ça ne pardonne pas. C'est vraiment de la sale merde.

Bonhomme, l'ancien se trémoussait. Entre ses doigts, il tira le pavillon de son oreille pour que je la voie mieux. Pas à dire, elle imitait bien la dentelle de Calais. Il rigola.

— C'est une merde, elle te grignote dès qu'elle le peut… Aujourd'hui on commence par du tourisme, on ne bossera pas avant 11 heures, la production est en route. Il y a eu des retards… La faute des gars de la nuit. Ils ont encore merdé. Pas une semaine sans qu'ils ne foutent en l'air le quota de production.

Il me tira par le bras.

— Viens, je vais te faire la visite.

À chaque rencontre, il me présentait.

— C'est le nouveau. Il remplace Jipé. Toxic qu'il s'appelle.

L'interlocuteur prenait un air gêné. Parfois il répliquait « Toxic, c'est drôle » ou « Toxic, ça tombe bien ». Comme s'ils étaient du même bois, tourné au même tour. Il ne tendait pas le gros gant de cuir mais le poignet, main repliée comme la trompe d'un éléphant. Ça leur faisait un bras de paralytique, j'avais l'impression de serrer un moignon. Puis ces ombres pressées et rouges replongeaient dans les compteurs et autres manomètres. À intervalles réguliers, elles manipulaient des volants de laiton verdâtre ou secouaient des barres crantées. Solitaires ou en couple, leurs regards se rivaient aux écrans neigeux des contrôles.

Je suivais mon guide chauve dans les entrailles chaudes de la bête. Elle bouillonnait d'une fièvre lancinante et éructait des vapeurs fades et croupissantes. Elle soufflait. Grinçait. Parfois elle hurlait si fort qu'elle nous obligeait au détour, et mon guide à crier :

— Tu t'habitueras. On s'y est fait comme on se fait à tout.

De l'autre côté des tapis roulants, j'apercevais deux gars en combinaison d'amiante argentée. L'image d'une expédition lunaire recueillant des échantillons sur un tas de poussière rousse me traversa l'esprit. Ils gesticulaient en une comédie absurde. Je les observais et compris enfin que pour communiquer, ils utilisaient ce langage de sourd-muet.

Arrivé dans le grand hangar de la production, la beauté de la vieille usine éclata ! J'en pris plein les mirettes. Cette ahurissante barbarie se révélait authentiquement belle, d'une esthétique inhumaine.

La beauté du diable, peut-être. De l'enfer certainement.

Depuis que j'avais franchi la porte de la prison, ma vision se réduisait à une succession d'images arrêtées. Comme si je feuilletais un magazine. Comme à travers la fenêtre du wagon. Les instants se fixaient comme sur une pellicule. J'entendais presque les déclics, je voyais presque le noir de l'obturateur scander ma vision. Clic, les gueules de mes voisins. Clac, le supermarché. Clic, le rayon des pâtés en boîte. Clac, les filles dans les rues… Mais là, tout à coup, devant le spectacle de l'usine, mon regard déroulait un travelling. Même le bruit devenait une illustration musicale.

La scène confinait à l'expressionnisme. Le vert tailladé de noir, verticalement. La terre de Sienne brûlée tirant sur l'ocre plus clair, tout en haut, près des vitraux azuréens. Découpé de câbles et de poutres, l'espace se fractionnait en mille morceaux, à la manière d'un vitrail animé. Le long des hautes parois, les multiples raccords d'enduit épousaient le fer rouillé des anciennes canalisations. Sur le moindre replat, la poussière industrieuse s'accumulait en congères mordorées et bleues. Tout au bout d'une salle désaffectée, en s'agrippant aux toiles d'araignées, les salissures semblaient d'énormes barbes à papa.

Le mur du fond se fissurait avec l'équilibre instable d'un tableau berlinois de Max Ernst. Parfois des éclairs de lumière violente perçaient l'obscurité de la toile. Et un gyrophare rouge vif soliloquait au passage des hommes qui, la tête dans les épaules, poussaient d'énormes charges noires. Puis délivrant les forçats, à la manière d'un bousier sur le sable, un petit engin mordait la proie d'une mâchoire vif-argent et l'emportait au dehors avec des mouvements saccadés de coléoptère.

Et les murs, tous ces murs étaient beaux et vivants de la vie des hommes. Un marchand d'art en découperait deux mètres carrés du revêtement et, avec certitude, l'œuvre tiendrait sa place dans les musées d'art moderne les plus prestigieux, au-dessus de titres numérotés comme des opus : *Existence ouvrière n° 444*. Deux mètres carrés de sol deviendraient *Existence ouvrière n° 102*. Des morceaux des tôles du toit et de l'arche métallique seraient adoubés *Existence ouvrière n° 55*. Selon Tapiès, *Sur un mur, il peut se passer des choses très importantes.* Mais jamais un artiste ne parviendra à atteindre l'âme humaine aussi précisément qu'un mur sali, scarifié, torturé par l'habitude, la souffrance.

Sans doute bien avant d'entrer en prison, j'aimais la beauté sauvage des murs. Depuis toujours.

En zonzon, les murs déchargeaient aussi une émotion puissante et crue. Comme si cette ombre nue d'Hiroshima avait été frappée là, vague trace assombrie, fanée, presque disparue. Comme si le carmin mat qui s'était écoulé des veines du suicidé, près du lavabo, teintait encore le rebord de la plainte. Comme si le jus de pendu près de l'armoire, dans la cellule d'en bas… À celle de Lannemezan, je m'asseyais à la table de ciment gris-clapier face à l'empilage des rectangles de béton armé de la promenade. À la manière de Bodhidharma, le moine zen, j'aspirais à la sagesse dans le face-à-face avec la surface verticale. Les ferrailles des barbelés dégorgeaient la rouille rousse. La mousse gardait de la vase le coloris incertain et le lichen hurlait un or cru. Avec une harmonie infinie, les taches s'ordonnaient à la marque du maçon et au trait rouge de son crayon, au déchiffrage du coffrage, à la marque brune glissée d'une semelle, au graffiti malhabile et à sa mine anthracite.

Dans ces moments-là, mon cahier s'ouvrait devant moi telle une bête à la dissection. Le stylo à la bouche patientait à l'affût d'une prise de bec. Parfois, et toujours en silence, je notais des mots, des suites de mots, des résonances comme si je captais les ondes d'une lointaine radio. J'écrivais en hachant, en jetant sur le papier d'improbables juxtapositions de mots qui sautaient par-dessus les lignes.

Aujourd'hui encore, ces mots déboulent à l'évocation de certaines taches sur le béton. Une mémoire picturale en quelque sorte.

Remontant des profondeurs avec mon cicerone, nous grimpâmes sur les passerelles, entre d'énormes cuves à demi enterrées. Je suivais le dos voûté, frappé du logo *TSTF* en grosses lettres bleues et, sur l'écu du maître et seigneur, *Artchimie* en plus petit. Oui, ils étaient gueux et serfs. Et ouvriers, ils arboraient le blason du patron, de la société transnationale, de cette possession civilement sanctionnée par le contrat et le droit du travail. Tatoués comme des bêtes, ils appartenaient à quelqu'un, aux propriétaires, aux actionnaires et aux dividendes. Ils dépendaient de la maison marâtre. À chaque instant, les ingénieurs évoquaient une guerre tribale avec d'autres patrons et d'autres pays, de ces victoires dont dépendaient leurs existences.

L'ordre les maintenait à ce rang tout en bas de l'échelle. Dûment étiquetés, ils s'alignaient comme les rangées d'oignons. Et la carte jaune citron que nous portions épinglée au poitrail représentait le marquage définitif de cette identification asservie.

Toxic, matricule 1829.

Le vieux, numéro 244.

Nous… Enfin, non: eux. Car pour moi, cela ressemblait plus à du tourisme. Je n'avais pas grand-chose à voir avec leurs histoires. Je tombais là par accident. Je me sentais un peu pareil à ces « boulots » qui débarquaient derrière les barreaux. C'était le surnom donné aux « amateurs »: le mari jaloux qui avait trucidé sa femme, le dingue qui sur un coup de folie avait ensanglanté la une des quotidiens. Les autres prisonniers leur collaient immédiatement cette étiquette:

— Lui, c'est un accident…

Rien de commun avec nous, même si nous n'appartenions pas tous à la race des « affranchis ».

La cité de l'usine m'était interdite. Je le pressentais avec une certitude sereine. Et désespérée aussi. Je n'y entrerais jamais vraiment, je ne le pourrais et ne le désirais pas. J'étais différent. Bien que présent, je resterais spectateur. Je ne serais jamais ou tout à fait comme eux. Jusqu'au dernier souffle, ils se donnaient, ou plutôt se vendaient, mensuellement à la famine de l'existence.

Mon guide avait du mal à escalader les colonnes d'escalier. Il s'époumonait. Il se frappa la coulpe:

— J'ai le mou grillé… Comme l'oreille!

Il toussota puis, diesel usé, repartit péniblement.

Du haut des passerelles étroites, je guettai le fleuve vert. Son corps de couleuvre glissait entre les lignes noires et nues des buissons ombrés d'outremer. Ses écailles de lumières éclaboussaient le vieux quai et rebondissaient sur la coque goudronnée des péniches à l'amarrage. Sur l'autre rive, les rails de chemin de fer soliloquaient des SOS d'argent.

— On ne peut pas monter plus haut…

J'imaginai un tabou quelconque mais n'osai rien demander.

Alors que nous redescendions, un brouillard aux contours roux nous rappela à l'ordre en nous rattrapant à notre poste de vigie. Nos talkies-walkies grésillèrent.

— Grouille, ils dégazent la 14. Faut y aller!…

— Montre-nous ce que tu sais faire.

Giraud m'épiait. Il ordonna dans le Motorola:

— Purgez les 271, 272 et 68!… Confirmation.

12,4 on ne pourra pas faire mieux grésillait le gros Gégé surveillant la jauge en bout de ligne. Il hurlait: *12,48, 12,51, 12,49…* Le Chef me posa la main sur l'épaule.

— Vas-y, attaque! Attention, ça va gicler…

Je tombais sur le visage mon heaume de métal noir.

L'éclair m'inonda.

— Bien… bien… Bon, ça va…

La gerbe d'étincelles retomba en une courbe molle. Je relevais lentement la visière. Je soudai comme ça une fois. Puis deux. Après chaque intervention, Giraud se baissait, grattait le travail de l'ongle. Il sanctifiait d'un « OK », puis lançait un ordre général autour de lui: « Rétablissez*!* » À la quatrième opération, il se redressa et dit en direction de Gégé et du Turc:

— Ça va, il sait bosser.

Les autres me sourirent. Ils étaient soulagés. Jeannot, mon guide, posait avec gloriole comme s'il l'avait toujours su. J'étais son poulain en quelque sorte. Lui bossait au sondage. Il tapotait les tuyaux, les vannes, les bacs, les tiges rondes, les raccords, les pompes. À la TSTF, le sondage tenait de la clameur symphonique, rien à voir avec les « Tac, tac, tac. Tac, tac, tac. » de Fresnes, la musique des matons qui vérifient les barreaux. « Tac, tac, tac. Tac, tac, tac. » et pour finir deux arpèges et le coup sur la grille résonnant comme une cymbale fêlée.

Le vieil ouvrier avait pris goût à cette rime diatonique. Il tambourinait. Debout. Couché sur le dos. À genou. Grimpé sur les tuyaux, qu'importe ! Il sondait et scrutait la mélodie syncopée. La fonte et l'alliage d'acier lui chantonnaient une romance cachée, une langue maternelle de ferrailles rouillée. *Amoroso vivace*, il inspectait avec plaisir. Un virtuose ! Il sondait tant et tant que le soir venu, il sondait jusqu'à la porte de son casier : « tac toc… » avant d'ouvrir, « tac toc… » une fois verrouillée. Le vieux expédiait ce signe amical au métal.

Un salut cantabile.

Ils étaient pourtant équipés de sondeurs électroniques, des *Texas Instruments* rutilants capables de calculer la densité au micron près. Mais les gars s'en méfiaient et en revenaient toujours à l'avis de Jeannot. Ils étaient tous de la vieille école. Comme l'usine elle-même. De vieux machins des temps industrieux.

La caravane de la *Securitate* suivait son pisteur le long de dizaines de kilomètres de tubes. À pied. Ou alors avec le G9 pour se déplacer d'un atelier à l'autre, mais au pas, toujours au pas, la portière coulissante grande ouverte même en plein hiver. Les bourrasques de pluie balayaient les deux premiers gars, assis sur une caisse de bois retournée. Ils baissaient simplement la visière de leur casque de plastique jaune orangé et relevaient le col des parkas.

Le long du sentier de la guerre, la tribu inquiète s'immobilisait, le shaman Cheyenne tapotait. *Oreille percée* aurait pu être son nom de baptême peau-rouge. L'ordre de silence filait d'homme en homme. Aucun bruit que l'écho. Et le métal répondait au code avec une mélopée rassurante.

— Il repère une fissure à dix mètres ! me souffla Gégé dans le cou avec un infini respect.

Comme à la messe ! Il exagérait… ou peut-être y croyait-il ? Que feront-ils à la retraite de l'Ancien ? Quarante piges de boîte. Il avait embauché à son retour de la guerre d'Algérie ! L'été dernier, alors qu'il était en vacances, Gégé sonda avec la Texas trop près d'un mélangeur endommagé. Sous la peinture impeccable, un tuyau se brisa comme du verre et la pression cracha son venin sur les hommes. Il brûla une paire d'intérimaires aux visages et aux mains.

❧

La journée passa. Puis le lendemain et un autre jour. Je me moulais au rythme des pauses et des courses précipitées le long des tuyauteries. Trois séries, un ou deux dégazages par journée. Les mauvais jours, sept heures vingt minutes de travail non-stop. Je croisais les équipes, ceux des 3/8 et les autres, l'équipe de jour, ou les employés et les employées. Les « encravatés » et les petits tailleurs propres qui rangeaient leurs autos bien en ligne le long du bâtiment administratif. Ceux qui rentraient toujours pressés, avec l'air d'en avoir plein la tête, toujours sérieux, toujours prêts à relire les papiers qu'ils transbahutaient fièrement dans des pochettes de couleurs vives. En fin d'après midi, à cette saison, malgré les rideaux, les ouvriers les apercevaient, regroupés près des photocopieuses ou des machines à café. Ils jetaient un coup d'œil en passant. Certains avec un geste vague des épaules.

— Regardez-les…

Ils terminaient rarement leur phrase, comme si ça n'en valait pas la peine.

Avec les autres, je ne me mélangeais pas. Je ne les évitais pas mais sauvegardais une distance silencieuse. Presque boudeuse. J'avais un sentiment puéril d'écolier collé que les surveillants obligeaient à côtoyer le monde étrange des pensionnaires.

C'était un soir très noir de la première semaine de travail. Dans le vestiaire, mon épaule reposant contre le placard, je notais quelques mots sur mon cahier, au hasard, cherchant une combinaison qui ne venait pas. Je raturai un mot pour en mettre un autre, mais ça ne collait toujours pas. Les mots refusaient leur assemblage. J'y décelais une dissonance, une absence de mélodie, une claudication des syllabes. J'essayais un autre mot. Je relisais, hésitais encore.

Relevant le nez, je m'aperçus que les autres avaient disparu. Ils avaient pris leur douche, s'étaient rhabillés, s'étaient salués et avaient filé. J'étais seul. À regret, je pris mon sac. Je n'aime pas abandonner un mot en suspens, une phrase en vrac. Je marchai vite vers le Foyer, je galopai presque, avec la tyrannie des spectres de mots qui, à peine tirés du néant, me rongeaient la tête.

Parfois dans le balancement du G9, un bout de phrase m'assaillait avec insistance, je n'attendais qu'une halte pour épingler mon papillon dans mon cahier. Il se laissait faire et s'endormait sur l'éther blanc du papier couché. À peine les pages refermées, j'éprouvais l'apaisement que procure le vinaigre après une piqûre de guêpe. Parfois il s'agissait d'un seul mot, comme cavalé de la fourmilière du dictionnaire.

Onanisme, masturbation du verbe et du vocabulaire, branle-bas du moi intime vers la solitude littéraire. Rendez-vous à Jouir-en-Josas, vieux camarade solitaire. Pour la correspondance, changez à « Donne-toi du plaisir, Robinson » !

Au moindre rayon de soleil, à l'heure de la pause repas, les ouvriers des 3/8 désertaient la vieille salle des machines aménagée en réfectoire et s'allongeaient sur l'herbe le long des citernes gigantesques. Les chefs fermaient les yeux à condition qu'ils ne grillent pas une cigarette. Pourtant après le repas, les gars, n'y tenant plus, fumaient en cachette, la clope planquée au creux de la main comme dans les cours de récré. Si un décalage dans la production coupait le rythme programmé, les autres équipes les rejoignaient.

C'est alors que mon « bonnet rouge » fit son numéro.

J'avais découvert que mon émule de Cousteau s'appelait Sacha. Les autres le surnommaient banalement « Popov » parce qu'il était Russe. Un émigré, ancien élève de l'école du cirque de Leningrad. Le jour, il bossait à la SL 124, et le soir, de temps à autre, il assurait un cachet dans telle ou telle salle miteuse, cabaret ou théâtre de seconde zone. Le samedi ou le dimanche, il animait des mariages, des fêtes d'enfants et des goûters d'anniversaires, ou encore la kermesse syndicale, celle du Foyer chrétien…

Vendredi de la dernière semaine de mars, bercé par le triste rayon d'un soleil d'hiver, le personnel somnolait le long des cuves blanches. Alors Sacha traversa en funambule les trente mètres de la plus haute des passerelles. Crucifié dans le ciel, il tanguait sur la rampe étroite. Et au beau milieu de ce périple dans l'azur, il stoppa avant d'allonger les bras et de se plier en avant. Lentement, il se leva sur les mains. Quand il fut stabilisé les jambes en l'air, il les sépara jusqu'à réaliser un grand écart dans le vide. Puis il vira à la manière d'une girouette. Un tour… deux tours, trois tours et toujours plus vite.

— Qu'est-ce qu'il fait ce con ! Oh le con ! Oh l'enfoiré ! murmuraient les badauds.

Un tonnerre d'applaudissements le salua quand il gagna enfin la tourelle au-dessus du caillebotis en colimaçon.

Ainsi il s'en trouvait un capable de risquer sa peau pour dérider ses frères de chaîne, pour que dalle… ou alors pour la joie toute simple de l'instant partagé.

Sacha était étranger… Lui aussi !

À la fin de la journée, nous nous retrouvions tous pour le cérémonial de la douche. Notre équipe tentait de déguerpir avant le débauchage des groupes de jour afin d'éviter l'attente dans le petit couloir, en rang d'oignon, à poil, serviette autour de la taille, regard perdu comme aux « trois jours » pour le conseil de révision. La camionnette pleine d'hommes tirait la bourre jusqu'à l'entrée du vestiaire. Les gars n'attendaient pas qu'elle soit garée ; ils en sautaient comme des parachutistes et galopaient se dessaper.

Nous tirions sur la longue fermeture éclair de la salopette et coulions l'épaule gauche. Puis la droite. Notre peau d'ouvrier glissait et nous nous tortillions comme des serpents à leur mue de bête. Mais une mue qui faisait de nous des humains. Entre les modes et la morale, nous avions pourtant perdu toute indépendance. La rumeur assourdissante des bastringues de l'en-dehors emplissait déjà nos trognes. Nous n'avions plus rien d'instinctif, de biologiquement anarchique et donc invendable. À part la violence, et encore! Les mots, peut-être? Quand ils ne se monnayaient pas au plus offrant. Ou lorsque nous ne les empruntions pas aux prêteurs marchands, aux publicitaires, aux journalistes, aux représentants, aux romanciers, à ces attachés de presse du tous-les-jours, du tout acceptable. Jusqu'au génocide social.

Je retirais mon épiderme de coutil rouge avec le même sentiment que lorsque j'ôtais la cagoule avant de sortir du sas de la banque. Avant que l'artiste anonyme ne regagne la coulisse.

La buée se chargeait d'effluves mêlés: eau de Cologne, intimités poisseuses, poils et de cuirs mouillés. Au début, malgré la mousse colorée qui recouvrait mon corps, il y en avait toujours un pour causer des cicatrices de mes vies successives. L'absence de veines à mes bras –ou mieux, de leur fantôme, lignes de brûlures pâles. Mes tatouages d'initiés, tracés à la pointe de Chine avec leur sinistre code: les trois points de « Mort aux vaches », les cinq de « Seul entre quatre murs », le papillon de « Libre comme l'air », la chaîne brisée, le poignard de la vengeance… Et surtout la vieille maxime des bagnards de Cayenne, surmontée du soleil bleu de *Mektoub!* « le destin », qui pesait sur mon épaule:

> Le passé m'a trahi,
> Le présent me tourmente,
> Le futur m'épouvante.

Sans parler des premiers signes administratifs de ma vie de taulard, juste avant le numéro d'écrou: les cratères de quatre balles, dans mon dos.

Alors, sans m'en rendre vraiment compte, je passais à cet épisode suivant de mon enfer. Baignant dans mon jus souillé, cloué la joue sur le trottoir, gémissant de malchance et de douleur. Quatre trous comme quatre notes de la musique des rues, l'orgue de barbarie au coin de la rue Mouffetard. « La Mouffe ». Quatre notes qui me filaient la chair de poule, qui me rappelaient la foire d'automne et les *Luna Park* de ces fêtes sur commande, la barbe à papa, les pommes d'amour, le claquement métallique des fusils au stand de tir, la voix nasillarde du patron des auto tamponneuses: *Pas un, mais deux! Deux tours pour un balle...*

Quatre trous comme la marque des serres d'un rapace. Drôle de cure de désintox: je retournais à la réalité, à la vraie vie... Celle de Fleury.

Enfin, les regards, les questions s'attardaient sur mon ventre où s'alignaient les griffures et les boutonnières, verticales et horizontales, des coups de lame. Autant de souvenirs carcéraux.

Avant qu'ils ne me touchent –ils tendaient si facilement les mains vers ce vécu fossilisé– je balançais une explication compréhensible qu'ils s'empressaient de colporter aux autres, comme on deale une dose. « Il m'a dit que... », « Il paraît que... ». Alors ils avaient leur fix, qui leur suffirait jusqu'à la fois prochaine.

Et je me frottais le corps avec obstination, parfois jusqu'à ce que la peau rougisse. Je grattais pour chasser le limon des sueurs de la besogne. Pour ne rien retenir de ce jour inutile. Rien que l'envie de passer à autre chose.

En fin de poste, les 3/8 couraient vers le parking. Ils fuyaient l'usine comme si une explosion menaçait. Les premiers véhicules s'entassaient déjà près des grilles et au feu, sur la nationale. Pour une minute gagnée à l'intérieur, ils en perdaient dix dans les embouteillages. Qu'importe! Puisque c'était plus fort qu'eux. Il fallait qu'ils déguerpissent. Même après trente ans, quarante ans de boîte, rien n'y faisait. Dans les conversations, celles des fantasmes d'une autre vie ou celles du banal quotidien, ils s'enfuyaient. Cette cavale sanctifiait le premier refus. Inconscient peut-être, mais collectif.

Ils se ressemblaient tant.

De mon côté, je rentrais à pied, immanquablement seul.

Toujours, après le travail, il faisait déjà nuit.

Dans la pénombre précoce, je relevais ma capuche et barrais mon visage de l'écharpe écossaise. Le *no man's land* du chemin de terre me dévorait entièrement.

Sacha me doublait. Il me lançait un « À demain » sonore, avec cet accent cristallin comme le givre des bouleaux transis sur les rives de la Neva. Et la loupiote de sa bicyclette s'éloignait en palpitant.

Le même salut, tous les soirs de la semaine, sauf le vendredi. Alors il criait simplement « À loundi », même si on se croisait au Foyer tout au long du week-end.

Au Foyer

Au Foyer, je ne côtoyais pas davantage mes voisins que mes collègues au boulot. Ni Sacha, ni les Africains –la plupart Sénégalais–, ni les employés. Un simple salut, jamais plus.

Depuis des années –sans doute depuis la mort de Dynamo ?–, je n'avais pas adressé plus d'une phrase à âme qui vive. L'idée même de bavarder m'était devenue incongrue. Après ces longues périodes d'isolement, de cachot, après la banalité des jours carcéraux, mes facultés de palabre s'étaient taries comme une source au zénith de l'été, asséchées sur mes lèvres en une gerçure de refus. Contre ma langue congestionnée de noyé, elles avaient étouffé de l'air vicié des promiscuités obligatoires, de la solitude cellulaire des disciplines. Je n'éprouvais plus le besoin de dire, de me raconter ou de donner mon point de vue. Finalement, j'avais perdu l'usage social de la parole. Ma voix ne donnait plus corps, ou rarement, à cet incessant monologue intérieur qui, marée chargée d'un goémon, me submergeait de bouts de phrase, de sentiments. L'univers des mots s'était retourné en moi comme une vulgaire chaussette. Plus je plongeais dans leur chair et leur sarabande en apartés, moins j'avais envie et nécessité de les déclamer. De les partager. De les policer au commun des discours préfabriqués. Aux répétitions ininterrompues des dialogues par convention et appris par cœur comme des tirades de récitations scolaires :

> Ah ! non ! C'est un peu court, jeune homme !
> On pourrait dire… Oh ! Dieu !… bien des
> choses en somme.

Mes cahiers d'écolier me servaient seuls d'interlocuteurs. Toujours à portée de main, disponibles. Sans répit, j'avais toujours un mot à leur dire.

À quelques détails près, ma chambre demeurait identique à celle découverte à mon arrivée, en dehors d'une carte maritime du golfe du Honduras, au large de Belize, épinglée sur la porte du placard, et de deux illustrations arrachées à un vieux bouquin de pirate, scotchées au-dessus du lit près de l'oreiller. Quelques ustensiles pour un quotidien réduit *a minima.* Près de l'évier, une casserole, une poêle, une assiette et des couverts flanqués dans un pot de confiture vide. Et aussi le pot de *Nescafé*, la bombe de crème à raser, un kilo de pomme, une brosse à dent, une serviette de toilette, le blouson au portemanteau… Et sur la petite étagère, le réveil dictateur, emporté de la centrale, régissant encore et toujours mon temps segmenté.

Mes possessions matérielles n'encombraient guère d'espace. Le tout suffisait amplement à une vie répétitive, menus compris : pâtes au parmesan *ou* œufs frits, auxquels j'ajoutais invariablement une pomme bien verte acidulée. Pour conclure, trois cafés –et parfois un thé– constituaient ma dose incompressible d'excitants. Jamais de surprise, chaque geste était pensé, depuis la préparation jusqu'à la digestion. J'avais réduit, autant qu'il était possible, la trivialité et la contingence à une succession de procédés techniques ressemblant aux manœuvres de l'atelier.

Une chambre, une cellule, une boîte, j'y vivais sans y vivre vraiment. J'y survivais à ma façon, quelques heures entre le crépuscule et l'aube, une sorte de pause dans une salle d'attente au goût triste et banal d'inhumanité.

Je surnageais dans un impératif indispensable de platitude et d'absence. Un état primitif qui indiquait : « Ce n'est pas chez moi… Je ne suis pas d'ici… »

Ni ordre, ni désordre.

Ni propreté, ni saleté.

Ni télé.

Aucune parole binaire recyclant l'ordre quotidien en vulgate. Je ne supportais plus l'endoctrinement depuis belle lurette, et ronchonnais depuis des années : « Dehors, je ne m'occuperais plus d'eux. Ils m'emmerdent »…

Aussi, je m'assoiffais de silence.

En prison, les insomnies et la longueur des heures nous enchaînaient devant la télé, une maille à l'envers, une maille à l'endroit. Comme une sorte de double peine. Et à chaque tour de cadran, s'égrénaient des discours identiques, de faux débats et de fausses élections. Sans alternative.

Le clergé médiatique et univoque tisse un fil d'Ariane de l'inutile, du vide, des vertiges, des désespérances, de bassesses insipides qui nous gouvernent. Ils nous obligent à ramper jusqu'à l'autodestruction de l'être, jusqu'à ce rien cathodique, dérisoire.

Ils sont allés jusqu'à anéantir le néant lui-même. Ils en traquent les poches de résistance pour y vendre du rien au dollar près. Le rien, c'est encore quelque chose : une marchandise, une mise sur le tapis vert. Alors que le néant est une conscience bien trop humaine.

Ni radio !

Les rares matins où il ne bossait pas, mon père écoutait son transistor, un *Radiola.* Je me remémore sa silhouette dans la cuisine. Hiver comme été, le marcel dégageait les lourdes épaules poilues. Son bide rond tendait la cotonnade bleu prolo. Près du kil étoilé, le poste récitait ses leçons et, en guise de mitraillage dominical, déversait des heures durant les roulis intempestifs de l'accordéon musette. Les pantoufles traînantes, le verre à la main, le paternel ébauchait un pas de java.

Au moment des informations, il ponctuait les nouvelles d'un claquant « Des conneries ! » Dans l'appartement, nous sursautions. Surtout lorsque nous –les trois enfants– étions penchés sur notre petit-déjeuner ou sur nos leçons, à l'unique table de la maison, celle de tous les repas, du repassage et du *Monopoly* des jeudis après-midi pluvieux.

Les réclames aussi avaient droit à leur « Des conneries ! ».

— *Pschitt citron désaltère une famille entière*

— Des conneries !

—...

— *Avec Miror, le métal brillera comme un louis d'or.*

— Des conneries !

Le paternel évitait de ponctuer le sport et... le musette, bien évidemment ! Pour le restant, il étalait un scepticisme poisseux. Il ne croyait en rien, pas même en des lendemains chantants pour lui, sa famille et ses congénères.

Son « Des conneries ! » ne singeait aucun cri de révolte, c'était celui d'une guerre toute personnelle. Il ne l'avait jamais faite, la guerre, même lorsqu'elle avait été mondiale. Il était resté de côté –trop jeune ou pas concerné, je ne l'ai jamais su. Loin d'être belliqueux, son leitmotiv sonnait à la manière du constat désespéré de traîne-misère, chargé de rage et d'impuissance.

Le dabe n'était ni catho, ni coco. Ni syndicat, ni parti, rien qui puisse être collectif, à part l'apéro au comptoir du *Café des Sports*, en bas sur la nationale. Bien sûr, il votait PC comme les copains, mais pour la seule liturgie des dimanches électoraux. Non, il ne croyait en rien.

Lorsqu'il sortait de la cuisine, il menaçait :

— Ne touchez pas à la radio !

Puis il traversait le couloir et entrait aux chiottes en donnant invariablement un coup d'épaule contre le montant de la porte. Le jet d'urine sonore couvrait la musique, mais à travers la porte, nous entendions son organe de tribun antique qui hurlait « Des conneries, des conneries ! »

Quand il se rasait dans l'évier, il répétait pour lui-même « Des conneries ! », plus doucement. Et, la matinée avançant, le second litre éclusé, les récriminations faiblissaient. À midi, elles n'étaient déjà plus audibles. Nous mangions pendant qu'il dormait sur le coin de la table, le visage enfouit au creux de son bras.

C'est bizarre comme, aujourd'hui, je pense à lui. En y réfléchissant, je l'ai très peu connu. Lui à la briqueterie, moi à l'école ou l'été à la colonie obligatoire. Je croisais son ombre dans le couloir comme si on s'évitait. Un grognement en guise de bonjour. Il partait tôt, avant que la marmaille ne se lève. Il rentrait tard, après l'apéro. Souvent nous étions déjà confinés dans notre chambre.

Il avait alors le même âge que moi aujourd'hui. Une autre vie. Un autre destin. À son évocation pourtant aucune tendresse, aucune émotion : je ne lui en veux même pas. Et de quoi ? De ses quelques raclées ? De son indifférence ? Du malheur de ma mère ? Non !

— Papa est mort…

Mon frère aîné avais pris un air de circonstance. Ses yeux clignaient d'une sincérité triste. Et j'étais loin de tout ça. Je vivais alors dans un squat du 20e. Pour insister, tenter de m'arracher un mot, un signe de compassion, il s'était complu à m'abreuver de détails.

— Il a beaucoup souffert. Sept semaines d'hôpital. Cancer du foie. Il t'a réclamé… à la fin.

— Des conneries !

Face à moi, il me dévisageait, stupéfait.

— Mais tu ne peux pas dire ça…

— Ouais… Des conneries ! Tu te souviens dans la cuisine… voilà ce qui me restera de lui : « Des conneries ! ».

— C'était notre père…

Sa voix compassée me fit monter une boule de haine à la gorge.

— *Notre Père qui êtes aux cieux*, du haut de votre très sainte connerie…

— Arrête ça…

Il s'était redressé, repoussant sa chaise. Mais avant de sortir du bar, il revint vers moi et, avec une expression de pitié, il avait ajouté :

— Finalement, tu lui ressembles plus que tu ne crois.

Allongé sur le lit du Foyer, cette constatation fraternelle me revenait en mémoire. Jusque-là je l'avais effacée, repoussée, conjurée. Mais… si je lui ressemblais vraiment ?

Mon vieux aurait-il pu se reconnaître dans mon individualisme nihiliste, passé et présent ?

Le paternel avait fui sa vie dans l'alcool comme je l'avais fui dans la came, dans la délinquance. Et si, aujourd'hui encore, j'étais toujours comme lui ? Si ce n'était qu'un nouveau moyen d'évasion que je recherchais ?

Son visage flotta dans la pièce :

— Je te reconnais bien là, fiston !

Je chassai cette vision d'un mouvement brusque, et me retournai contre le mur.

En fait, le Foyer ne s'animait que le dimanche à midi.

Ce jour-là, la plupart des résidents mangeaient ensemble dans la grande salle du rez-de-chaussée. Leurs cris et leurs rires montaient jusqu'à moi, de même que la musique de leurs danses improvisées, lorsqu'ils repoussaient les tables le long du mur. Ils m'y avaient invité trois semaines de suite. Face à mes refus répétés, ils n'insistaient plus.

Fofana s'attristait de ma vie solitaire. Un jour, il entra presque de force et posa sur la table une petite télévision. Avec politesse, mais fermeté, je le reconduisis à la porte, lui et sa télé. Il protesta :

— Mais enfin voilà, c'est t'ès mauvais de se gâter comme une vieille femme sans dent !

Comment expliquer ? À lui qui, autant que les autres, ne s'éloignait jamais de ces postes disséminés un peu partout, comme s'il s'agissait de balises et que, tous, ils craignaient de se perdre dans l'immensité du silence. Les télés se posaient en sémaphores, guidant les voyageurs dans les passes d'un présent sanctifié.

En bas, dans la salle commune, elle veillait nuit et jour.

Je ne lisais les journaux pas plus que je ne regardais la télé ou n'écoutais la radio. Eux aussi m'écœuraient. La découverte incessante de l'ordre, dans toutes les publications et les reportages, m'indisposait.

Mes lectures se résumaient aux romans. De vieux trucs que je dégottais au hasard de mes vadrouilles sur les marchés aux farfouilles. J'achetais des lots de dix à un vieil arménien de Montreuil. Un roman au moins, on sait que c'est « pour de rire », du bluff, en quelque sorte. Ce qu'ils présentent comme des récits est aussi faux que les prétendues biographies –voire autobiographies– toujours empreintes de la morale de l'Histoire, de la pensée obligatoire, de ce qu'il faut croire pour être crédible et, par-dessus tout, vendable à cette si petite époque.

Les romans, je les engloutissais les uns après les autres, parfois deux par deux : un dans la chambre, un dans le casier de l'usine. Puis je les abandonnais dans le couloir du bas, près de la salle commune et des téléphones. Ils y traînaient quelques jours, puis disparaissaient. Je n'en gardais aucun.

D'ailleurs je ne gardais rien.

Même les vêtements. Quand je m'en payais un nouveau, je balançais l'ancien. Je m'étais acheté un sac de sport et, quelquefois, je calculais mentalement si toutes mes affaires y contenaient. Comme si je n'attendais que l'ordre du départ. En cinq minutes, j'aurais déguerpi avec mon balluchon.

Le samedi, souvent je m'enfermais pour bouquiner allongé sur le lit, ou pour écrire à la table sur mes cahiers d'écolier.

Le dimanche matin, tôt, je portais mon linge à la laverie de la rue Jean-Moulin. Je bourrais la machine puis lisais une heure ou deux recroquevillé sur le banc de bois. Parfois je prenais le train pour Paris et traînais dans les rues. Jusque tard le soir et, bien souvent, une partie de la nuit. Quand le temps le permettait, je m'arrêtais aux terrasses des cafés et décortiquais les marées de passants. Je scrutais la posture de la domesticité intime et ses simagrées fédératives. La ruche bourdonnante de ces gens sur les trottoirs m'enivrait de ses sarabandes fiévreuses, me saoulait d'absurde.

Étaient-ils obligés de jouer une comédie aussi frénétique, avec ces airs convenus du dressage dramatique ? Jusqu'à une mimesis de mise en scène, enfilant un masque de réalité fabriquée, répétitive, productive, et par-dessus tout insensée.

Qu'ils soient riches, pauvres, demi-sels, cools, absents, chics, dépenaillés, autochtones, venus de loin, branchés, insipides, discrets, indéfinissables, convertis, défroqués, outrageusement passants… Ils passaient.

Et j'en concluais irrémédiablement : « Tous, jusqu'aux derniers… je vous hais ! ».

Au bout du compte, je marchais et je marchais des heures et des heures sans but. Ni désir. Ni plan.

Un dimanche, dans la nuit, j'avais suivi les quais de Seine depuis la porte d'Ivry jusqu'au fin fond de Javel. Puis à contre-courant, j'étais revenu jusqu'à la gare de Lyon et le pont de Charenton. Et Paris s'était montré à moi en photos lisses et muettes. La ville m'avait paru plus propre qu'à l'époque où je l'avais quittée par la force des menottes et des bastos me crevant la peau.

Les immeubles du bord de Seine se révélèrent plus clairs que dans mon souvenir.

Je grimpais certains soirs à Montmartre pour redescendre par Pigalle ou la place Blanche. Ces jours-là, je rencontrais des filles. Des putes, aussi. J'étais encore beau mec. Plus beau qu'autrefois peut-être, avec mon corps balafré de larges entailles et mon air de-ne-pas-avoir-l'air plaisait sans doute. Si je voulais trouver, je ne cherchais pas longtemps.

On dégotte toujours des gens bien plus solitaires que l'on ne l'est soi-même. Et si je m'accouplais, c'était pour me séparer plus vite. Après, je faisais un nœud aux préservatifs usagés, non pour retenir une vaine semence, mais pour ne pas oublier. Pour éviter de me « désouvenir » de l'essentiel. Je payais les putes en bon argent, et les filles en mimiques. Mais je payais toujours pour ne rien devoir, pour partir quitte de tout. Surtout ne pas avoir à se revoir. Je n'avais nul désir d'aménager ma solitude. Cet isolement apaisait de vieilles guerres qui me serraient les entrailles. J'étais seul avec ce sentiment de fin de bataille. Qu'importe les morts et leurs corps trop pesants, les dépouilles abîmées reposaient sans rêve au courroux de mon fleuve s'enfuyant. La face dans l'eau, les bras en croix, elles dérivaient comme l'ombre de grands cormorans. Leurs absences étourdissaient la multitude. Et le vent.

Moi, j'étais seul.

Seul.

J'écrivais.

Depuis quand ? Je ne m'en souvenais plus exactement. Dans quelle prison, dans quelle cellule ai-je pris l'habitude de transcrire les torrents de mots m'assaillant ? Je les alignais en un fil orageux et continu comme les condamnés le long d'un mur badigeonné de chaux à vif. De simples bouts de phrases sans queue ni suite, parce que les mots se cavalaient sans façon à la pointe de mon crayon. Je gribouillais un cahier puis deux, trois, quatre... Des *Clairefontaine*, avec leur couverture vaguement écossaise, orangée ou verte, que je choisissais à grands carreaux parce que ça me rappelait les pages studieuses de la communale ou du collège. Et j'appris à dresser l'écrit comme j'aurai dressé un cheval, pour galoper sans fin dans la steppe des prisons. Les mots m'électrisaient d'un éclat cristallin. Je tressaillais à leur composition. Je n'avais jamais vibré aussi fort. Sauf peut-être au début de mon histoire avec l'héroïne.

J'ai d'abord écrit sans intention particulière, ni forme définie. Puis j'ai découvert l'usage du « Je », et j'ai utilisé la première personne sans autre prétention que celle de l'expression elle-même. Histoire de déverser ma bile, ou les spores de ma vie de lichen. Comme cette masturbation qui permet de dormir lorsque, trop longtemps prisonnier, on ne rencontre plus le sommeil. La rumeur de la cour, dans laquelle d'autres se promenaient, remontait jusqu'à la table où, penché sur mon rectangle blanc, je me projetais mon cinoche. L'heure de la promenade passait, puis celle du repas... et j'écrivais encore, parfois jusqu'à la ronde du matin et le départ pour l'atelier, à flots continus.

Endiguer ce débordement me faisait physiquement souffrir. Je pouvais me retenir un jour, deux peut-être, mais jamais plus parce qu'alors je ressentais la très nette impression d'enfler. Je sentais mes digues se dilater, se boursoufler, se ballonner d'un flot noir et frénétique de voyelles et de consonnes. Alors, devant le risque d'éclatement, j'étais contraint de rouvrir les vannes et de reprendre le crayon.

En prison, j'écrivais parce qu'on m'y avait condamné. Mais, une fois au « Pays du dehors », le déluge de prose ne s'était guère tari. J'avais supposé que l'extérieur, avec ses illusions et ses lumières éphémères, allait drainer non pas le flux des mots mais, au moins, leur impétuosité violente et indocile. J'avais tort. Au contraire, malgré la fabrique d'amnésie que constituait la vie ouvrière, non seulement le torrent coulait encore, mais il prenait des allures de rivière, et bientôt de rivière en crue.

C'est alors que cette tyrannie de l'écriture m'effraya.

Certains besognent leur prose pour être édités, pour le chic d'une vie de littérateur, pour les avances et les droits d'auteur.

Moi j'écrivais comme on se jette contre un platane à cent cinquante à l'heure, et j'allais en crever. Des nuits entières à rechercher la forme originelle d'une phrase, l'alchimie qu'elle avait à l'origine du monde, avant que ce dieu moqueur ne me la jette en puzzle. Cette empoisonneuse jouait à cache-cache, comme la formule de Paracelse pour changer le plomb en or. L'œuvre au noir sur une page blanche.

Plus d'une fois, j'avais sauté un repas et, à l'heure de partir pour l'atelier, je me retrouvais endormi sur ma table, ayant à peine le temps d'un café avant l'usine. L'épuisement qui me gagnait n'y changeait rien. Ou en pire, car les mots profitaient alors de cette faiblesse pour s'engouffrer dans les fêlures de ma fatigue. Je me relevais la nuit et, le jour, je me cachais dans chaque recoin sombre qui s'offrait à moi pour retravailler telle ou telle idée avant qu'elle ne s'enfuie. Je me rendais à peine compte que chaque mot formait le maillon d'une chaîne par laquelle je demeurais attaché à la prison, à la solitude des cours de promenade, à l'imaginaire solitaire et torturé.

Le rêve s'éveillait tricoté de chimères inlassablement mastiquées, dans le rythme de va-et-vient des bêtes en cage.

J'étais seul, face à la grille de ma fenêtre, monologuant avec des congénères tout aussi seuls que soi, que j'imaginais dans leur cellule, à côté. Je n'articulais plus et mes mots, à peine rédigés, entraient en pénitence. Des appels aux lucarnes de nos bagnes modernes, des banalités pour se dire qu'on passera la nuit, une autre nuit, un autre jour, un mois, encore une saison, l'hiver, l'été. Sans rien au bout, car il n'y avait rien. Demain, l'année prochaine, dans deux ans, nous prononcerions les mêmes mots misérables.

— Fait beau, aujourd'hui…

— La gamelle est dégueulasse !

— J'ai écrit au juge.

— T'as vu, il pleut.

— L'infirmière va passer…

— À plus.

Les mots me parlaient de ces mouroirs où crèvent les hommes trop pleins de vie. Et de l'enfer, je portais les stigmates. Un cancer qui rongeait tout mon être.

Je n'étais plus qu'un automate que les mots promenaient au bout de leurs ficelles.

Le plan

C'était encore la prison qui m'interdisait le sommeil. Des semaines et des semaines après, elle virait encore dans ma tête à la façon d'un cyclone, se dressait dans le noir à la rumeur du boulevard.

Je m'endormais tard, ou très tôt avec l'aube grise. Les mains croisées sous la nuque durant des heures, je fixais le plafond. L'usine, les autres, le JAP*, ce que je ferais et ne ferais pas, les flics qui sortiraient bientôt de leurs tanières pour me guetter, tout cela se chevauchait en un cauchemar inquiet. Dans mon lit, je tournais sans trouver le repos. Comme le troupeau des gars qui avaient passé des lustres enjôlés, la complexité du dehors me drossait au rivage. Comment me sauverais-je de l'inextricable réalité ?

Battant en retraite, je me déconnectais, avec la vague illusion que tout s'arrangerait par l'opération du Saint-Esprit. Je me réfugiais au plus sommaire. À l'élémentaire. Au « plan » –ainsi que nous nommions la démerde en prison– que les compères numérotés rabâchaient dans leurs oraisons quotidiennes, comme on suce un sucre d'orge. Ce plan, pour finir,

*NDE : juge d'application des peines.

ressemblait à la tapisserie de Pénélope. Les songes abîmés de ces jours et de ces nuits filaient le désespoir à la petite semaine. Toujours le même rêve lénifiant de mercurochrome, celui de Montecristo. La belle, le coffre débordant de bijoux sur une île déserte et, dans les épisodes suivants, le changement de peau et, par-dessus tout, la vengeance contre l'injustice, contre les salauds, les balances et les autres zigotos qu'il fallait retrouver. Le flic pourri ou le juge vicieux. Avec le plan, nous changerions de peau, de vie. Sempiternelle histoire. Comme un chapelet, l'illusoire du plan immaculé s'égrénait dans le ravaudage de notre existence indigente.

Le plan me sauverait. Je m'abandonnais au guide de l'étoile d'or et ne m'écartais pas de la route promise aux rois mages. La rêverie en guise de boussole, je maintenais le cap coûte que coûte, loin des orages. Alors, malgré les ritournelles des sirènes brunes ou blondes, les périls s'éloigneraient. Et les flicards cornus prêts à nous enchrister pour un bout d'éternité, idem.

La greffière de la Centrale me notifia ma libération imminente :

— Signez là… Lu et approuvé… et la date… celle d'aujourd'hui, bien sûr…

L'ongle rouge hémoglobine pointait le bas de page. Ma tête chavirait dans une houle qui agitait murs et carrelage. Je respirais mal, planté là, titubant, les mains posées à plat sur la tablette de bois. De l'autre côté de la grille, la donzelle disparut avec les feuillets. Quelques minutes plus tard, elle m'aperçut et revint :

— C'est terminé, vous pouvez remonter en détention.

Mes jambes refusaient de bouger, comme une quille plantée dans la vase verte à marée basse. Le maton de la fouille s'arrêta dans mon dos.

— Allez Branly, on y va...

L'ouverture criarde de la porte électrique agit à la manière d'un réveil-matin. Un frisson courut sur mon échine. Les premiers pas furent terrifiants, puis le rythme m'emporta : un pas... un deuxième... un autre et ainsi de suite. Mon cerveau calculait « Plus que six jours et six heures et... » Et quoi ?

Après tant d'années, j'allais revoir l'autre côté du mur gris.

La surprise passée, le long du corridor, je tentais de faire le point. Mais mon sextant était faussé. Mon crâne tournicotait dans le maelström des incertitudes. J'allais, titubant, dans la coursive, jusqu'à ma couche. Une fois allongé, je tremblais d'une terrible fièvre. Comme si je n'avais jamais pensé que sortir « pour de vrai » était ce qui arriverait un jour. Une lame de fond m'entraînait sur les écueils et pourtant, autour de moi, la mer paraissait d'huile, étrangement étale jusqu'à l'infini d'une ligne de béton barrant l'horizon. Pas de vague écumante, ni de dune de sable blond, aucune étoile, ni soleil, pas plus de longitude que d'attitude, plus de terre, plus rien à quoi je pouvais me raccrocher. Seuls de tristes mirages balbutiaient comme autant de balises.

Où aller... que faire ?

Je n'avais que le bleu du ciel en guise de chemin. Tant et tant de gars s'y étaient perdus corps et biens. Lundi, Jeannot sortait de douze piges de réclusion... Il retourna au ballon le mercredi. Armé jusqu'aux dents, il avait essayé de quitter le pays avec un pote, « libéré » un mois avant lui. Que ferais-je dans ces océans sans une carte des fonds ? Incapable sur ces flots de démêler le vrai du faux, sur quelle vague allai-je naviguer ?

Déjà plus tout à fait prisonnier, je n'avais, simultanément, aucune idée de l'autre condition dans laquelle j'étais censé me métamorphoser. Je n'en conservais qu'une image floue et confuse, ancienne et rabâchée. Celle du passé, de mon refus de l'embrigadement salarial, le rejet de la survie pensionnée jusqu'à la retraite et la fin des haricots, en charentaises à carreaux dans la file d'attente du *Casino*, puis débout près du frigo… Enfin l'ultime voyage de la maladie à l'hosto. Ma haine du quotidien séquestré et de la démission persistait intacte comme notre vieux *No future*, sucé comme un bonbon à la bière tiède, avec nos crêtes rouges et notre folklore d'épingle à nourrice.

Pitoyable, j'aurai presque fredonné la zique de Clash :

I'm lost in the supermarket…
I'm lost…
I'm lost…

Nous avions raison, il n'y avait pas de futur. Non. Rien que ce faux présent, sorte de passé antérieur qui se conjuguait en un empire de mille ans. Si on grattait le maquillage de postmodernisme –mec à la page et nana cool, bobo et Barbies libérés–, on aurait découvert les traits de ces momies aristocratiques du XVIIIe siècle, courtisans et gourgandines à perruques choucroutées ; ou les mêmes traits de ces nouveaux riches du XIXe siècle, drapés de songes en coupons boursiers, avec leurs piètres cachotteries de boutiquiers et de commères se délectant de cancaneries putassières que décrivent Balzac ou Flaubert.

Cruel, le présent des propriétaires porte les stigmates de cette comédie inhumaine sans cesse recommencée, comme un disque rayé.

Bien sûr, c'est le plan de Dynamo qui occupait mon esprit,

celui qui le maintint debout des années durant, avant qu'il ne succombât, digéré par la bête réclusionnaire. Lorsque, assis sur le carrelage après les piqûres d'*Interféron*, nous sombrions dans un coin écarté de la bibliothèque, Dynamo évoquait à voix basse son plan millionnaire. Il le peaufinait à la lueur d'une imagination littéraire.

— À l'étage, un second bureau… Tu verras… une pièce rien que pour le coffiot… une armoire… un vieux modèle noir et or… Tu te souviens de la chanson de Mandrin ?

Et il chantonnait :

Je montais dans sa chambre,
Mon dieu qu'elle était grande !
J'y trouvais mille écus,
J'y mis la main dessus.

Ou alors il racontait l'Après : le cabotage sur la mer des Sargasses, d'île en île, jusqu'à découvrir la bonne plage, la bonne place. Un monde caraïbe mi-Stevenson, mi-Defoe, un peu pirate et un peu naufragé, où nous bourlinguerions en équipage avec à l'œil la lorgnette d'une espérance déshéritée. Nous rêvions du monde de Vendredi pour tous les jours de la semaine, au milieu de « naturels » encore épargnés par l'épizootie de la marchandise et des zombies.

Nous ouvrions de grands atlas et nos doigts couraient le bleu cobalt des encres de la Barbade à Tobago. De Saba à Sainte-Lucie.

Dynamo n'était pas un enfant de la galère mais un fils des beaux quartiers en familiale rupture de ban, exclu du clan. Nous n'avions pas grand-chose en commun, sauf le cadavre de la came sous notre oreiller et la furieuse envie de décamper de la comédie. Et puis la maladie. Notre maladie mortelle, celle de notre génération à hépatite alphabétique et à rétrovirus. Les vaches folles avaient contracté la tremblante du mouton en becquetant du steak en poudre, Dynamo chopa la maladie des singes tropicaux en s'injectant de la sève de buissons andins. Il y avait de quoi faire la grimace ! Les temps étaient vraiment dégueulasses !

Après des années et des années de vie collective, Dynamo et moi partagions le pain noir du quotidien, et tout le reste, jusqu'au bout de l'espoir de vivre encore un petit peu.

Il avait été mon seul ami, en prison.

Dynamo et son plan.

Il avait un oncle qui s'en était mis plein les fouilles en Afrique, dans des trucs pas très catholiques. Tenu par l'impérieux besoin de caresser son or du bout des doigts, il était probable que le vieil Harpagon conservait une partie de son magot dans sa villa de Chatou.

Dynamo en rêvait les yeux grands ouverts.

— On passe chez Max, on lui raque deux calibres. Pas du petit, hein ! Au moins du trois cinq sept et… on fonce chez le grigou !

Mais voilà, Dynamo n'avait pas tenu la distance. Les matons l'avaient baluchonné un matin, recroquevillé sur un fauteuil roulant, un bout de ficelle autour de la poitrine pour le maintenir solidaire au dossier. Avec autant d'égards que lorsqu'ils vidangeaient les grandes poubelles noires de plastoc mou près de l'infirmerie.

Dynamo ne m'avais plus reconnu. Depuis la veille, un coma profond l'avait englouti. Ce qui inquiétait fort la direction. Vers huit heures, dans la coursive, j'avais identifié la voix du directeur, à travers la porte :

— J'espère bien qu'il ne va pas nous faire ça…

Une voix de femme –peut-être une infirmière– lui avait répondu :

— Non, rassurez-vous, il passera la nuit. Nous l'hospitaliserons demain matin…

— Parfait… Parfait, je prépare la levée d'écrou, je téléphone immédiatement au juge.

Le fonctionnaire tremblait pour son quota : trois décès depuis son arrivée. Pas question qu'il se fasse remarquer davantage au ministère. Son ambition le poussait à vouloir prendre la direction d'une grosse prison dans la région parisienne. Par chance, il était parvenu à dégager, juste à temps, les deux moribonds suivants vers l'hôpital pénitentiaire de Fresnes. Ils n'avaient pas fait partie de ses quotas.

À Lannemezan, dans les bureaux, on n'aimait pas les problèmes, surtout ceux comprenant des cadavres encombrants. Ils s'en débarrassaient prestement, quasiment en douce. Ainsi le suicidé du bâtiment A, celui qu'on n'appelait plus que par son surnom : « l'Araignée ». Oui, l'Araignée s'était pendue à son fil, en haut de la fenêtre, les pattes liées dans le dos. À peine enveloppé dans son linceul de plastique, ils l'avaient jeté à l'arrière d'un camion, et en route pour la morgue et la fosse commune.

Quelques heures après sa « libération », Dynamo fut déclaré médicalement mort. Il n'encombrerait pas les statistiques pénitentiaires. Deux jours plus tard, trois matons, gantés de plastique, emportèrent ses affaires dans des cartons anonymes. À leur suite, les auxiliaires désinfectèrent la cellule avec un produit malodorant. Enfin le brigadier retira la fiche personnelle de la porte. Terminé !

Dans le local à poubelle, une semaine plus tard, j'ai retrouvé sa fiche. Une fiche bleue maculée de détritus avec son nom.

Dans mon dos, Filou avait grogné, avec un rire forcé :

— Putain, en taule on est vraiment que dalle…

J'avais glissé la fiche, pliée en deux, dans l'un des sacs. Ça représentait une sorte d'enterrement, de cérémonie carcérale. Filou me posa une main sur l'avant-bras.

— Allez viens... Manquerait plus qu'on récite une prière, non ?

Quoi qu'il en soit, il était normal que son copain héritât de son plan. J'étais l'unique ami, pas besoin de partager ! Un bienfait car, en plus de la fidélité aux rêves communs, cette projection dans l'Après était devenue une question de survie. C'était beau... et moche à la fois. Pathétique. Comme cette histoire selon laquelle les bagnards se précipitaient sur les dépouilles à peine refroidies de leurs congénères pour récupérer, dans leur trou du cul, le cylindre de métal qui contenait tout leur trésor. Le plan de Dynamo était la clef des songes, mon sésame pour Cythère.

Dynamo serait mon abbé Faria.

Je pensais bien passer directement chez le fameux Max. Question flingues, il proposait toujours de belles pièces et j'avais de quoi raquer. Huit briques sur le pécule libérable ou plutôt sur un compte à la Caisse d'Épargne, placées à 3 % par la comptabilité de la prison. Mais au dernier moment –j'avais déjà fait don de mes affaires aux quatre coins de la prison– le JAP m'appela et, en deux mots, m'exposa le chantage : je devais refiler mes économies aux parties civiles, sinon il ne signerait pas ma libération. La loi lui laissait les pleins pouvoirs et il pouvait en repousser la date de plusieurs mois, voire d'un an ou deux. Huit briques pour une pige supplémentaire : je fermais ma gueule et payais.

Adieu les économies de dix ans de travaux forcés !

Royal, le JAP me laissa cinq mille balles.

Ces dernières années, nous avions été habitués au racket judiciaire, qui s'affichait sans honte. Les détenus travaillaient pour bénéficier de grâces supplémentaires, et dès que nous entrions en esclavage, nous commencions à débourser pour tout, et débourser de plus en plus. Frais d'entretien –trois cents balles pour deux lavages mensuels de notre minable bleu de travail–, frais de justice, parties civiles... Dans certaines centrales, le tarif s'affichait quasi officiellement : un mois de grâce nous coûtait exactement mille deux cents balles. En pognon d'aujourd'hui, ça fait le jour de prison à moins de cinquante centimes d'euro. On raquaient et ils nous retiraient un mois. Et, pour les plus magnanimes, cela pouvait aller jusqu'à deux mois mais... ça coûtait plus cher. Pareil pour les permissions de sortie, la commission accordait un jour supplémentaire à ceux capables de verser, en sus, cent ou deux cents balles.

Je me souviens d'une discussion avec la direction, Robert y parlait fort.

— Proposez donc du jour de grâce sur les bons de cantine : « Un jour à un balle, produit limité à sept par mois », on payera. Mais pas pour la réhabilitation. On n'en a rien à foutre de vos conneries, comme de nos parties civiles... Il faut bien être un empaffé de spécialiste, au ministère, pour pondre ce genre de discours sur la rédemption. Non... non... Le rapport principal est le fric, toujours le fric et rien d'autre que le fric... dedans, dehors... on peut payer, on paye. Pas pour le geste, mais comme on se paye quelque chose dans une boutique.

Avant que je ne referme la porte, le JAP m'avait rappelé.

— Et n'oubliez pas, Branly : vous n'êtes pas en vacances...

Sa gueule refoulait du goulot, dégobillait de la morale menaçante. Des vacances ? Où vont-ils chercher ce genre d'ânerie ? Dans l'escalier, je m'étais remémoré l'adage, mièvre comme une triste comptine, que récitaient parfois les prisonniers.

> JAP, nom à consonance asiatique
> faisant rire jaune les condamnés.

Si je n'avais pas trouvé immédiatement le boulot à la TSTF, le premier mois aurait été raide, et bien pires les deux suivants. Cinq mille balles ! Alors qu'il fallait attendre trois mois, voire plus, pour toucher le RMI.

Quoi qu'il en soit, plus une thune pour le calibre de Max. Je lui avais rendu visite malgré tout, un petit tour afin de renouer le contact et boire un canon avec un ancien copain de cabane. Il avait bien vieilli et écoutait encore du Clash et d'autres vieux machins de notre génération. Il offrait la *Martins* chambrée en guise de champagne de bienvenue.

— Alors comme ça, tu vas remettre le couvert…

Je ne niai pas, ou mal. Je n'étais pas de ceux qui se la jouent « Je ne recommencerais plus » et qui, à la longue, forcés par le déterminisme de la non-vie et de la misère, récidivent avec l'excuse du mauvais JAP ou de mauvaises fréquentations. Toujours à se plaindre « J'aurai dû… Si j'avais su… La faute à pas-de-chance… » Quant à moi, je ne gardais aucune illusion, pas question de revenir en arrière.

Du coup, il m'annonça la couleur. Près d'une brique pièce !

— Merde ! Ils sont en or, tes puchkas !

— L'inflation, mon vieux, l'inflation… En cabane, vous ne vous rendez pas compte, mais la breloque tourne.

— Je pensais qu'avec le matos venu de l'Est…

— T'as lu ça dans *Le Parisien*? Alors toi, si tu crois encore aux conneries des syndicats de police, tu m'épates.

Pas à dire, ses calibres étaient beaux : des 9 mm SIG-Sauer P226, avec trois chargeurs. Seul le prix des balles n'avait guère évolué quinze piges après. Quelque chose comme dix francs la bastos. Comme si, par superstition, le plomb devait conserver sa correspondance en argent.

Il m'en mit un de côté en soulevant sa cannette et en lançant fièrement :

— Réservé !

Je savais pertinemment que la maison ne faisait ni crédit, ni prêt. D'ici trois mois, j'allai rappliquer avec l'oseille en branche, des fifrelins de biftons tous frais tirés de la banque ou d'où que ce soit, mais enfin ils devaient être là, bien en ligne au garde-à-vous, impossible de plaisanter avec ces choses là !

À la TSTF, mon salaire ne pesait pas bien lourd, moins la pension au Foyer, moins ceci et cela. La soustraction était facile. Je serrerai la ceinture pour la nourriture et le reste.

Le superflu.

Lorsque j'aurai le SIG en main, l'horizon s'illuminerait à l'ouest… du côté de Sainte Lucie, ou Anguilla.

Depuis le premier dimanche dehors, je passais régulièrement à Chatou pour étudier la tanière de l'oncle. Un billet de RER restait à ma portée ! Les informations de Dynamo se révélèrent bonnes. La première fois, lorsque le rentier apparut, mes babines frémirent comme au bon vieux temps, quand je flairais la proie facile. Je surveillais la maison, tranquillement assis sur un banc de la gare RER, en feuilletant *Le Forçat innocent*, un bouquin de Supervielle.

Je ne vois plus le jour
Qu'au travers de ma nuit,

C'est un petit bruit sourd
Dans un autre pays.

Le dimanche, le vieux grigou demeurait seul. La femme de ménage et le jardinier –plutôt homme à tout faire– prenaient leur journée. Et le matin à 10h30 tapantes, qu'il pleuve ou qu'il vente, réglé comme un coucou suisse, il baladait son chien. Une bête pas loin d'être aussi vieille que lui, sorte de descente de lit laide et pelée. Ils se traînaillaient l'un l'autre, cahin-caha, sans qu'on identifie avec certitude qui des deux tirait la laisse. Le long des voies, ils suivaient toujours le même itinéraire jusqu'à la limite du Vésinet et retour.

Tout ce qu'avait raconté Dynamo était donc vérifiable, si vrai que ce que je le vis faire trois dimanches de suite. Mais l'oncle avait dangereusement moisi. Il prenait de la gîte. Je ne devais pas tarder, s'agissait pas de le regarder calancher sur le coup, avant d'accepter d'ouvrir le coffiot. Ensuite, je m'en balançais un peu. De sa mort et du remords.

Qu'avais-je à craindre ? L'enfer ? Bah, je venais de le quitter par la petite porte, et les flammes de son souvenir ne m'impressionnaient guère.

Le remords est une invention des maîtres. D'ailleurs, eux n'en éprouvent jamais officiellement. Ou alors rituellement, pour les agiotages de l'histoire, les comptes s'étalant à livre ouvert pour la célébration, avec des clameurs d'enfants de chœur : « Nous avons changé, nous sommes meilleurs… et plus démocratiques que jamais ». En revanche, la contrition est distillée à haute dose dans les bas-fonds, parmi les pauvres, les malheureux et les ordinaires. Ceux qui ont osé se révolter et franchir la frontière de l'acceptable –acceptable aux yeux des maîtres– ne serait-ce qu'une fois. Un instant. Une heure. Eux portaient alors le repentir accroché à leurs frêles épaules comme un fardeau trop lourd, jusqu'à leurs derniers jours, jusqu'à les faire ployer, et plier à nouveau, et se pencher encore… parfois bien plus bas qu'il n'est possible devant le Pouvoir et la Morale.

Quelqu'un portait-il le remord de la mort de Dynamo ?

Je savais bien que non. Ça ne viendrait pas à l'idée de quiconque. Quelqu'un qui désespérait du monde, un prisonnier crevard qu'on avait refusé de libérer tous les trois mois, pendant deux années, malgré les rapports des toubibs. Quelqu'un qu'on avait fait passer de la cellule au tombeau en catimini.

On tue de milliers de façons différentes, mais seules quelques-unes sont punissables par les codes. Inutile de savoir pour quelle raison, poser la question est suspect. Ce type de doute est criminogène ! S'interroger sur l'une de ces lois, l'observer de plus près, c'est très vite toucher à sa justification et aux intérêts qu'elle protège. Ça marche pour une deuxième, pour une troisième et bientôt le doute gangrène l'ensemble du code civil !

Si on ne croit pas les yeux fermés, on ne croit plus du tout.

Les plus proches voisins du vieux logeaient à quelques mètres, derrière une haute haie de troènes. J'allais faire coïncider le baluchonnage avec l'arrivée de la rame en station. Si le chien gueulait, ou le vieux –quoique ce fût douteux– la fureur des freins sur le rail et les bêlements de la foule couvriraient mon tumulte.

Je repérais un recoin où je pouvais escalader le mur sans être vu. J'allais attendre dans le jardin, le long du garage, et lui sauter sur le râble dès le portail refermé. Dans le passé, j'avais déjà réalisé deux coups de la sorte. En solo. Bien obligé puisque plus aucun malfrat n'acceptait de bosser avec moi. On me disait grillé par la dope. Les braqueurs m'abandonnaient comme hier mes potes de défonce, avant-hier mes copains d'enfance et, dans une vie antérieure, ma famille.

Mais je ne craignais pas de taper en solitaire.

À Senlis, au Nord de Paris, j'avais pris en otage le directeur d'une banque, avec sa famille. Nous avions passé la nuit devant la télévision. Ils avaient dormi malgré tout, pas moi. À l'aube, dans les chiottes proprettes du pavillon, l'aiguille m'avait percé le bras pour le petit-déjeuner du matin. Puis j'avais abandonné la femme et les deux gamins, ficelés comme du gibier sur le tapis du salon. Nous étions parti, avec le mari, jusqu'à son agence, en centre-ville. Il tremblotait. Il eut le droit d'allumer un clope. Le jour se levait à peine et les rues dormaient, tranquilles et indifférentes à nos histoires de vie et de mort. La banque sommeillait dans la pénombre. Il avait ouvert sans encombre les trois coffres en sous-sol et le distributeur. À l'époque, c'était encore possible, toutes ces merdes à ouverture temporisée n'existaient pas encore.

Le troisième dimanche à Chatou, je compris qu'aucune étincelle –feux follets de joies passées– ne jaillissait à l'évocation de ma mémoire de flibuste. Et les repérages ne distillaient pas la moindre dose d'excitation. Peut-être une illusion ? Ou la lèpre des prisons, la rémission ?

Non, pas la rémission. Pas encore.

Lors des deux premières visites, je m'étais contenté de la découverte. Mais ce jour-là, sur le banc de bois, lorsque je fermais les yeux pour visualiser l'opération, je n'avais rien éprouvé. Le film se déroulait et je m'y projetais, dans le costume du voleur, comme si je récitais une leçon apprise par cœur. Froidement… Oui froidement, sans la vibrante intonation, celle qui chante quand on s'extrait des voies toutes tracées. En moi s'insinuait comme une gêne, comme si je n'avais plus la flamme, cette passion théâtrale pour le drame véritable. La cendre froide coulait de mes années perdues en rigoles grises de promesses non tenues. Avant, et encore au début de ma détention, penser à l'action inondait ma chair du poison intime. Mon corps brûlait d'adrénaline comme une vieille loco bouffait son noir charbon. J'étais si accro que j'imaginais le pire, afin que les vapeurs grimpent plus haut. À chaque pulsation, elles déchargeaient dans mon sang le plaisir du banni.

Et aujourd'hui ? Le risque agissait-il ?

J'en prenais bien plus, le jour et la nuit à l'usine, à souder les intestins de la Saloperie. Et puis, je me foutais de crever. Tuer et mourir étaient devenus des actes abstraits.

1 525 euros.

— Et de cinq, vingt-cinq.

Max tira la liasse à lui, tombant dessus de sa grosse main poilue. D'un coup, le silence pesa sur la scène. Baissant les yeux comme quand il était enfant de chœur à Bougival chez les culs-bénits, mon petit commerçant plia ses billets avec une infinie douceur et les enfouit dans la poche de ses jeans. Et sa main resta posée là, légère sur sa cuisse. Puis il se leva et disparut en glissant sur le sol malgré ses *Doc Martins* cloutées. J'aurai juré l'entendre chantonner dans l'arrière-boutique.

Il revint avec un sourire de béatitude, de félicité. Il me dressa le flingue comme on tend un calice. Maintenant, je m'en rendais compte, seule la musique des anges manquait à cette liturgie des bas-fonds. Avec délicatesse, il le déposa sur la table de la cuisine avec ses trois chargeurs.

Grandiose, il rajouta deux boîtes de bastos :

— Gratos !

Je ne pus m'empêcher de penser tout bas « Alléluia ».

Le lendemain matin, j'enveloppai le SIG et tout l'attirail dans de vieux chiffons, mis le tout dans un *Tupperware* translucide que je plongeai au fond de mon sac. À la première pause, vers dix heures, je me glissai derrière la cuve 11 et le compresseur de gaz carbonique. Je grimpai tout en haut du vieil hangar abandonné. J'avais repéré un réduit qui puait l'air confiné, le rat crevé et la fiente de pigeon. Personne ne traînerait par ici.

Désormais l'outil patientait, en sécurité.

J'aimais le savoir là. Au travail, parfois, je lorgnais le toit gris du hangar. Je revoyais ma cachette. Surtout quand ça n'allait pas bien. Quand les jours se teintaient de la même couleur vide que celle des disettes carcérales. Ce flingue représentait la clef de ma cage. À tout moment, je pouvais décarrer. Dès que je le désirerais. Dimanche prochain ou le suivant, je filerais à Chatou et hisserais les voiles !

Terminares... L'usine, les rendez-vous avec le JAP, les œufs au plat, les tournées en G9, les conversations à la con et tous les autres, au masculin comme au féminin, en vrai ou informel... *Finito! Se accabo señores y señoras...* Plus une minute à vous consacrer... mes contemporains, mes faux semblables...

L'arme figurait plus qu'un tabou violé, elle symbolisait ma nature allogène, révélait mon passeport de barbare, de *Heimatlos*... Je ne ressemblais pas vraiment aux autres.

À ceux qui n'attendaient rien de l'existence, soumis, obéissants et finalement croyants en ce système anthropophage et en ces régimes de l'alternance bicéphale. Mes congénères se prenaient même au jeu et rituellement glissaient dans l'urne leur hostie citoyenne.

Avec le calibre, j'étais le héros de ma propre histoire, d'une aventure jamais tout à fait écrite, ni pourrie par le commun de la marchandise et du mortifère.

Louise

Entre l'usine et le Foyer, un mois passa, puis un autre… J'embauchais. Je débauchais. Toujours le même boulot, les tournées et les manœuvres le long des tuyaux et des citernes, la flamme bleue du bec, le parfum de la soudure, le *Nescafé* du matin, les brumes de la douche collective, le steak haché du midi, la masturbation du soir, chaque instant charriait un goût fade et gris. Les journées s'évanouissaient sans laisser de trace que l'ennui. J'endurais cette absence et prenais mon mal en patience, au nom du plan…

Un matin de mai, sous l'auvent de plastique jaune paille du vestiaire, Giraud nous guettait avec sa tête des mauvais jours. Le chef grogna en nous entraînant derrière lui vers la salle de repos.

— Bon les gars, il va y avoir une nouvelle réorganisation…

— Encore! éructa Jeannot en jetant son sac sur une table. Ça ne finira donc jamais…

Les autres soupirèrent en chœur. Pas une surprise, ils s'y attendaient. Depuis trois semaines, la rumeur courait les ateliers. Le site agonisait et, déjà, la moitié des installations restaient à l'abandon.

— Je sais, je sais… Mais, nous… on ne devrait pas être concernés, seule l'équipe de jour disparaît définitivement. Il ne laisse que les 3/8 et des horaires aménagés… Primo, une partie de la production des poudres se barre en Normandie ; secundo, ils vont essayer d'automatiser totalement la SL 127…

Jeannot sursauta.

— C'est dangereux avec le matériel qu'on a…

— Sans doute mais tu sais comme ils sont bourrins… La « Cégette » doit encore aller discuter.

— Au moins les cuves… précisa Gégé, qu'ils changent ces putains de cuves.

— Et la tuyauterie de la 21… et peut-être celle d'en bas, sous le plateau… ajouta le vieux sondeur.

— Les cuves surtout ! Merde ! Si elles pètent, j'te raconte pas… À force de maintenir la production ici, ça va terminer comme à Toulouse.

— Tu préfères qu'on ferme…

— Je ne dis pas ça…

Gégé savait ce que ça signifierait pour les plus âgés –la préretraite ou le chômage *ad vitam æternam.* Sa voix s'apaisa :

— … Tout de même, il faut essayer de contrôler leurs conneries. Eux, ils n'ont que des chiffres, nous, on sent la Saloperie dans les boyaux, on la connaît, on sait ce qu'elle donne quand elle se cavale…

Le Gros rigola pour détendre l'ambiance.

— Oh Gégé, tu te prends pour Mamère !

Les hommes rirent en secouant lourdement les épaules.

À la TSTF, la moyenne d'âge dépassait les quarante-cinq piges. Malgré tout, chaque jour, les plus « jeunes » parlaient de quitter l'usine et de trouver un métier peinard, mais ils ne partiraient jamais. Ils se pliaient aux nouveaux horaires, aux trente-cinq heures, aux astreintes, à la perte des temps de pause, aux embauches décalées, au travail le samedi et le dimanche, à la responsabilisation du groupe de travail, à la surveillance croisée des « camarades »...

Entre l'usine et la cité, le *Géant Casino* et les soirées télés, ils étaient moribonds bien avant de trépasser. Il n'y avait plus aucune fierté à être ouvrier. Plus aucun respect. Pour eux, le travail n'avait plus de sens. Sinon cette honte parce qu'au bout du compte, ils acceptaient tout avec l'idée de passer à côté de l'important et en particulier de ce à quoi ils rêvaient, lorsqu'ils avaient vingt ans, pour changer la vie. Dans le salariat, se dessinait une longue et triste agonie de milliers de renoncements quotidiens. S'ils désertaient leur chaîne, ce n'était guère par une résistance soudaine contre cette besogne de misère et de mort, c'était qu'ils y étaient forcés par l'accident, la maladie, la fermeture de l'atelier, par une délocalisation ou un énième plan social.

Une tripotée de très jeunes, dont quelques petits Beurs de la cité, rajeunissait la moyenne. Mais ils bossaient sous le régime des CDD ou en intérim, se retrouvant aux tâches les plus pourries, les plus dégueulasses, les plus dangereuses. Ce qu'on appelait « les trois D » dans le baragouin sociologique de la flexibilité, pour *dirty, dangerous and difficult*. Et quand ils avaient bien servi, la direction dégottait un prétexte foireux pour les débarquer aussi facilement qu'ils étaient venus.

Quant aux vieux, ils tremblaient à la moindre réorganisation, comme des malades chroniques craignant d'être jetés à la rue. Ils s'accrochaient, les anciens, et espéraient atteindre le bout de leur vie par contumace. Avec leur amour désuet du boulot « bien fait », ils aimaient voir « reconnaître » le devoir accompli : finir par la grande messe de la Médaille du travail, à la Mairie ; avec en prime la bise du chef du personnel lorsque la misérable breloque de laiton trouait le revers du veston. Le mousseux tiédasse lâchait ses dernières bulles. Les cigarettes russes de *Papy Brossard* ramollissaient sur les tréteaux de la salle des mariages. Les jours où c'était l'adjoint communiste qui officiait, il faisait péter *l'Internationale* sur la sono du Conseil municipal. Alors les gars lâchaient une larme, même ceux qui, depuis vingt ans, votaient Front national.

Ensuite les anciens rentraient crever, vite, très vite, dans leur petit *Sam'suffit* encombré de la faune de bibelots en bakélite et coquillages. Personne ne connaissait un rescapé de la TSTF ayant soufflé ses soixante-dix bougies. Tous étaient morts dans la décennie qui suivait leur départ. Ils ne coûtaient pas grand-chose à la Sécu et aux caisses de retraite ! Question trou, on ne pouvait leur imputer que celui de deux mètres sur un, au cimetière municipal.

Jour après jour, les ouvriers perdaient ce qu'il leur restait de conscience et avec eux les souvenirs des gloires ouvrières, l'été 36, les réquisitions de 45, les grandes grèves de 47, celles de 53 et le printemps 68… Et jusqu'au bout, jusqu'au dernier souffle, ils recrachaient la Saloperie sous la tente à oxygène dans un mouroir public.

Une semaine après la mise à la retraite, la plupart rejoignaient le « groupe des anciens » qui se réunissait près de l'entrée. Ils étaient une vingtaine à la belle saison, et la moitié les mauvais jours. Ils passaient l'après-midi, le visage près de la grille, à suivre le boulot des anciens copains, à lire le journal à l'arrêt de bus, à commenter les tracts syndicaux et les nouvelles productions. Et ils buvaient leur jus tiré de l'éternel thermos cabossé. Ils ne s'éloignaient jamais du boulot, de ses odeurs et de son horrible refrain. Quand je passais près d'eux, en entrant, il y en avait toujours deux ou trois pour lancer à mon intention.

— Allez courage mon gars…

Le vieux Mimoun ajoutait invariablement.

— Fais-leur voir de quoi que t'es capable, à ces fainéants de patrons.

Mais l'usine, leur usine, crevait de sa belle mort avec ses plus fidèles combattants. En bout de course, la TSTF s'essoufflait et la direction sauvegardait un reste de production pour préserver un site qui, le jour venu, leur servirait à d'autres activités, ou à quelque juteuse opération immobilière.

Moi, je partirai parce que j'étais différent. Trop sans doute. Ce serait avec soulagement que, sans préavis, je leur laisserai mon poste comme la peau de chagrin qu'il était.

Dans le vestiaire, Giraud me saisit par le bras et m'éloigna de l'équipe qui rouspétait toujours en enfilant les salopettes. À chaque réorganisation, les intérimaires trinquaient. Les autres baissèrent les yeux. Je crois qu'ils me respectaient. Je bossais « comme il faut », sans jamais rechigner même quand le risque était plafond.

Plusieurs fois, aux manœuvres, j'avais surpris des commentaires :

— Putain il a eu des couilles, moi je l'aurais pas fait…

Je n'en étais pas plus fier que ça.

Le mois précédent, une vanne avait claqué à quelques dizaines de mètres devant l'équipe progressant sous la cuve 14.

Un jet rougeâtre soufflait comme un chat en colère et balayait l'allée. Les gars déguerpirent en s'égaillant à travers la forêt de tuyaux. Plus loin, ils reprirent leurs esprits et se regroupèrent pour la mise en œuvre des procédures d'urgence. En revenant sur les lieux, ils me trouvèrent plongé dans la trappe du général, besognant au verrouillage des différentes sécurités manuelles. J'étais resté face à face avec la source chaude de mort. Puis, le masque sur le museau, malgré les risques de déflagration, j'avais plongé dans le brouillard de Saloperie qui bouillonnait en rugissant.

Ils ne me comprenaient pas. Ils ne pouvaient pas comprendre... Ce n'était pas mon job, j'aurai pu calter plus vite que les autres. Mais pour moi, l'accident marquait le début de quelque chose de différent. Une occasion de vivre. Le moment de sortir de la torpeur, d'être autre chose que le simple occupant de la combinaison de travail. Je jouais avec le danger et mon corps savourait le goutte à goutte de l'adrénaline. Sous le caoutchouc de mon masque, ma respiration autonome et régulière avait rythmé mon immersion. Les gaz abandonnaient au verre de protection une buée légèrement carmin. Régulièrement, je le frottais du revers de manche en guise d'essuie-glace. Finalement, je m'étais senti bien entre les bras des vapeurs infernales. Elles me rappelaient un pays dans lequel j'ai voyagé voilà si longtemps, un pays d'adoption en quelque sorte. Oui!... j'étais bien.

Henry, celui qui aurait dû courir à la trappe, vint me remercier. Il chercha à se justifier comme s'il devait le faire.

— Tu sais, j'ai trois gosses...

Aussi, dans les mauvais coups, Giraud comptait sur moi.

— De nos jours, les mecs qui ne se cavalent pas, sont plutôt rares.

Et à cette heure, il comptait encore sur moi:

— J'ai discuté avec les ingénieurs, ils t'embauchent en CDI

si tu acceptes de passer à l'équipe de nuit pendant douze mois au moins… Tu ne feras que de la sécurit' en cas de casse. Tu pareras au plus pressé en nous attendant… Réfléchis bien ! Mais si tu es d'accord, tu commences la semaine prochaine avec les « bras cassés ». Et Popov aussi.

Sacha, le funambule en bonnet rouge, faisait donc aussi partie de la « promo ». Je n'eus pas longtemps à réfléchir, j'acceptai. Non que je fusse avide d'un contrat permanent, je me fichais pas mal de leur connerie, mais finalement bosser la nuit me convenait mieux. Trois ou quatre fois, j'avais été d'astreinte, et le fait de se retrouver à quelques-uns, sans chef sur le dos ne me déplaisait pas.

Toutes les équipes avaient leur petit nom. Cette tradition me rappelait les us et coutumes des gourbis des prisons, ces coteries se formant et se déformant au gré des aventures immobiles, les « Marseillais », les « politiques », les « grimlins », les « fatigués » et les autres.

Ici, bien évidemment, les sobriquets correspondaient davantage aux productions auxquelles les groupes étaient assignés. Il y avait ainsi les « solvants » ou les « granulés » mais aussi la « Cégette » –où finalement se concentraient la plupart des gars du syndicat–, la *Securitate* de Giraud. Ou encore les *Ch'tio* –« petits » en patois du Nord–, parce que leur chef, un grand rouquin à la peau translucide, parlait d'eux en commençant toujours par « mes Ch'tio… ». Enfin il y avait les « bras cassés ». Ceux de la nuit, ceux qui, pour les autres équipes, ne tenaient même pas leur place dans l'organigramme des 3/8, ceux qui ne prenaient pas à cœur la production, les rythmes, la sécurité, la discipline, ceux qui débrayaient pour un oui ou pour un non.

Ceux qui se foutaient de tout…

— Les bras cassés, ils s'en balancent…

Combien de fois ai-je entendu ce genre de réflexion ? Le plus souvent à l'embauche, quand la première équipe découvrait trois sacs crevés jetés dans un coin, une cuve non vidangée, un ruban à l'arrêt… quand ce n'était pas plus grave.

Je ne connaissais pas les gars de nuit, ou si peu.

Une des nuits d'astreinte, éloigné sur une passerelle déserte et sombre, je suivis leur manège près de la clôture le long du quai. Par une porte dérobée, clandestin, ils allaient et venaient. Visiblement, ces mecs bidouillaient des trucs pas catholiques.

Je ne leur avais parlé qu'une seule fois. Un matin tôt sur le chemin de terre, j'embauchais et, alors qu'ils auraient dû être loin depuis plus d'une heure, quatre d'entre eux stationnaient derrière l'arrêt de bus. Ils soutenaient un copain trop bourré pour grimper sur sa bécane. Ce cinquième pissait le sang d'une arcade ouverte, maculant son écharpe du *Paris Saint-Germain.* À peine si je discernais la couleur originale de leurs vêtements souillés de boue. Je proposai mon aide. Ils me répondirent, presque agressifs, qu'un collègue était parti chercher son véhicule. Du regard, ils me jaugèrent et saisirent sans doute que je n'étais pas un gars qui balance. Malgré tout, le plus grand dit avec un accent étranger, comme s'il codifiait la version de tous les présents.

— Tout va bien, il ne s'est rien passé…

Le soir même, après le boulot, je passai à l'agence TIKKO. Louise était seule.

— Ah, je fermais… mais entrez, entrez…

Je voulais l'avertir de mon embauche à la TSTF pour « une durée indéterminée », comme ils disent.

Elle parut attristée de ma démission *de facto* de TIKKO.

— Moi qui vous cherchais autre chose, un travail moins dangereux...

Elle se tut en baissant les yeux puis reprit :

— Si vous saviez combien d'agents nous avons perdu là-bas et des blessés graves, des infirmes... Alors, vous comprenez... Votre prédécesseur par exemple, Jean-Pierre Esposito, eh bien il a sauté trois jours avant votre arrivée...

— Je sais, je sais...

Jipé avait grillé dans une explosion à la production des granulés. Jeannot m'avait raconté qu'après la déflagration, ce qu'ils retrouvèrent de son corps aurait pu figurer en bonne place dans les antiquités du Louvre, rayon « Momies ».

Jipé avait été le quatrième soudeur tué en dix ans pour cette seule implantation TSTF.

Assis à la terrasse du *Fontenoy*, devant un double noir et une page blanche, je profitais de la première soirée vraiment printanière.

La voix de Louise m'extirpa de ma rêverie littéraire. Elle se dressait face à moi et j'étais pris en flagrant délit le crayon à la main. Je ne terminai pas le mot commencé, si je me souviens bien, il s'agissait de « manodétendeur »... Un mot, utilisé quotidiennement dans le boulot, qui prenait une tout autre signification pour moi, le si longtemps embastillé, connaissant donc tous les charmes du *mano a mano* délassant. Certains collègues appelaient ces pratiques « l'escrime ». Pourtant pour le duel, il faut être deux ! À la salle de musculation, quand un gars n'atteignait pas ses performances habituelles, le gros Jean Paul tranchait d'un « Trop d'escrime hier soir ». Et la tête de Bruno, le Sarde, me revint en mémoire, avec son air réjoui :

— Scientifiquement c'est prouvé, plus tu te masturbes et moins tu as de risque de cancer de la prostate...

Louise donc était là. Je venais de la quitter et pourtant, hors du bureau, elle me parut différente. Plus fragile. Je l'observai et oubliai de lui proposer de s'asseoir.

— Vous m'invitez ?

Elle s'installa sans attendre la réponse.

Sa présence entraîna chez moi une sorte de gène. Elle était belle –attirante sans aucun doute– et elle se comportait avec moi d'une manière très naturelle, très féminine. De mon côté, au contraire, je me fermais à tout naturel de mec. Jusqu'à en paraître froid, sans doute. Je désirais qu'il en soit ainsi.

Et, d'un coup, ma vie d'ancien prisonnier reprit le dessus. Au moindre signe de sympathie d'une femme, le taulard s'imagine tellement de bêtises. Un sourire de l'infirmière ou de l'assistante sociale suffisait pour qu'il ne doute pas un instant qu'elle était folle de lui. « Elles n'entrent en zonzon que pour se payer des voyous, c'est bien connu ! » J'avais entendu tellement de ces histoires. Au début, j'en rigolais en haussant les épaules, mais au fil des années, j'avais assisté à quelques drames. Les déraisons conduisaient parfois au suicide. Plus tard, je m'en méfiais comme les marins appréhendent les hauts fonds. À la moindre tendresse féminine, je me raidissais. Depuis ma sortie, mes baises de hasard me garantissaient l'absence de fantasme. Il n'y avait aucun mystère, aucun risque de dérive. J'aimais le côté rituel d'un acte hygiénique. Il ressemblait tellement aux DVD pornos circulant dans les coursives.

Cependant Louise venait à moi comme si c'était écrit bien avant que je ne pousse la porte de TIKKO. À son sourire, à sa façon de me regarder, je pressentais et redoutais l'instant où elle allait percer ma carapace de scorpion.

Nous finîmes par échouer non loin du *Fontenoy*, dans un restaurant rital. Elle parlait, j'écoutais. Vers neuf heures, je me rendis compte que je me trouvais bien avec elle. Quand elle se taisait, je la guettais à la lueur de la bougie. Elle le devinait mais l'air de rien, prolongeait son silence. Avec un savant mélange de pudique et d'impudique, elle se laissait apercevoir. Et j'aimais ça. Mon regard courait de la dépression à peine ombrée au-dessus de sa clavicule au trait noir du khôl qui clôturait ses yeux baissés. Déjà, elle s'abandonnait.

Elle ne posa aucune question sur mon passé, dont elle savait simplement qu'il existait. Les flics avaient certainement exagéré ma nature dangereuse, m'avaient décrit en tueur junkie sans foi ni loi, soumis au seul diktat de ses veines, au credo de sainte Dope.

Louise ne voyait que l'homme en face d'elle, le visage barré d'une longue balafre claire, de larges épaules dans un pull camionneur noir, une odeur sans artifice qui sentait bon le savon de Marseille, celui de la douche après le boulot.

Et ce mec, c'était moi.

Plus tard elle me raconta qu'elle avait aimé ma façon d'écouter, de me taire, de ne pas en imposer et de tout recouvrir d'un verbiage agressif.

On me l'avait si souvent rappelé : « Tu ne dis jamais rien ».

Au début, pour les autres, mon silence constituait une divine surprise : ils, ou elles, avaient l'opportunité d'occuper l'espace entier de leurs mots à eux. Puis ils, ou elles, se lassaient de cette aphasie et finissaient par m'en tenir grief.

— Tu te réfugies dans le mutisme…

Peut-être étais-je comme ça, après tout. Je me protégeais derrière un mur de silence. Et du haut de mon rempart, les autres semblaient plus petits, agités par des histoires ridicules, toujours raisonnables même pour la déconne gentillette. Ils n'avaient jamais su aller trop loin, trop haut, trop vite, même pour rire !

Des torgnoles enfantines, je gardais l'art de me taire lorsque je n'avais pas bien cogité ce que j'avais à dire. Et surtout si ça valait le coup de l'ouvrir. Et quand on réfléchit, on s'aperçoit très souvent que ramener sa gueule est inutile. Les autres ne vous écoutent pas, ou ils vous comprennent de traviole.

Je me taisais par philosophie.

En prison, ce précepte se mua en loi d'airain. Dans ce pays, on apprend vite à se méfier des autres. De tous les autres. Ils sont tous beaucoup plus dangereux. Les matons bien évidemment, mais aussi les congénères. Par instinct, comme un animal dans la jungle, nous déterminions si nous nous trouvions en face d'un prédateur ou d'une proie. Il fallait le découvrir vite si l'on désirait bouffer ou parer l'attaque. Parfois, par manque de lucidité, nous croyions avoir à faire à une gentille grenouille et nous la baisions sur la joue. La canaille ne se transformait pas en belle princesse mais en serpent à sonnette. Son sifflement de traître éveillait la coursive à de nouveaux drames, aux baluchonnages, aux coups de poinçon dans le dos, au mitard, au QI*.

Là-bas, sans introduction patentée d'un ami pour de vrai, nous débutions chaque relation par l'observation défiante. Il était impératif de percer à jour le secret de l'autre avant qu'il ne force le vôtre et vous nique d'une réplique assassine ou d'un coup de lame au foie.

Le silence s'inscrivait à l'école de la survie.

Et à cette heure, loin des murs, je ne savais plus.

Non ! Je ne savais plus. Quand Louise parlait, la prison

*NDE : Quartier d'isolement.

s'éloignait. Et plus je me dissimulais, davantage elle se découvrait.

Elle venait de mon monde.

« Mon monde ! »

Il aurait fallu que je prenne le temps d'écrire sur ce que je considère être ce monde particulier et commun. Je crois qu'avec Louise, il s'agissait de l'univers de la périphérie parisienne des années soixante-dix. Nous aurions pu nous côtoyer enfants, dans les tanières locales des gosses en vadrouille ou les dimanches de pluie près du *Florida* –unique ciné à la ronde–, ou le soir après le départ des maçons, sur les chantiers des grands immeubles, dans les poussières des ciments. Ou encore lors des grandes concentrations de la jeunesse que les mairies du PCF aimaient organiser au printemps. Tous en blanc et bien alignés sur le stade pour une chorégraphie de mouvements de gymnastique : « Tous ensemble... un, deux et trois... et on maintient la position... un, deux et trois... Suivez la musique, suivez la musique... ensemble!... » Tous en blanc et bien alignés pour le car du centre aéré, au mois de juillet, ou pour les collectes du Secours Populaire, quatre par quatre. Jamais je n'oublierai le son des pièces d'un balle dans la tirelire de fer-blanc : *Cling*.

— Merci monsieur, merci madame... Pour les enfants des ouvriers étrangers qui n'ont rien... Merci encore...

— Appelle-moi « camarade » mon petit... Tu veux un bonbon au miel ?

Cling pour la lutte contre la tuberculose :

— Un timbre peut sauver une vie...

Et nous autres, les petits avec notre grosse boîte dans les bras, nous nous interrogions : « La vie ne vaut-elle pas plus cher qu'un timbre ? » Une charité ordonnée qui présumait de notre éducation de citoyens. Ainsi les leçons d'instruction civique sur le thème « Voler n'est pas bien », avec les adages récités « Qui vole un œuf, vole un bœuf », les leçons de chant et *La Marseillaise* en ponctuation. Ainsi la fête de *L'Huma* : « Travailleurs, travailleuses » à la queue leu leu dans la gadoue de septembre…

Les colonialistes et les marchands pillaient l'Afrique, massacraient aux quatre coins du globe, mais enjoignaient l'État de dresser soigneusement les enfants à la cécité amnésique. Et tous, nous ne nous souvenons que du bon côté des choses, par réflexe de survie sûrement, jusqu'à confondre ces mascarades avec le bonheur.

Mais Louise semblait trop jeune pour ces souvenirs. Dix ans de moins que moi, davantage peut-être ?

Son père avait travaillé à la centrale électrique proche de la TSTF et, depuis deux ou trois ans, il était à la retraite. Louise vivait dans un appartement aménagé au premier étage du pavillon familial. Un temps, elle avait été mariée… puis divorcée. Après dix années ponctuées de déchirures conjugales, le retour au bercail la rassurait. Elle était seule et sans doute plus tranquille. Alors, elle identifiait tant bien que mal son autonomie retrouvée à la liberté. Je comprenais cette facilité, mais je n'essayai pas de la détromper. D'ailleurs Louise entrevoyait sa situation comme une manière de sortir du moule. Pourtant cet éloignement dessinait un quiproquo. La rupture incomplète et l'ambiguïté d'une liberté partielle la tiraillaient.

Peut-être énonçait-elle un vague soupçon sur l'inachevé de cette existence, sur le vide et l'absurde de la prétendue normalité. La banalité se moule dans les heures inutiles, sans cesse répétées. Les autres rappellent toujours à l'ordre en clamant un « Mais c'est ça, la vie ! ». Eh bien, non, ce n'est pas « ça », la vie ! Ce sacrifice ne constitue nullement l'existence, mais justement son contraire.

— La « vie », comme ils disent, n'est en rien cet esclavage de 90 % de la planète pour les plaisirs d'une poignée de privilégiés… Dès la mise en place des conventions, la tromperie pointe son nez… La façon de poser l'évidence détourne de la question.

Tiens, j'avais dit quelque chose.

Pourquoi avais-je évoqué ce problème avec elle ? Maintenant, elle m'étudiait. Désormais, je poursuivrais les instants de vécu tel des trésors perdus et je ne désirais entraîner personne avec moi, ni convaincre, ni même espérer que des proches me donnent leur accord. Ces moments se raréfiaient et se camouflaient aux autres avec une invention têtue.

— La vie n'est pas plus le plaisir que le malheur, ni leur somme nulle, pas même l'immédiate jouissance ni l'ascétisme de l'humble destinée mais le reflet exigeant de notre condition humaine… Sa redécouverte aventureuse… radicale… Une façon d'avancer pas à pas…

Mes paroles rebondissaient jusqu'à mon intimité, vers mes cahiers d'écolier où déjà elles prenaient la forme de phrases.

— Désormais, nous vivrons comme des pirates ou nous ne vivrons plus…

« Pirates »… Au mot, elle sourit comme si elle attendait la suite. Pourtant, pour moi, il n'était pas une introduction mais bien la conclusion. J'aimais les pirates d'un amour fou, depuis le fin fond de mon adolescence rebelle. J'évoquais ces prolétaires des mers comme si je me parlais à moi-même, à mes rêves, à mon fol espoir de départ… Le plan. La tentation était grande de sortir mon crayon pour mettre en conserve le Niagara décousu d'écriture qui me submergeait à leur évocation.

Déjà, je m'absentais.

L'écriture me saisissait souvent comme ça, par surprise, au détour d'un sentiment, au coin du bois, dans mes promenades, au rayon fruits et légumes du supermarché, devant le métal à forcer, à table avec une femme. Je n'étais pas réglé comme ceux qui écrivent de six heures du matin à midi, tous les jours, comme on trait les vaches. Jamais je ne suis parvenu à domestiquer les mots. D'ailleurs je ne la désirais pas, cette domestication : à quel titre ? Alors dans la pénombre de ce restaurant à deux balles, à ma poche, le cahier roulé pesait lourd de mes fantômes de l'écriture. Mes yeux chaviraient. Je trébuchais sur un tas de mot en désordre et je basculais, les bras tendus pour les rejoindre. Quelques gouttes de fièvre apparurent à mes tempes. Ma main nue courut sur la nappe blanche comme si elle dessinait des calligraphies de majuscules. Plus tard, je mettrais tout cela en ordre. L'important est que je me souvienne. Que je me souvienne de chaque mot, de chaque rythme de rimes comme des vagues, dans l'ordre précis de l'architecture des phrases.

Louise ne s'apercevait pas de mon absence ou mieux de mon éloignement et de ma navigation solitaire sur la houle des syllabes. Pourtant une marée calligraphe me noyait de son fracas. Je trépassais du verbe. Je perdais pied et plongeais dans l'azur marin, comme un cerf-volant déchirant le ciel. Seul un fil ténu m'amarrait encore à la terre du commun. Peut-être la seule mine du crayon plantée sur le trait noir.

Dans une ronde sabbatique, les mots s'accouplaient, obscènes, dépravés, ridicules, éhontés. J'étais la prière. J'étais le catéchisme. J'étais le dogme. Les litanies en sarabande me grisaient sur la braise du bûcher de saint Jean. Mon délire attisait l'incendie de bouts de phrases, comme des escarbilles de châtaignier.

Nageant sur l'écume de mon délire, je me rendis compte que cela faisait des semaines que Louise m'expédiait de petits messages, au prétexte d'une feuille de paye à revoir, ou d'une information professionnelle anodine. Ainsi, de loin, elle m'avisait : « Je suis là et je pense à vous ». Il avait fallu que je sois à la fois aveugle et sourd pour ne pas pressentir là le début d'une histoire.

Et puis, ce soir, elle se tenait là, attentive à mes silences. Tout était si simple, si évident. En vain, je cherchais à déjouer ce rapprochement. Maintenant, elle parlait à nouveau et j'essayais de me convaincre du danger et, pire, du luxe inutile d'un amour. Les sentiments n'entraient pas dans le plan de ma flibuste au long cours.

Pas de place pour m'attarder dans cette fuite programmée.

Plus vite je sortirais des rails, mieux je m'en porterais. Avais-je déjà peur de me laisser engluer dans les habitudes ? Dans la non-vie et ses pièges faciles, dans le confort de ne plus être vraiment, avec la douleur des ailes amputées et du cou de jatte…

Partir loin était la solution, la seule possible pour moi. Sinon je crèverais là, en prison –retour à la case départ– ou pire à la friche de la reddition.

Je m'entendis lui dire :

— La prison est une dope puissante… Qu'on s'accoutume ou non, on finit toujours accro à cette comédie de la mortification… Pour l'institution, tout tourne autour du temps :

les juges prononcent les condamnations –dix, douze, vingt, vingt-huit ans– comme s'il ne s'agissait que d'une question de temps. Mais la prison n'est pas cette mise en parenthèse comptée et dûment chiffrée. Ça serait trop facile…

— Tout ce temps… et les jours qui passent…

Sa voix avait blanchi, mais elle en parlait encore comme les autres, en babillant, comme une rombière de la belle époque qui aurait évoqué Pondichéry ou la Cochinchine, ces dangers des pays exotiques.

Encore une fois, je regrettais de m'être laissé aller à parler. Il ne servait à rien d'en discuter avec les « gens du dehors ». Leurs chimères avaient martelé la pitoyable tragi-comédie du poncif ou, au mieux, une sincère charité. Inatteignable, la conscience carcérale stagnait au-dessus de leur entendement. Pour qu'il puisse en être autrement, il aurait fallu que bien des jours de peine scarifient leur propre vécu d'homme et de femme. Et, qu'à force de moments perdus, d'années enfuies, ils aient vu leur chair tatouée jusqu'à la purulence de ce jus gris, jusqu'à sa métamorphose en carnation cireuse et translucide. La prison empuantit l'air de son exhalaison viciée d'enfermement, d'humidité sale et du désinfectant quotidien qui emprisonne les gorges dans un insondable écœurement.

Les prisonniers supportaient l'indigence, immobiles assez longtemps pour révéler à leur esprit la conscience du naufrage, et particulièrement de l'incapacité à sauter par-dessus bord, à en réchapper… sinon par la mort ou la folie.

Comment imaginer la calamité moderne et industrieuse des clapiers pénitentiaires ?

Louise me raccompagna au Foyer dans sa petite Clio noire fraîchement passée au lavage. Je l'observais. Elle avait les gestes si appropriés, si précis. Chez elle, l'instant s'ordonnait en concision. Tout était réfléchi, de la garance de ses ongles vernis jusqu'au noir des ses escarpins de cuir, jusqu'aux pastels délicats des plis tirés de son tailleur. Comment une abeille s'intéresserait-elle à une scolopendre vénéneuse ? Dans le secret du doute, je me laissais émouvoir. J'aimais sa senteur de miel et son doux bourdonnement.

Près du Foyer, les phares éclaboussèrent le parking, et je les ai immédiatement repérés. Deux silhouettes. De simples ombres balayées par le faisceau lumineux. Pas de doute, ils guettaient, adossés à une grosse Opel blanche. À leur seule attitude, j'avais compris. Inutile d'en appeler à l'instinct passé : des flics !

Je pris l'air de rien, comme si je ne les voyais pas.

Mais Louise sursauta :

— Oh mais dis donc… On dirait l'inspecteur… celui qui est passé à l'agence pour toi… Ballard, je crois… oui, Ballard.

Ils étaient là pour moi ! Aucun doute possible : d'où ils planquaient, ils surveillaient l'entrée du Foyer.

— Laisse-moi un peu plus loin… Qu'ils ne nous voient pas ensemble.

— Mais nous ne faisons rien de mal ! protesta-t-elle.

Comme si on devait se méfier des flics seulement lorsqu'on enfreint la loi !

La nuit au Donjon

La nuit, la beauté des usines ne m'a jamais laissé indifférent. Et combien de congénères avec moi ? Eux aussi étrangers, ennemis de la lande salariale et honnie où règnent la servitude et l'ennui. Comment ne pas s'abandonner à la vision des décors de Feyzin, en descendant vers le Midi ? Les cascades de lampions multicolores lançant les SOS d'une fête à Neuneu échouée sur les rives du Rhône enrhumé de toutes ses cheminées. Quand les tresses de tuyaux argentés, brillant sous les réverbères, imitent le géant toboggan d'un *Luna Park* enchanté.

Je me souviens encore de l'usine de Lacq sur la route de Bayonne, près des Pyrénées, et de ses flambeaux de l'enfer qui rugissaient, dressant des menhirs de feu ambre. Je les avais croisés parfois, aux limites de mes Bérézina, les soirs de casse sous la lune, ou lorsque je livrais les nuages lactescents de cristaux blêmes. Alors que j'étais inondé par le nocturne comme on se plonge dans un cloaque, ils étaient phares annonçant les écueils de mes cavales insensées et, finalement, un peu vaines.

Je me souviens aussi de la Grande Paroisse, en Normandie.

De l'ONIA baignée de ses brouillards rouquins, et des fumerolles dorées du soufre.

Des forges de Clabbecq et de ses tam-tams sataniques.

De la raffinerie Chevron.

De ces petites fabriques tout près d'Anvers, rabougries et grises, à l'abri de leurs clôtures de briques, le long des rues pavées, qui somnolaient en fin de semaine.

À ce moment, je fuyais encore obstinément ces contrées bénies par tous les partis, et leurs curés psalmodiant des discours rassurants sur la rentabilité bien partagée.

Sans ostentation.

Car c'est avec parcimonie que les maîtres gouvernent les palais du travail hantés par les princes populaires déchus, grouillant de la multitude des serfs obéissants aux ritournelles mensuelles. Depuis Rome, au moins, le même principe: *Panem et circenses,* le pain et les jeux, toujours indissociables. L'un des deux plateaux de la balance a évolué, d'abord *Panem et religionem* et aujourd'hui *Panem et telivisionem.* Mais ils fondent toujours la raison de surnager pour le petit peuple des sacrifiés, parce que le premier terme n'a jamais varié: le pain, « notre pain quotidien », comme dit le Notre Père. Dans l'adversité, la valetaille survit comme si son existence n'avait pour unique fin que la survivance famélique. Comme si tous ne faisaient qu'attendre, jusqu'aux ders des ders, barbotant dans le caniveau.

Tous tenus en laisse par les rêveries carmin des coléoptères bleus. Tous fascinés, grisés par les jeux de hasard auxquels ils ne gagnent que juste de quoi attendre encore un peu: Loto, PMU, élections et autres religions d'État. L'habitude bientôt devenue morale, la consommation intolérante muée en bienséance... Un Narcisse inhumain se mirant à la surface du fleuve immobile du quotidien, et incapable de se voir.

Non, aucun lendemain qui chante! Ils se sont tous tus.

Plus rien…

Privatisés.

Les chrysalides qui ont survécu ont donné des papillons aux ailes brûlées. Perdus non pas corps et âme –quelle âme ?— mais corps et biens…

Comme les grands mérous qui tournent, mornes, dans les aquariums des zoothèques, orphelins des hautes mers. Ils ont usé leurs nageoires à la ligne de masse et tournent dans le sens du courant. Toujours dans le sens du courant, derrière les vitres étroites, ils nagent tous en rond, en prêtant attention à suivre l'autre devant eux comme dans les couloirs d'un Métro dont on les persuade qu'il est dans le vent, dans le sens de l'histoire.

Ils frayent avec les autres, soumis, économes, parcimonieux de tout, anxieux du moindre risque. La pisse de celui qui précède tiédit leur eau. Si, dans quelque accès de rage contenue, ils tentent quelque chose, ce n'est pas contre les limites étriquées de leur bassin, mais contre l'autre, devant, qu'ils enfoncent sans façon.

Maintenant, moi aussi, à chaque crépuscule, j'embauchais au pays de la fée mille usines.

J'aimais la nuit… Ça tombait plutôt bien.

Déjà tout petit, mais encore junkie lorsque je n'avais pas de lit où la fuir où sauver ma peau de petit mec ordinaire, je sommeillais éveillé aux quais de ports ouverts jusqu'au point du jour. Debout devant le zinc paré pour la course au long cours, je me liais à des comptoirs de métal léché par des éponges de vadrouille, où l'art de l'immobile attache tout son sens au chanvre chantant des amarres.

Le soir rassemblait son équipée sombre et un peu tirée sur l'ancre comme le rimmel à l'œil d'une fille. D'une fille de la nuit. À la dérive. Il faut être un micheton du jour pour croire à la facilité de la nuit et des filles. Le jour tombé, la comédie n'est plus tout à fait la même. Elle se déshabille, se pénètre de la nudité électrique et divague en roulant du bassin comme la stripteaseuse sur la scène. Assis sur leurs chaises, les voyeurs oublient leur texte et dégobillent de l'éthylisme babillard. Ils bégayent jusqu'à l'aube comme des poulets sans tête. Prolixes causeurs de langues inconnues, ils se remémorent un monde qui s'est tu. Les mots se fichent pas mal des lignes jaunes et des feux tricolores. Qu'on leur retire les points sur les I, tout leur est permis. Ils titubent. Il n'y a plus de priorité. Ils se jettent à la côte, du côté des mecs, des nanas et des viandes indistinctes et saoules dormant les yeux béants. Et qui gobent les bouts de phrases noyés dans l'alcool comme les crapauds dans le formol. Des mots-animaux morts, dépecés de leur vérité. Délivrés de leur fantôme et de leur geste.

Chaque nuit, c'est quitte ou double, et si l'on gagne, on n'encaisse que le droit de rejouer le soir d'après. Et ainsi de suite, où l'on s'écoule comme on lâche du lest à Paris, New York, Tokyo… ou Babylone. Je me réconfortais au sempiternel « Ni vainqueur, ni vaincu ». La nuit, au fond, perdre ou gagner n'a guère d'importance. Les chats s'y grisent, mais d'un gris étranger –insoluble– aux certitudes de nos jours. À ces certitudes qui transbahutent les tonnes de « passions tristes » dont parlait Spinoza, la tromperie du présent, le désordre de sa propre absence temporelle.

Dans mon nouveau boulot de nuit à la TSTF, je jouais encore, sans toutefois user des bonnes règles, mais tout en misant de vrais jetons. Je faisais le vieux canasson de retour ayant chevauché trop longtemps avec le mauvais cavalier. Je n'attendais rien de mes tours. Je trottais en rond dans le double 8 de la nuit comme un hamster défoncé au crack. Je n'étais ni dupe ni innocent. Le présent ne prenait pas la peine de se déguiser, révélant son dénuement. Le passé ? Le futur ? Où ça ? Je n'espérais même plus une bonne carte ou un ticket gagnant.

Il n'y avait pas de gros lot ! Nos têtes étaient mises à prix, louées à crédit dans la parcimonieuse mensualité. Là-bas, dans le monde le long du fleuve, on espérait déjà ma sueur et mon sang.

Un monde d'usine la nuit.

Le soir, vers 17 h 30, après le départ de l'équipe de jour et celui des employés des bureaux, les gardiens bouclaient les grandes grilles. Alors, jusqu'à 7 h 30 le lendemain, l'usine se suffisait à elle-même, barricadée, aussi inaccessible qu'une lointaine planète de la Constellation du Mouton à tondre.

Car alors elle devenait un bagne de science-fiction, un univers de relégation à la pesanteur horaire, seules les navettes de nuit chargeaient et déchargeaient leurs lots d'hommes à vendre. Un simple aller-retour où ils se croisaient à peine.

Ils débarquaient déjà tristes et repartaient plus déprimés encore, fatigués, accablés d'un peu plus de poussières de ce temps évanoui, accumulées à leur râble. Ça m'étonnait d'avoir les yeux pour les voir quand ils remontaient dans le dernier car du soir. Ils rentraient à la maison. Leurs rêves de cendre, sous les nuages de flamme, s'écoulaient par une digue crevée.

Comme le mineur arborant le masque bistre du charbon, ou le trimard le teint des pierres du chemin, ou le maçon la face pâle du ciment, l'ouvrier prenait la couleur des poussières de l'atelier à force d'ingurgiter de l'usine et d'y perdre son âme. Il en avalait par poignées matin, midi et soir. À chaque seconde, il inhalait sa dose. De la vraie drogue dure que dealaient les marchands professionnels de la vie à perte et profits, des profits à sens unique. Et jour après jour, la came coulait dans son sang jusqu'à se confondre avec lui, jusqu'à en devenir son identité biologique et administrative.

Nous crevons de nosoconiose! Mais plus ou moins vite... Plus ou moins douloureusement...

De cette maladie des poussières, des poussières qui s'insinuent dans le moindre interstice, dans les failles et les lézardes de l'ordre journalier du manque. Ce manque qui attend son heure avec la vacuité des secondes inutiles, à chaque micron égaré de l'errance.

Et à notre époque, on parle à satiété de la maladie de l'amiante. Au cœur de nos pays repus, elle a détrôné la séculaire silicose, noire et sale, qui se délivrait à l'air vicié des abysses, après une pauvre vie de misère au fond d'un trou, sans linceul et à l'espoir acétylène chancelant de grisou.

La nosoconiose se valse à deux temps, un tempo qui marche au pas: droite-gauche, droite-gauche... vers la pointeuse et espérant le chant des sirènes pour déguerpir.

La maladie rentre à l'heure, toutes les fins d'après midi de la semaine jusqu'au profond du poumon. Lugubre rumba des poussiers et ses menottes de ballerine tirent les malheureux vers la tombe.

La vie part en cendres bien avant le crématorium.

La subjectivité s'éparpille en des milliers de résidus évanouis, comme les secondes égrénent des particules microscopiques de temps. Au fond, certaines gens –la somme nulle des 99 % et plus– ne sont qu'un tas de poussières. Depuis le dressage infantile jusqu'au dernier domicile connu, les ouvriers n'étaient rien et ne voulaient même plus faire partie du tout, ce tout totalisant de l'humanité. Ils ne se concevaient plus comme une infime partie de la totalité. En conséquence, ils perdaient tout.

Le transfert s'opérait en début de soirée pour le dernier troc des 3/8 et à l'aube, celui de 5 h 21. Précisément…

21 ! Ni 5 h 15, ni 5 h 20, pas plus que 5 h 25 ! Non, 5 h 21. Sur le tableau de marche, fidèles, les pointeaux comptabilisaient la minute aux listings de la machine. À la TSTF, les ingénieurs et leurs sbires avaient tranché, hiver comme été, la nuit se terminait à l'instant précis, 57… 58… 59… et l'ultime seconde de la nuit. À 5 h 22, nous avions franchi la frontière et étions passés à l'horaire de jour. Et moi, je rentrais chez moi avec le soleil dans le dos, à ras des peupliers, le long de la Seine. Toujours un peu trop orangé ou tirant sur le rose pour annoncer la pluie de l'après-midi.

Une fois les grilles barrées et jusqu'au matin, les ouvriers se soumettaient au rituel des tourniquets. Invariablement, la nuit débutait par le petit tour de manège. Les mâchoires de métal nu les gobaient *one by one.* Nous embauchions au singulier en engageant nos cartes distinctives dans le lecteur qui répondait de sa même voix mécanique :

> Veuillez introduire votre badge d'identification dans l'appareil prévu à cet effet, merci / Patientez / Patientez / Patientez / Accès autorisé, merci… Veuillez introduire votre badge d'identification dans l'appareil prévu à cet effet, merci…

Nous étions au printemps et quand je pointais, le jour déclinait dans des pourpres à peine teintés d'ombres violines. L'appareil concédait trois notes de musique électronique au contact de mon badge magnétique. Près du tableau syndical, je décrochais la clef du vestiaire de la *Securitate*. À peine entré, j'actionnais les ouvertures des quatre vasistas et chassais les effluves d'hommes maculés de ces parfums à deux ronds dont ils s'aspergeaient de la même manière que d'autres baignaient le sol de désinfectant industriel. Je m'habillais seul, parfois je prenais le temps d'une douche. D'un œil distrait, je vérifiais le panneau devant le bureau de Giraud au cas où il y aurait une note épinglée, un machin titré « Urgent ». Mais même dans ce cas, je ne m'inquiétais guère car si un problème réellement grave se présentait, le chef collait un avertissement directement sur la porte de mon placard. Enfin je grimpais à la grande salle du contrôle, au « Donjon », ainsi que les « bras cassés » le codifiaient dans leurs communications radios.

Devant le mur de moniteurs et la console, trois guetteurs se postaient en demi-cercle. Les deux premiers scrutaient les écrans, les transmetteurs de régulation et les différents paramètres des ateliers. Un troisième surveillait l'atmosphère de l'usine. Il épiait les gardiens, l'équipe de la sécurité civile, et bien évidemment le bâtiment administratif où sommeillaient deux cadres de veille. Grâce à la caméra contrôlant le dégagement de l'enrobeur, il suivait ce qui se tramait dans les bureaux, juste à l'étage où ils passaient la nuit. Une main providentielle releva légèrement l'angle de vision de la caméra. Immanquablement, les ingénieurs débutaient la soirée devant les ordinateurs puis, vers minuit, ils se couchaient et dormaient jusqu'au matin. Ils ne sortaient ni des bureaux ni du bâtiment, ou alors rarement. Cependant, il était préférable de se tenir sur nos gardes.

Les pompiers ne bougeaient pas plus de leur annexe *Seveso*. Parfois, profitant des derniers rayons du jour, ils lavaient l'un des deux camions à grandes échelles qui stationnaient là, sur le parking de l'accès principal.

Pour ce qui est des gardes, poussés par le respect des consignes et des règlements, ils circulaient pour une première ronde symbolique, aux alentours de vingt-deux heures, et une seconde tout aussi routinière vers quatre heures. En couple, dans leur 205 bleue, au ralenti, le gyrophare azur imitant les véhicules de police et annonçant de loin leur arrivée, sans doute de peur des mauvaises rencontres. Ils suivaient le même circuit, le long de la clôture nord puis, à hauteur de la tour 21, le véhicule coupait pour rentrer par la grande allée des hangars. Un tour, un seul, jamais plus. Puis ils se bouclaient dans le pavillon de l'entrée que, comme avant-guerre, les vieux de la vieille appelaient toujours « la conciergerie ». Dans les différents hangars encore en activité, les 3/8 vaquaient à leurs occupations mimétiques. Il n'y avait plus de chef dans l'usine, sauf ceux des équipes qui ne s'occupaient pas de nous. Ils couraient du hangar principal de la production au contrôle des cuves et du stockage.

Goran, le Yougo habituellement affecté au Donjon, annonçait fièrement à la prise de service :

— Tout est sous contrôle, l'usine est à nous…

Immanquablement, les mêmes mots : « l'usine est à nous », les premiers soirs, ils me faisaient hausser les épaules.

L'équipe des « bras cassés » m'attendait, moi le phénomène. Un de leurs espions des équipes de jour –peut-être le gros Gégé, ou bien Jeannot lui-même– m'avait dénoncé : mon image de solitaire me précédait. Ce fut un long gars maigre, aux yeux bleus, qui m'accueillit le premier soir en me serrant la main et en annonçant la couleur :

— On te connaît bien, tu sais…
La 54 dégaza violemment. Il la regarda faire puis reprit :
— Tu es invité au briefing de 20 heures…
— Quoi ?
— Au Donjon, avant la gamelle…
— OK !

Le « briefing » consistait en un rassemblement de l'équipe de nuit, autour de deux bouteilles de pastis et d'une bouteille familiale d'*Oasis* à l'orange. La plupart s'étaient déjà servis lorsque j'arrivais, et plus d'une fois.

— Double dose en signe de bienvenue pour les nouveaux !

Au milieu de la pièce, ils avaient accolé les deux longues tables des ordinateurs et monté du réfectoire des chaises pliantes. À l'entrée, debout, les bras ballant, Sacha et moi nous nous attardions, interloqués par cette vision de la salle de contrôle. Le jour, il fallait voir les gars en blouse blanche, avec leur air d'importance et surtout avoir toujours une bonne raison d'être là. Être convoqué. Accompagné d'un petit chef. « Silence obligatoire » et tout le tintouin…

Mais là…

Ils y étaient tous. Aucun d'entre eux ne portait la tenue réglementaire. Pas de combinaison rouge, ni de parka, pas plus que le harnachement d'accessoires, le masque, la grosse clef à vannes… Goran allait et venait en jeans avec des *Nike* flambant neuves. Quand il se levait du siège de pilote, ses semelles couinaient sur le dallage à grands carreaux blancs. Son voisin au pupitre, un vieux dégarni, avait enfilé des pantoufles essoufflées dont s'échappait, par les trous à chaque gros orteil, la bourre plus claire, lichen exubérant. Il portait une veste de laine –tricotée main– grise et verte, qui baillait piteusement au cou et à la taille. Près des ordinateurs, un jeune Beur faisait dans le rappeur, parodiant ses idoles avec la panoplie complète, jusqu'aux mimiques roulantes façon *break dance.* Plus loin, un Chibani –qui aurait pu être le grand-père du Beur– se baladait dans un pantalon à pinces tout droit sorti d'un vieux film de Truffaut, chaussé d'escarpins miroitants 100 % plastoc.

Avec Sacha, face à ces douze-là en tenue disons « civile », nous nous trouvâmes plutôt cons avec nos uniformes, nos badges citron et nos bandes fluo aux pantalons.

Yeux-bleus –qu'ils appelaient simplement Bob– me tendit un verre à moutarde rempli à ras bord de pastis. Je repoussai son bras.

— Pas d'alcool… Je ne bois pas…

Bob prit la salle à témoin, vannant joyeusement :

— Oh, oh les gars… Toxic ne boit pas d'alcool !

Il ajouta sur un ton entendu :

— Hé… Peut-être que c'est pas assez costaud pour lui…

Goran lança :

— Il préfère peut-être un petit shoot de Saloperie…

Le Chibani me versa un verre d'orangeade tiédasse.

— C'i pas grave… un pitit bizutage… la tradition ! Puis ajouta plus doucement, en confidence : C'i important la tradition…

Peut-être mes congénères voulaient-ils me faire comprendre quelque chose comme : « On sait tout, et malgré cela tu es le bienvenu à bord. On te fait confiance ». Plus tard, Goran, le Yougo costaud qui, de toute évidence, menait ce petit monde, me souffla en passant près de moi.

— Les Chinois enseignent que la réputation d'un homme de bien est repérable comme une cigogne au milieu des poules.

Depuis ce premier soir, je débutais mes nuits par le « briefing » au Donjon. Nous attendions le signal de Goran. Parfois, cela tardait plus que de coutume, à cause d'un incident, d'un accident ou d'une visite de la direction. Puis le message tombait sur la fréquence de l'équipe.

— L'usine est à nous...

Chez les « bras cassés », tous étaient volontaires pour la nuit. Ces ouvriers-là portaient l'héritage nocturne d'anciennes organisations horaires. Une coutume à la TSTF, presque du folklore. Il y avait là dix vieux de la vieille, comme le Chibani ou Grégoire, mais aussi deux intérimaires, Momo et Dialo, encore des mômes. Les vieux n'avaient plus de vie familiale et les jeunes pas encore. Ainsi les gosses du Chibani l'avaient quitté et sa femme était morte d'un cancer quinze ans plus tôt. Resté solitaire, il entamait sa journée avec nous. Grégoire lui aussi vivait seul, mais en couple. On disait qu'il ne causait plus à sa femme depuis des années, qu'ils n'échangeaient plus que des grognements entre leurs rares mais régulières et ravageuses engueulades. Goran n'évoquait jamais sa vie hors Donjon. Pas plus qu'il ne parlait de son pays, une Yougoslavie quittée aux temps de Tito. Les gens de son village, sa famille, ses cousins, ses copains s'étaient depuis entre-tués du jour au lendemain, comme s'ils espéraient depuis des lustres le signal du carnage, l'ordre de déchaîner leur nature irrédentiste et religieuse de *serial killer*. Sa femme était repartie là-bas, personne n'en connaissait la raison. Parfois, tard le soir, il lui téléphonait en utilisant la ligne extérieure, les yeux rivés au contrôle et les *Nike* croisées sur la console.

Léo, un petit trapu aux larges épaules, d'origine espagnole, vivait avec Gisèle.

Gisèle était cette grosse Noire travaillant au nettoyage que j'avais déjà croisée avec l'équipe des femmes, dans les vestiaires et le réfectoire. Elle se dandinait lourdement, un seau dans chaque main, un fichu serré sur la tête, empaquetée été comme hiver dans un éternel tablier de nylon à fleurs violettes. Les femmes de ménage débauchaient vers vingt-trois heures, parfois plus tard, mais Gisèle ne serait pas partie sans passer sous les fenêtres du Donjon pour avertir son homme.

— Je m'en vais…

Léo, derrière la vitre, lançait un vague signe de sa main à trois doigts. Sa compagne se retournait lentement et disparaissait en balançant son derrière comme une grosse oie noire.

Les « bras cassés » n'avaient plus rien à gagner! Mais ils n'avaient pas grand-chose à perdre non plus. Ils survivaient tout simplement. D'ailleurs, ils semblaient avoir toujours été là et il était probable qu'ils y seraient jusqu'aux derniers jours de la TSTF. Jusqu'au jugement dernier de la Saloperie, laquelle irait se faire fabriquer sous d'autres cieux, loin… Ils se foutaient de savoir où.

Ensemble, ils composaient une armée d'éclopés, rescapés d'une bataille titanesque soignant leurs plaies comme le dernier des Mohicans les aurait entretenues. Une tribu anéantie d'ouvriers déplumés, hors du temps.

Goran était borgne, comme le loup de la chanson.

Léo avait les mains et les avant-bras marbrés de brûlures laides, et certains doigts crochus. Ses phalanges étaient tombées comme des fruits pourris.

Le Chibani boitait bas, il traînait une jambe de bakélite.

Comme le Boiteux lui-même, Paul, à qui il manquait, en plus de la guibole, une bonne moitié des doigts de chaque main. Sur la console, il utilisait son petit doigt en guise d'index pour déclencher les processus. Sur le clavier de l'ordinateur, il tapotait avec ses deux pouces poilus.

De ses poumons carbonisés, Grégoire crachait des mollards

barbouillés. Toutes les demi-heures, il poussait sa quinte de toux. Il se levait, ouvrait la fenêtre la plus proche, raclait la gorge et glaviottait cinq bons décilitres de production glaireuse et noire. Puis il reprenait sa place en soufflant bruyamment. Assis, il dépiautait un bonbon rose fluo et le posait sur sa langue chargée.

Bob Yeux-bleus avait le côté gauche de la tête grillé. Le lobe de son oreille ressemblait à celui d'un pilier de rugby. La peau à la base de son crâne, et dans le cou, s'était raidie comme du papier cartonné. Pour le masquer, il laissait pousser ses cheveux et s'affublait d'un éternel bonnet de laine tricolore.

Luigi, un immigré des Pouilles silencieux et sombre, avait trempé une demi-heure dans une flaque de SL 127. Résultat : cent quarante-trois jours de coma, dix-huit mois d'arrêt maladie et la couenne pareille à du vieux parchemin, éternellement ointe d'un parfum d'huile de camphre. Il trimballait –par amour du dogme sous toutes ses formes– à la fois sa carte de militant stalinien et une kyrielle d'images pieuses de saints catholiques. Bien sûr, il lui restait moins d'un doigt sur deux.

Cette cohorte de blessés de guerre, celle menée contre la Saloperie, transbahutaient les cicatrices indélébiles d'un combat de tranchées, boueux, journalier. Les « bras cassés » tenaient plus des Gueules-cassées de 14-18.

Peu à peu, j'apprenais les histoires.

En février 1977, c'était le tapis roulant des granulés HP 258 qui avait broyé la jambe du Chibani.

Le 22 décembre 1980, à 20 heures, l'explosion de la tour de refroidissement 502 entraîna le plus lourd bilan du site : douze morts, trente-deux blessés graves dont Bob, Léo et Goran.

Quelques jours après la grande grève que cette explosion meurtrière suscita, il en fut de Paul comme du Chibani : un autre tapis roulant lui mangea une guibole.

Luigi sauta aussi, mais en solitaire, alors qu'il dégazait la petite cuve de SL 127, celle tout près de la sortie principale. Vingt ans après, chaque soir en entrant et chaque matin en partant, il se signait trois fois devant l'endroit de l'accident, désaffecté depuis, puis il lançait autant de *cornuti* vengeurs de la pince de crabe qu'était devenue sa main.

Après quinze ans au bain-marie sous la cuve 19, les poumons de Grégoire crevaient à petit feu. De nos jours, les gars utilisent des masques et des cagoules, mais à l'époque…

Après cette explosion de décembre 1980, ce fut précisément la longue grève consécutive qui permit aux ouvriers blessés de réintégrer des postes à leur mesure, avec des contrats avantageux. L'équipe des « bras cassés » était formée. D'une manière ou d'une autre, ils avaient tous à se venger de la Saloperie et de ses maîtres. Ils en avaient le droit. Le droit véritable, celui qui naît dans la soif de justice, au bord des sources taries que l'ordre assèche de sa loi du plus fort et de la déraison du pognon. Impossible aujourd'hui, du moins sans des indemnités mirobolantes, de les licencier en dissolvant cette compagnie. Aussi, dans les bureaux, les ingénieurs faisaient tacitement du léger face aux éclopés. Un certain *statu quo* régnait. Au fond, malgré leur toute-puissance, ils s'en méfiaient, craignant les anathèmes de l'équipage des mutilés.

L'équilibre instable de ce rapport de force laissait flotter, pour les autres équipes, l'ombre d'une méprise. Une minuscule distance. Le sentiment flou de l'absence, dans cette histoire, du sens ordinaire. Si nous n'avions pas croisé, physiquement, le long des rubans, les gars des 3/8 –gros insectes laborieux–, et leur valse de transpalettes chargés de sacs, personne ne se serait demandé où nous étions, ce que nous faisions exactement, si nous existions réellement.

Moi le nouveau, je percevais nettement le trouble de cette atmosphère, un peu comme du temps suspendu, presque une parenthèse. À part Sacha, personne dans l'équipe ne travaillait vraiment ou alors ils n'en donnaient jamais l'impression. Toute l'attention –collective et individuelle– se détournait vers d'autres centres d'intérêts, d'autres priorités. Les « bras cassés » s'en balançaient de la même manière que les autres, dans l'usine, se racontaient des bobards.

Je m'en rendais compte, soir après soir.

Et il est vrai que dans l'obscurité, les collègues s'éloignaient des angoisses de ceux en pleine lumière et de ceux des 3/8 avec leurs problèmes de rentabilité horaire et la sempiternelle cohorte des mythologies traînées derrière chaque mot. Ce qu'il faut faire ou ne pas faire, penser ou éviter de penser, avec cette morale des pauvres gens au boulot, se dégottant toujours de bonnes raisons de plier l'échine devant le chef et les chronomètres, avec la mortification, l'impuissance et les logiques quasi religieuses de l'amour du travail, du mérite et cette fameuse croyance dans leur « libre » choix, consistant en fait à déguerpir ou à crever là ! La nuit, le bazar des conversations de jour s'évanouissait. Je n'entendais jamais discuter de crédit, d'impôt, de hausse des prix, pas plus que de bagnole, de turbo et autres conneries motorisées. Par la force des choses, les « bras cassés » ne sifflaient pas les secrétaires quand, les jours de grands soleils, elles s'aventuraient sur la pelouse.

Sur la table du Donjon, la bouteille de pastis, quelquefois celle de mauvais whisky, attendaient le passant qui souffrait d'un coup de blues. Chaque soir, les litrons rentraient sous le manteau. Depuis belle lurette, l'encadrement s'était lassé de la chasse à l'alcool. Si le long des rubans, les gars préféraient le gros rouge des boit-sans-soif ou la *Valstar* –qu'elle soit rouge ou verte–, au Donjon, on servait la grande messe de l'apéro.

Notamment les soirs printaniers, quand les rayons se languissaient sur la grande verrière. Lorsque le cramoisi du ciel sculptait au couteau les ombres des gigantesques cuves et l'horizon dentelé des hangars.

Tous en ligne, épaule contre épaule comme les vaches à leur mangeoire, ils levaient le gobelet de plastique blanc. Ils ne lançaient guère de toast, ni des « À la santé » –la santé de qui ? Ils étaient tous crevards de chez Crevard–, ni des « Aux amours » –ils n'avaient plus l'âge des illusions. *Nada*, ils levaient leurs verres un peu pour l'ivresse, un peu pour le cérémonial collectif, tribu papoue ou guerriers de la nuit amazonienne. Tous parlaient forts… De tout, de rien, de pas grand-chose assurément. De ce qu'ils avaient vu à la télé avant de venir, d'anciens compagnons que je ne connaissais pas… Et puis le calme retombait : fin du briefing.

Alors, en vrac, Goran distribuait les tâches. Et il concluait pour les autres.

— Lun Yu a dit : *Celui qui ne demande jamais « Que faut-il faire ? » n'a jamais rien à faire.*

On échangeait postes et quarts comme on le désirait. Personne ne vérifierait, et tout le monde y trouvait son compte…

Plus tard dans la nuit, les vapeurs d'anis se dissipaient pour laisser la place aux arômes de café. Les nuits de pluie, l'air se chargeait de l'odeur de chien mouillé qu'apportaient ceux remontant de l'extérieur, mêlée à la sueur sous les parkas et à la Saloperie. Et au tabac.

Le Boiteux roulait, entre le pouce et l'annulaire, des cigarettes informes, suintantes de salive. Il tirait ses brins aux senteurs de carotte, en pincées délicates, d'une boîte ronde de *Quality Street.*

Le vieux Paul, lui, tétait une pipe sans âge et expirait de longues bouffées aux effluves parfumés de port du nord. Il plongeait dans l'écume de ses écrans de fumée, l'œil rougi et le brûle-gueule dressé comme la cheminée noire d'un remorqueur. La vision d'un petit navire rond et sombre, près des quais du Havre s'imposait alors à mon souvenir… une toile de Pissarro ? Ou de Monet peut-être ?

Quant aux pétards tropicaux de Momo, ils exhalaient des senteurs de brûlis à l'automne, pour l'écobuage. À ses côtés, son black acolyte Dialo, reggae et dreadlocks, balançait du chef. La première fois que je l'avais vu, je croyais qu'il écoutait de la musique dans de discrètes oreillettes. Je me trompais. Goran s'était marré :

— Il se décolle la pulpe… Entre nous, on l'appelle « Orangina »… Il est pas méchant, et même il est bon dans son domaine. Il faut en connaître les limites tout simplement. Comme disait Zhuang Zi : *Un bélier peut briser un mur mais ne servira à rien pour réparer le trou…*

À l'entrée de la salle, les jeunes avaient bidouillé trois ordinateurs en consoles de jeu, Momo fournissant les copies piratées. Au cours des nuits de veille, les gars réglaient leurs comptes sur les circuits virtuels de courses de voiture épiques. Les murs résonnaient de la furie des cylindrées virtuelles et du dérapage sifflant du bruitage de pneus.

Le Chibani enrageait :

— *Narrrdin*, ma Ferrari avance pas… J'aurai di prendre la Mercedes… Wouala…

Dans le coin dévolu au repos –enfin, le jour–, des films de cul pourris papillonnaient en boucle sur une vieille télé de récup. En lettres blanches à peine effacées, on lisait encore sur le verre de l'écran : « Sortie 97 ». Lorsque nous passions dans le couloir, immanquablement, l'extase bruyante des donzelles nous aimantait. Des braquemarts comme des ostensoirs bénissaient de semence laiteuse les visages fardés de filles slaves oxygénées de frais. Sur sa chaise, Bob rêvassait, les yeux fixes, comme hypnotisé par l'ondulation des croupes et le va-et-vient pilon des reins masculins.

La taule… L'usine…

Toujours le rituel de la gestuelle impudique, mortifère distillée en dose dure.

Léa Martini ou Zara White –on finissait même par les distinguer les unes des autres, à les reconnaître à un téton, à la cambrure, au tatouage, aux tics– déclinaient la liturgie de l'accouplement sous X. Une pipe professionnelle, deux ou trois positions exécutées comme un enchaînement de gymnastique, et la sodomie de rigueur… Le Boiteux, dans l'encoignure de la porte, commentait le scénario en se roulant une tige :

— L'enculage et c'est dans la boîte…

Il posait son verre de pastis sur la tablette au-dessus du radiateur du couloir. Le briquet incendiait le bout de la clope. Le sexe du mec déchargeait, administrativement, comme s'il pointait au registre syndical des intermittents du spectacle : « Signez là ! »

Deux ou trois fois par semaine, c'était l'autre messe du mâle emprisonné : le match de foot. Momo officiait, il avait la combine pour les décodeurs trafiqués. Neuf des gars de l'équipe se vrillaient à l'écran, assis sur des chaises, par terre, ou sur un matelas tiré de la salle de repos. À l'exception de Goran qui, toutes les dix minutes, allait à la console pour une ronde symbolique, aucun ne décrochait avant le coup de sifflet final. Inutile de penser les bouger.

Le Chibani, le vieux Paul, Dialo et moi tenions la baraque. J'assumais deux ou trois postes simultanément, le plus souvent à l'extérieur. Et quand j'avais besoin d'aide, Dialo m'accompagnait. Lui, il s'en foutait pas mal des types en short courant après un ballon.

— *Okay man*, on se tire sur la ligne de front… *Stand up for the job…*

Et il enfilait sa parka décorée d'une gigantesque écharpe au tricolore rasta. Les deux vieux unijambistes grognaient devant l'écran général en battant la mesure de leurs guiboles de plastoc. Ils n'aimaient plus traîner trop près de la Saloperie. Ils s'en méfiaient.

Et puis le Chibani aurait dégueulassé ses pompes de bal.

Entre nuitards, nous étions pleins d'arrangements de cet acabit, pour le foot et le reste. Mais la plupart du temps, l'équipe trafiquant de son côté, j'avais trouvé mon trou pour rester seul. Si, en début de soirée, je traînais sans but précis de la salle du contrôle aux différents récepteurs de sécurité, vers deux heures, je rejoignais mon « poste fixe ». Ma planque, plus exactement. J'avais dégotté un bon coin en terrasse au-dessus de la cuve 14. J'y montais avec mon sac à dos où s'entassaient un sac de couchage, une lampe, un bouquin ou deux.

J'accrochais le thermos de café à la rambarde rouillée, je coinçais le Talkie-walkie en équilibre, bloqué sur la fréquence spéciale des « bras cassés ». S'ils ne m'appelaient pas, je restais là jusqu'au matin.

Sur ma vigie, la lampe contrainte au chatterton me dressait un chevet discret et… j'écrivais. Libre. Loin de tout, je n'entendais plus les rugissements s'évadant du hangar principal, ni les dégazages, ni les sifflements et le roulement sourd des plateaux et des tapis mécaniques. Même la Saloperie ne m'étreignait plus de son linceul d'empuantissement. Plus rien que le crissement du crayon sur la feuille. J'écrivais… et je rêvais en lettres majuscules et droites, de simples bâtonnets noirs pour des textes travestis, en cunéiforme cubiste. Comme si je recevais des messages en morse, deux tirets, un point, un trait long, deux points.

Au mois de mai, j'eus ma « période peinture ». Était-ce parce que l'usine résonnait de compositions anarchiques m'envahissant jusqu'à la moelle ? Ou alors, dans mon univers nocturne, les couleurs vives et lumineuses me manquaient-elles ? Je survivais à la pénombre électrique, plongé dans l'anthracite furieux des machines, sous un ciel de réverbères et de lampes à sodium, et l'orangé à couper au couteau dégoulinait, trivial et dur, entre les hauts murs des ateliers.

J'avais baptisé mon cahier *Sans titre…*

Comme certaines œuvres qui avaient laissé leur cœur à l'ombre, loin des certitudes du trait et du coloriage. Je lisais ses courriers qui ne m'étaient pas destinés, comme les lettres de Van Gogh à son frère, la plupart « Sans date ». Sur la mer étale, dans le rythme régulier du roulis des lignes sur la page, mes mots à moi accouraient. D'autres lignes s'ébrouaient et finissaient par s'insinuer au corps du texte. Elles le pénétraient. Une perforation de lecture, pour le sexe et la saignée du sens. Je me dédoublais. Je suivais Vincent à Arles, sur les Aliscamp aux blés jaunes d'or et sous le ciel violet d'Auvers-sur-Oise. Et, au-dessus de la cuve 14, ma chair paralytique vibrait de mots intimes. Des mots outremer bleuis du travail ouvrier, salis de matière morte, de cette poudre vert-de-gris et un peu rouge à la surchauffe et qui, prête à éclater, s'étouffe. Dans la nuit, mon ombre était la mine du crayon courant après le gibier littéraire. Je trucidais mes mots comme ces chasseurs-assassins qui subliment leur tuerie en trophées, lorsqu'à la toile le rouge est mis.

Si le soleil me manquait, c'est que je le voyais comme ces énormes fleurs de chardons clouées aux portes des granges.

Des heures durant, je tournais et retournais un tableau dans ma mémoire. Les yeux clos, allongé sur le dos, les pieds nus au-dessus du vide, passés entre les barreaux. Ainsi *La Porte du Lac*, un Dado –ou un Tapiès ?–, un crâne consacré d'une croix de goudron noir.

Je n'appartenais jamais autant à la race pénitentiaire que lorsque je stationnais ainsi, les yeux plongés des heures durant dans le paysage de ces nuits, sans m'ennuyer une seule seconde.

Écrire, somnoler, contempler les reflets de nuages sombres dans le miroir de la Seine, rêver des lointains face à l'écran dressé de grands saules bercés par les vents d'ouest, écouter la rumeur saccadée des trains de marchandises sur l'autre rive et scruter au loin la ville ceinte de son auréole d'or.

À l'aube, je suivais le passage silencieux des longues péniches noires, leur sillage d'écume et le vol ombrageux des cormorans. Le temps se suspendait à ma somnolence. Je ressentais de la lassitude comme ma compagne la nuit. Mon état de vigilance intense et ténébreux s'évadait et je m'endormais. L'obscurité s'effilochait à pas de loup. D'abord un peu laiteuse, tirant sur la marée basse, elle se rendait presque inutile, vaine…

Alors la nuit s'absentait.

Jusqu'au soir suivant.

La Saloperie

Sacha était astreint à la surveillance de la SL 127 automatisée. Selon l'ingénieur, il cumulait l'expérience minimale requise pour ce poste solitaire. De plus, l'isoler lui évitait de « faire le clown », selon son expression. L'acrobatie sur la passerelle n'avait eu comme résultat que de précipiter les choses. Maintenant, ses nuits, il les passait au hangar 5.

Le clown avait ainsi une scène de théâtre de 4 000 m², pour un tragique face à face entre lui, venu d'une lointaine contrée appelée Rybinsk, et elle, issue du rendez-vous fusionnel entre 57 % d'acide 102 et 43 % d'anhydride Yb 25. Ce mariage élémentaire, cet accouplement instantané, mortel, il devait le maintenir coûte que coûte à la seule température possible. Trop basse, la matière se solidifiait, trop chaude, elle s'embrasait et explosait.

Voyageant inexorablement dans l'enchevêtrement des tuyauteries de ce gigantesque système sanguin, la Saloperie coulait à son rythme, en des pulsations régulières, ni trop vite, ni trop lentement. Sacha, attentif, contrôlait la tension du monstre.

Plus de numéro de cirque, plus de pirouettes, le Russe vibrait avec les grands plateaux dégorgeant la fumure hautement inflammable.

Qu'on ne lui demande pas l'utilité de cette substance visqueuse ! Il n'en savait rien, ou si peu. En tout cas, pas plus que nous. Lors d'un stage du comité d'entreprise, ils nous avaient bien projeté un film sur la production du site et ses utilités dans différents domaines, mais je m'étais pour ma part endormi aussitôt la lumière éteinte. La Saloperie avait-elle une finalité agricole, ou servait-elle à d'autres processus chimiques plus complexes encore ? Peut-être à pas grand-chose finalement. Toujours est-il qu'elle rapportait sa dose de pognon car, sans relâche, les ingénieurs s'inquiétaient de ses rendements, à la Saloperie.

Question rendement, depuis l'automatisation de nuit, Sacha produisait en nocturne autant que les autres deux gars des 3/8, affectés à l'équipe de jour, avec leurs foutus horaires aménagés. Goran, et les autres, lui avaient demandé de mettre la pédale douce, mais impossible de trafiquer les enregistreurs : ils avaient essayé une semaine durant, mais la saleté électronique s'obstinait. Sacha resterait esclave de la cadence infernale. Deux ou trois fois par nuit, deux d'entre nous –Dialo et Momo, ou Bob et moi– le remplacions une demi-heure. Ou un peu plus, bien au-delà en tout cas des temps de pause autorisés. Le Russe reprenait son souffle en buvant du thé brûlant. Adossé au radiateur, il étirait ses longues jambes, étendu de tout son long sur le carrelage du Donjon. Le reste du temps, il ahanait pendant sept heures et trente-huit minutes de rang, avec une seule pause de quarante-deux minutes pour le casse-croûte.

Lors du réarmement des processus –« réarmement » étant en l'occurrence le terme juste– Sacha fixait le cache de la machine, puis poussait le manche cranté. Le métal claquait alors comme la culasse d'une arme. Et la Saloperie se pointait au garde-à-vous, comme une balle dans le canon.

— Feu !

Son pouce ganté de cuir enfonçait le bouton rouge sur la console de commandement et en un instant le hangar entrait en transe.

Sacha avait accompli son service militaire comme pousse-bouton dans un régiment de lanceurs de missiles, tout près de Mourmansk. L'énorme porte-engins, de ceux que l'on voyait défiler le 1er mai sur la Place rouge, était incongru au milieu de la forêt de bouleaux. Sacha nous avait raconté comme il sentait la présence de la fusée nucléaire, mort palpitante derrière sa cloison verte. Il n'allait pas oublier de sitôt le balancement chaotique de l'étroit habitacle, le ciel parfaitement bleu, la plaine parfaitement blanche. Lentement les vérins s'enfonçaient dans le sol gelé et le SS 20 se dressait dans l'azur. Le lieutenant ordonnait :

— Préparez le tir !

Son pouce sur le bouton rouge, Sacha déverrouillait les sécurités et, au signal, il appuyait. Sur l'écran vert, il suivait la courbe du tir fictif. La machine indiquait sans émotion « Impact dans 12 minutes »... Cela signifiait que, douze minutes plus tard, il allait y avoir un million de morts, sans doute davantage. Fictifs certes, mais foutrement réels. Ça ne lui faisait rien, ou pas grand-chose. Tout cela était si lointain, si abstrait. Quand il enfonçait le bouton, il pensait à autre chose : au prochain été qui lui permettrait un bain dans le lac avec les garçons du village ; au bal de la fête des chantiers « Unité Prolétarienne » ; à la fille aînée des Primakov, Elena. Il fréquentait Elena Primakova depuis les bancs de l'école, depuis les chamailleries enfantines jusqu'aux caresses interdites des adolescents. Une gradation qu'ils avaient vécue sans y prendre garde. Voilà à quoi pensait le troufion Sacha en poussant le bouton de son missile lanceur d'ogives nucléaires.

D'ailleurs, il n'avait jamais vu d'images d'Hiroshima, ni de Nagasaki. Il appuyait sur le bouton, un point c'est tout.

À la TSTF, il tirait aussi, appuyant sur un bouton similaire, mais lui seul en crevait. Pour de vrai. Aucune échappatoire ni simulation, il se tuait aussi certainement que s'il avait porté le canon du pistolet à sa tempe, et pressé sur la détente.

Le soir, avant de quitter le poste, l'équipe des Ch'tiots plaçait deux wagons-citernes en bout de ligne et arrimait les pompes aux énormes raccords galvanisés. Et la nuit, Sacha les remplissait. Jusqu'à la gueule. Au petit matin, la vieille diesel les remorquait jusqu'à la sortie rail, au bout de l'ancienne usine, après le *no man's land* de l'explosion de décembre 1980, à peine cicatrisé par l'amas de ronces et de genets.

Ce n'était pas très syndical comme rythme, mais le Russe avait signé un contrat d'esclave étranger, en « horaires aménagés ». Finalement, il ne comptait que pour la seule quantité de SL 127 qu'il parvenait à faire cracher à la machinerie durant sa présence. L'existence concrète de Sacha se résumait à l'équivalent de ces deux citernes roulantes, trouvées pleines au matin. Les mots, des mots anciens, ceux de mon adolescence de casseur autonome à la fin des années soixante-dix remontaient à ma mémoire. Toujours la vieille réalité décrite par Marx, le corps à corps, celui des hommes aliénés à la tâche et à leur production :

> L'ouvrier est ravalé au rang de la marchandise.

Le reste du temps, au Foyer, Sacha croulait de fatigue. Il ne voyait plus le jour que teinté d'aube ou de crépuscule. Entre les deux, il s'affalait en travers de son lit, réduit aux fonctions physiologiques de l'animal : manger, boire, pisser, dormir. Et bosser encore, puis manger, boire, pisser, dormir… Parfois dans un ordre différent : dormir, pisser, boire, manger.

> L'ouvrier devient de la marchandise d'autant plus vite qu'il crée plus de marchandise.

Il troquait sa vie avec cette matière sinistre, inerte et mortifère. Dépossédé, vidé jusqu'à la dernière goutte du désir d'être, il la troquait contre le moule stérile de la non-vie.

> Plus le monde des choses augmente en valeur, plus le monde des hommes se dévalorise ; l'un est en raison directe de l'autre.

Chaque nuit, le monde étranger de la Saloperie gagnait en pouvoir sur lui, et son quotidien se faisait misérable de dépouillement, de rien.

Au Donjon, quand il montait, à peine sa parka retirée, il se laissait glisser contre le mur jusqu'à terre et allongeait ses pattes sales sur l'immaculé du sol carrelé. Il se vidait, son bol de thé fumant entre les jambes. Une hémorragie de vie s'écoulait de ses bras tétanisés, de ses doigts insensibilisés, du vertige empoisonné de ses nausées et du poids de son corps, si lourd toute la nuit durant. Certaines fois, j'aurais aimé savoir ce à quoi il pouvait bien penser. Quelle conscience l'habitait ? Son travail ? Son exil ? Les pitreries de week-end qu'il ne pouvait plus faire ?

Son regard ne laissait sourdre que le désespoir de la mort.

Les premiers soirs, un froid d'hiver piquait encore. Dans les courants d'air de l'immense hangar ouvert à tous les vents, brûlant des fièvres de l'effort, le corps de Sacha s'évaporait en un halo d'exhalaisons gazeuses. Une fumée d'homme comme de la bûche au feu. Elle fusionnait avec les vapeurs fuyantes des refroidisseurs. Sacha montait au ciel sous les faisceaux crus des projecteurs. À la pause de 2 h 00, il s'endormait immanquablement. Nous le laissions dormir son quart d'heure puis Grégoire ou le Chibani le réveillait doucement en versant un nouveau thé noir dans le bol vide devant lui.

Les semaines succédant aux semaines, il prenait l'allure des caricatures sépia de la propagande soviétique, sorte de Stakhanov en salopette maculée, dressé à la tâche et courant le long du ruban. Il serrait une vanne en tendant ses muscles luisant de cambouis. Virilité du travail... Il bandait de la clef à mollette, bite d'acier capable de faire jouir la machine. *La* machine, un féminin sublimé... Oui, une femme. Une déesse dévoreuse de mecs.

Il la connaissait au point de l'avoir affublée d'un petit nom : Svetlana.

— Svetlana, elle aime pas que je suis en rrretard.

Il s'en aurait fallu de peu pour qu'il ne soit jaloux.

— Svetlana, elle aime pas la équipe de jourrr.

Une bouteille d'alcool fort le suivait partout, posée en équilibre sur une poutrelle ou directement à ses pieds, avec son chiffon graisseux en guise d'écharpe, pour empêcher la goutte d'échapper au goulot. Il buvait à pleines gorgées ce mauvais rhum chimique réservé à la pâtisserie. Il le trouvait bien meilleur et moins cher que la vodka d'ici. Parfois il chantait à tue-tête de vieux chants de marche, derniers souvenirs des étés dans les camps des jeunesses communistes.

En une paire de mois, il décolla. Les muscles de ses bras s'asséchaient. Ses joues se creusaient. Il maigrissait, prenait un teint livide et froid.

> Face au travail, l'ouvrier ne s'affirme pas, il se nie.
> Il mortifie son corps et ruine son esprit.

Bientôt, il ressembla à la SL 127, à Svetlana. La cruelle Saloperie le façonnait à son image. Dans son regard autrefois céleste, on discernait désormais l'ombre des deux citernes. Son visage rappelait de plus en plus celui du clown du film *Délicatessen.* Et comme lui, il jouait de la scie musicale. Car le dimanche, aux marches du Foyer, il n'avait encore tout à fait renoncé au « spectacle » : il jouait pour un public de Sénégalais, vêtus de leur ample boubou bleu.

Ça me faisait un mal de chien de voir Sacha marner comme ça, moi qui ne foutais pas grand-chose.

Quand je l'observais, suant sa maigre existence sous les projos du hangar, lui l'héritier de la Révolution d'octobre, je touchais du doigt la geste monumentale de la moribonde lutte des classes. Des milliers d'instants de combats perdus d'avance étaient concentrés là, dans le corps décharné de Sacha.

Aux jours des peurs misérables et solitaires, l'Ouvrier ne s'enivrait plus d'espérance, c'était la perdition de la réalité qui régnait autour de lui. Jusqu'à ne plus saisir sa propre situation, ne plus être le protagoniste de la collectivité qui se génère sans cesse. Exploités et opprimés savent que les boussoles sont brisées, que leur caravelle est à la dérive. Ils ne se positionnent plus dans l'océan d'aventure qu'ils entrevoyaient. Ils n'ont que des opinions toutes faites, préfabriquées, subies, récitées comme des leçons. Leur situation, leur faculté d'agir, leur pensée leur échappent pour se confondre avec la succession de la nuit puis du jour, sans cesse recommencée ; avec l'inutilité, avec une destinée d'isolement, d'assujettissement. Sacha participait à la guerre civile générale, mais il l'ignorait. Il l'avait oublié à la fabrique d'amnésie. Le sut-il jamais ? Ne le lui avait-on pas appris, dans sa Russie socialiste ?

Moi, j'avais la chance de ma conscience immédiate.

Une conscience décalée, imposée, d'un autre temps. Celle de mon état de travailleur forcé, de bagnard de la rééducation « volontaire » : j'étais en conditionnelle.

— Et soyez content qu'on vous laisse vivre comme les autres.

La condition judiciaire stigmatisait les entraves de cette inhumanité laborieuse et les révélait telles qu'elles se forgeaient au jour le jour. Et à chaque instant, percevant l'obligation et l'imposture, j'entrais en résistance contre le travail lui-même, comme je me dressais anciennement contre les murs des prisons. Je tentais de reconquérir sur la bête une partie de ma vie d'homme, de me désengager de ce cosmos étranger.

J'étais aussi, sinon plus, étranger que la Saloperie elle-même !

Étranger mais proche de Sacha au sens où, moi aussi, j'avais été confectionné par une terrible machinerie, recraché par la Pénitentiaire comme un mollard, comme un moutard mal formé mais viable. J'en étais le produit ! Et encore, l'un des produits. Une matière usinée négociable, mi-homme mi-objet, capable de « s'insérer » dans le système et de le faire fonctionner…

Les flics –toujours plus de flics–, les juges, les greffiers, les matons, la prison –toujours plus de prison– et son exil. Un tour par la case « Cellule », et un autre tour, et un tour encore jusqu'à être élimé définitivement, usé jusqu'à cette corde qui serre nos cous de récidivistes. Liancourt, l'hôpital de Fresnes puis la fosse commune. Sans doute un passage au carré pénitentiaire du cimetière d'Ivry, où une coursive de macchabées s'aligne de la même façon que, vers minuit, s'aligne la file indienne des arrivants. Le cri du maton :

— Fermez la veste !

J'étais différent. Grâce à mon folklore de taulard, je me

différenciais des prolos traînés à la chaîne par la plaie empoisonnée du déterminisme despotique. Tous avaient chopé la gangrène du labeur, jusqu'aux derniers. Ils bossaient à en claquer. Pour une heure de présence, de travail, c'était une heure de vie en moins. Toujours la même tâche, la même balafre purulente. On leur coupait la jambe et ils retournaient à leur poste. Ils n'avaient plus qu'un poumon, un bras, trois doigts à chaque main… Ils réclamaient le droit de « vivre comme les autres », c'est-à-dire de faire un nouveau tour de manège et risquer la seconde patte, le deuxième poumon., les doigts restants. Jusqu'à ce que le cœur et l'âme soient carbonisés, noirs corbeau et au bout du rouleau.

Je passai tout près du hangar 5 pour ma tournée le long de la tuyauterie derrière la cuve 13. Il devait être onze heures… onze heures trente. Sacha s'approcha quand il m'aperçut à portée. Il leva son masque de protection et, inévitablement, ronchonna avec son accent russe.

— Tu sais, ils sont fous de laisserrr tournerrr ça comm'ça…

— Ouais, sans doute… Monte boire un café !

— J'peux pas… Svetlana a besoin de moi…

Il était livide. Plus que d'ordinaire, si cela était possible.

Je m'éloignai quand même :

— Je demanderai à Momo de t'en descendre dans un moment…

— Eh, Eh… Au fait, qui… qui a gagné ?

Je me retournai et je fis un geste d'épaule pour signifier un « Je ne sais pas »… C'est à ce moment que le talkie grésilla. Les trois notes de la procédure d'urgence retentirent. Et la voix de Grégoire s'inquiéta :

— Toxic à la 65 ! Incident… Risque explosion. Urgent… Je répète : Urgent, risque explosion… Confirme…

Un silence.

— Confirme, bordel !

Les klaxons d'alarme résonnaient. La voix du copain, derrière, occupa le canal :

— J'y vais… J'y vais… à toi…

— Donne des nouvelles quand t'es sur place…

Je courus au local de sécurité, enfilai mon équipement et sautai dans le G9. Je gardais toujours la clef de contact pendue à mon cou… au cas où. Ce soir, je l'utilisai pour la première fois. Je pompai sur l'accélérateur. L'appel radio parlait d'explosion. Je l'avais toujours pressentie. Elle se pelotonnait en moi comme une boule d'angoisse, une balle au plexus. Je rentrais la tête dans les épaules avec le sentiment glacé de rétrécir. Le moteur finit par m'obéir et toussota. La camionnette sursauta, puis cala. Des contretemps qui, en temps ordinaire, n'auraient pas comptés, mais là… Finalement, je roulai tant bien que mal jusqu'au hangar 7.

Les gars l'avaient déserté et s'étaient planqués derrière le muret du garage.

— Le chef ?… Où est le chef… ?

Un vieux m'informa de la situation. Enfin, ce qu'il pouvait m'en dire. Il répétait « Processus emballé… Processus emballé » à la manière d'un disque rayé et ajouta « Impossible à stopper par les consoles ». Ils avaient évacué sans chercher à savoir.

— Ici Toxic, j'entre dans le 7… Porte 22… Demande information…

— Le 48 et la 65 dans le rouge…

Un silence encore, puis :

— Je répète : 48 et 65 dans le rouge… À toi… À toi…

Avant d'entrer, je levai la tête vers le ciel. Malgré les projecteurs et leur halo boueux, j'aperçus la lune. La pleine lune, belle et ronde, paraissait si proche, à portée de main. L'homme de février transportait à son épaule le fagot de bois mort. Mentalement, je me récitais quelques vers de Cyrano le Sélénien :

> J'arrive par la dernière trombe
> Je suis un peu couvert d'éther. J'ai voyagé.
> J'ai les yeux tous remplis de poudre d'astres.
> J'ai aux éperons, encore, quelques poils de planètes.
> Tenez, sur mon pourpoint, un cheveu de comète !

À ces mots, l'appréhension s'évanouit. Une sérénité maternelle m'envahit et me combla. Je frissonnai. Je reconnaissais l'âme, la flamme de mon passé. Celle des équipées, au moment précis où je poussais la porte de la banque, lorsque l'arme bondissait de sa cachette, le cœur battant les coups sourds d'un chef d'orchestre à la baguette.

Le gyrophare rouge éclaboussait le sas.

Des dizaines de sirènes et d'avertisseurs se renvoyaient sur divers tons un écho d'alarme et de vacarme. Dès l'incident, les compteurs électriques avaient disjoncté. Les machines avaient décéléré et stoppé. Elles attendaient là, simples témoins immobiles, neutres et silencieux comme un groupe de badauds secoués de quelques grognements sourds, de cliquetis et de hoquets métalliques. Les machines étaient décidément trop sérieuses, ou peut-être trop soumises pour ces aventures. J'allumai la *Maglight*, et son trait creva l'obscurité d'une lame d'or.

L'immense hangar sombrait comme un vieux paquebot torpillé. J'avais l'impression diffuse, à chaque délestage, qu'une lame de fond le déséquilibrait, lui donnait une gîte telle que bientôt elle l'engloutirait. Près des portes, les loupiotes de sécurité « Issue de secours » clignotaient d'hypothétiques sauvetages.

Non, je n'allais pas fuir. Je me préparais à l'abordage.

La Saloperie s'était rendue maître à bord. Après cette mutinerie audacieuse, elle m'espérait. Néanmoins elle ne m'attaquerait pas en rase campagne, elle me laisserait aborder aux quais de son port d'attache. Elle savait ma présence, et ne tenterait rien pour m'interdire ses cales baignées d'effluves de pourriture. Patiente, goguenarde, elle abandonnait au métal glacé une rosée vaguement rougie. Une invite.

Ça sentait le piège...

Sans doute m'attirerait-elle dans une encoignure confinée où elle pourrait donner toute sa puissance meurtrière. Elle guettait, à l'affût, se jouant de moi. La radio crachota:

— Toxic, Toxic? Tu me reçois?... Confirme...

— Ici hangar 7... Mauvaise réception...

— Le 48 et le 65... Mais méfie-toi du 79... Aucun retour... Je répète: 79... 7 et 9. Confirme... À toi, à toi...

— 7 et 9... Compris...

Là-haut, les gars la connaissaient bien, la Saloperie. Ils avaient joué maintes fois à ses petites récréations mortelles. Ils la savaient pleine de ruses. La voix de Gégé me revint des jours de lumière, lorsqu'il me l'avait présentée:

— Quand tu as bloqué les points rouges, il faut faire gaffe au tuyau, dans ton dos...

Le 79 était tapi au raz du sol, avec ses trois vannes à hauteur d'homme, comme des canons dans leur sabord.

Je remontai dans l'angle opposé, vers le refroidisseur. La tour, ébouriffée comme une mygale avec ses pattes velues, étendait là ses tuyaux gainés de laine de verre. Sur le pilier, au-dessous d'un gyrophare, je lus 48, en gros chiffres jaunes. Mais quelques dizaines de mètres plus loin, sur la grosse cuve ronde, je n'apercevais que le 6 de 65.

Elle marquait déjà son territoire d'une haleine rougeâtre qui se condensait au carreau de mon masque à gaz. Je me mis à lui parler, entre mes dents serrées

— Tu es là… Eh ! Je sais que tu m'entends… Tu veux jouer avec moi, hein…

Je respirais avec difficulté comme si mon filtre saturait déjà.

— Le 79, hein ? Je te croyais plus mariolle…

Sans oxygène, j'allais étouffer. Comme si elle l'avait senti, elle lâcha un geyser écarlate à quelques pas devant moi. J'essuyai le phare de la lampe et plongeai dans le brouillard. Je me glissai sous la tuyauterie qui sortait de la pompe 79. D'un coup sec, je dégoupillai la vanne de sécurité et commençai à la desserrer…

« Procédure interdite… Procédure interdite… » Le clignotant du contrôle automatique s'était déclenché, récitant sa leçon en même temps qu'il hululait de sa sirène suraiguë. Désormais, la Saloperie ne concentrerait plus sa puissance dans le mélangeur, mais une partie du liquide allait suivre son cours normal pour finir bloquée un peu plus loin, retenue au niveau de la cuve. Elle éructa une plainte querelleuse et cracha une langue rouge vif. À la lumière rectiligne de ma lampe, j'eus le temps de la voir me gober. Une pluie de corrosion sale me noya. Des sections de tuyaux dégringolèrent. Une pièce de capot retomba derrière moi en claquant sèchement sur le ciment.

— Ah, t'es pas contente !

Elle n'attendait plus qu'une étincelle pour détonner. Heureusement, les moteurs des machines étaient déjà froids, mais elle allait se couler dans les gaines électriques, assoiffée de courts-circuits. Je contournai la 48 en traversant le dédale des canalisations et des conduites jetées là comme un gigantesque jeu de mikado. Je posai la main sur le tuyau devant moi, à l'intérieur, elle gigotait plus que jamais, son courroux râlait à gros bouillons.

Pourtant, je ne ressentais aucune peur. Je jouais à son jeu avec un hypnotique sentiment de corps à corps. J'étais son partenaire. Qu'importaient mes délires sur le passé et le futur –si j'en avais un–, qu'importaient mes élucubrations sur l'exploitation salariée et le mensonge du quotidien, il ne restait rien de tout cela. Seuls mes gestes étaient réels. Seul cet instant sur le fil. Comme un baiser à même la mort. J'étais « Toxic le scorpion », revenant de ses ultimes aventures pour hanter son dernier tour de piste.

— Et voici, et voilà : le grand Toxic est à toi, ma belle…

« Toxic ». Je sentais qu'elle aimait le nom de son adversaire. Je l'imaginais. Elle me prenait dans ses bras, et nous dansions un drôle de tango : « Je t'aime à mort ». Son rouge à lèvre flairait le goémon au jusant. Elle se collait à ma peau cirée et y fondait de plaisir, sentant sa proie qui caressait son corps d'amante religieuse.

En silence, je glissai derrière les énormes collecteurs et remontai comme un Sioux le long des gaines. Quand je fus assez près, je bondis sur la vanne principale. La bête tressaillit. Son échine s'accoupla au poids de toute ma chair et sa bouche lâcha un soupir de plaisir.

J'empoignai le volant et l'actionnai le plus rapidement que je le pus. Se découvrant prise, elle tenta de briser les joints. Trop tard ! Je lui serrai le cou. De toutes mes forces, comme si je la sentais crever entre mes doigts de fer, je crantai la vanne un clic après l'autre, sans pitié. C'était le jeu. Un jeu fatal. Je voulais qu'elle étouffe, qu'elle tire la langue, limace bleue de moribonde.

— Tu vas crever, dis ? Tu vas crever !

Je hurlais, verrouillant les vannes une à une. Je vissais, vissais et vissais encore en tempêtant :

— Je suis Toxic, et pour moi, ce ne sera pas pour cette fois… Je suis Toxic, et pour moi…

Sous l'effort, mes muscles se tétanisaient. Enfin, elle fut à ma merci. Pourtant la bête gigotait encore. Plus loin, près du pylône, elle cracha un mélangeur qui valdingua contre le raccord principal comme si elle cherchait à le percer, à se ménager une sortie. Plus haut, un tuyau souple se redressa comme un cobra en colère. Elle tressaillait, ferrailles en furie. Elle haleta quelques secondes, soupira des vapeurs de plus en plus faibles et, enfin… elle expira.

J'avais gagné la partie.

Je déclenchai les sécurités manuelles des trois postes. Le flux s'apaisait dans les canalisations. J'étais à bout de force, à bout d'adrénaline. Je me laissai tomber à cheval sur une conduite d'eau et m'allongeai sur le ventre. Le métal était frais, son contact me soulagea. Mes bras vrillaient de douleur. Avec d'infinies difficultés, je levai le talkie à hauteur de mon visage…

— Sécurité à contrôle… Sécurité à contrôle…

— Toxic ?! Je t'écoute…

— C'est bon ! Je confirme, c'est bon… Envoyez-moi du monde pour purger…

— Ok… l'équipe nettoyage, à vous…

Goran avait pris le relais. Sa voix avait la précision du scalpel. J'aperçus immédiatement une dizaine de faisceaux de lampe, à l'autre bout du hangar. Les ventilateurs s'enclenchèrent, ronflement grave.

Une demi-douzaine de pompiers s'approchait avec leurs combinaisons aux reflets mordorés, ils ressemblaient aux plongeurs du capitaine Nemo. *Vingt mille lieues sous les mers…* Un bouquin à la couverture rouge que je lisais, enfant, allongé sur mon lit… Enfant… Une après midi de canicule où je suais à grosses gouttes. Mon corps nu sur les draps moites. Une énorme mouche bleue brodait, en figures aériennes incessantes, autour du plafonnier. La rue se taisait, étrangement muette. Comment s'inventer un poulpe quand on n'a jamais vu la mer ? Et que dire d'un poulpe géant capable d'étreindre un sous-marin ? Un immeuble comme le nôtre ? Quatre-vingt-deux appartements d'un seul coup. Les bruits d'assiettes parvenaient jusqu'à moi, mon père mangeait avant de partir au boulot. La radio balbutiait des pubs musicales. La fièvre imprégnait ma viande. À travers les volets métalliques, des traits de lumière traversaient la pièce de part en part comme des lames de sabre. Les couleurs se gorgeaient d'intensité, étourdissaient ma vibrante sarabande. J'avais eu le sentiment bizarre d'avoir toujours été là, sur mon lit de môme, j'avais rêvé, tout avait été rêvé… la cavale… la prison… l'usine… la Saloperie… J'étais bien, j'étais de retour à la maison et je sombrais. Dans le lointain, je reconnus une île, une petite île bordée de sable blond. La chaleur pesait d'un poids énorme sur mon plexus. Si fort que j'étouffais. Un haut-le-cœur me secoua et une douleur violente serra ma poitrine. Alors, obéissant, je pris une longue inspiration… L'air rafraîchit mes poumons.

— Respire bordel… C'est ça, vas-y… Respire.

J'ouvris les yeux et discernai un bout de ciel étoilé. Deux têtes s'agitaient au-dessus de mon visage.

— C'est bien ! Garde les yeux ouverts… Garde les yeux ouverts, voilà…

Un masque à oxygène plaqué sur la bouche, ils m'avaient allongé près de l'ambulance des pompiers. Quand j'écartai les pieds, je constatai l'excitation sombre autour du bâtiment, des ombres allant et venant, gesticulant dans le ronronnement des ventilos. L'ingénieur s'approcha, avec sa belle blouse blanche et son casque immaculé. Inquiet, il s'adressa aux pompiers :

— Peut-il me comprendre ?

— Je crois que oui…

C'était l'homme le plus proche de moi qui avait répondu simplement. Il me tenait le bras, deux doigts sur l'artère près du poignet, comptant et recomptant mes pulsations pressées. L'ingénieur renonça à déchiffrer mon badge rendu illisible par les vapeurs d'acide et se tournant vers des gars de l'équipe.

— Quel est son nom ?

Il fit des yeux ronds à leur réponse, puis pencha son visage :

— Monsieur euh… Toxic, quand vous le pourrez… Je dis bien : quand vous le pourrez… Il faudra nous faire un euh… rapport sur votre intervention…

Un simple hochement de tête pour prévenir que j'avais compris, et il se redressa…

— Soignez-vous bien, monsieur Toxic !

La colère me secoua, je pensai « Putain, jusque sur le lit d'hôpital, ils sont capables de… » L'exaspération m'enleva les dernières forces et je perdis pied d'un coup.

À cet instant, au pied de l'usine vaincue, de la Saloperie domptée, je revis le grand croisement près du Carreau du Temple, ce large trottoir de goudron noir à l'angle du petit parc où j'étais étendu, et les immeubles en pierres de taille de l'autre côté de la rue. Les rayons du soleil du petit matin dessinaient sur les façades des estuaires d'ombre à chaque fenêtre et des obliques biseautés de lumière. La douleur des impacts de bastos, irréels. Je ne ressentais rien. Plus rien… Je n'étais plus qu'une chose éveillée au regard d'agonisant. Les yeux fixes. Déjà immobiles. Un flic passa devant mes pieds, il serrait *mon* sac contre sa poitrine. Je pensai « Merde. Le fric ! ». Une voix près de moi disait :

— Passe-lui les canettes…

— Pas la peine, il est bon pour le quai de la Rappé : couic…

L'inspecteur avait imité le bruit caractéristique des pinces à découper le thorax, à l'Institut médico-légal. Dans la police, on connaît bien cette chanson. Oui, j'étais en train de crever, et je m'en battais les couilles.

Qu'importe ? À moi, aux autres, à mes assassins… et à mes assassinés. À ceux pour qui je n'étais rien qu'une ombre allongée, une ombre indiscernable : moi, lui, un autre. Celui qu'en définitive je ne serais pas, que je ne pourrais plus être, qui avait voulu exister malgré tout.

Je n'avais pas de regret. Le ciel était blanc, la cime des arbres dansait dans le vent et le gel d'hiver glaçait les toits de zinc d'un gris lumineux. Tout à coup, tandis que l'ambulance se garait, j'eus terriblement froid. Ils m'avaient soulevé et forcé à abandonner le linceul de la ville, le linceul du goudron noir qui m'allait si bien. Le catafalque vibrant de la circulation et de l'agitation souterraine de la station *République*. Pourquoi ne me laissaient-ils pas crever sur le bitume du trottoir ? Ils m'arrachaient à ma véritable tombe au profit de la fosse commune.

Par le hublot arrière, la ville s'enfuyait… Arts et Métiers… Beaubourg… Hôtel de ville… Les marronniers des quais de Seine… L'Île de la Cité.

— Foutu beau boulot !

La voix de Goran me ramena à la conscience. Sa main sur

mon épaule, il répétait en la tapotant fraternellement :
— Beau boulot ! Foutu beau boulot !

Je souriais sous le masque, rigolant de l'épithète. « Beau » ! Beau, mon cul ! foutu travail de merde, oui ! Malgré tout, j'avais pris mon pied, inutile de me le cacher. J'avais aimé ce genre de connerie. Merci à la Saloperie, merci de ce petit morceau de vraie vie. Toujours ça de pris.

— T'es bon pour une petite augmentation, mon gars...

La voix de Léo savourait le constat : une pincée d'euros. S'ils croyaient que j'étais de ceux qui crevaient pour l'enveloppe mensuelle, pour cette pénible briquette...

Bah ! Qu'ils le croient donc, je m'en foutais. Toujours la même histoire, sous le règne de l'argent, nous ne partagions que la part infime du butin. Question de partage plus ou moins équitable. Dans une bande de tire-bourses, on « fadait » à part égale. Dans le gang du Capital –*Das Kapital*– les uns en prenaient pour deux fois leur mise, les autres se contentaient des miettes de leur sueur.

Allais-je mettre à citer Marx à tout bout de champ, bordel ? Plus je m'immergeais dans ma nouvelle vie, à l'usine ? Il ne manquerait plus que je devienne militant ! Non, ils ne m'auront pas ! Ou plus. Je ne leur accorderais plus rien, ni espoir, ni volonté, ni compassion, ni surtout fraternité. Leur putain de « fraternité de classe » qu'ils sont toujours les premiers à trahir. Rien de rien...

Rien à foutre au fond. Je me sentais bien. Heureux de vivre. Je vis passer la trombine de Grégoire. Il levait le poing :

— Bravo, camarade !...

Sa voix se perdait dans le brouhaha. Un fou rire me secoua les entrailles. Je sanglotais d'un bonheur simple. L'oxygène euphorisant, peut-être. Le pompier m'ôta le masque :

— Ça suffit comme ça…

Je crus entendre Dynamo, quand il m'arrachait le joint de la bouche.

— Je vais me lever !

Je me redressai, en éclatant d'un rire imbécile. La bobine du sapeur, avec son gros nez violet, m'étonnait.

— Ça va ? dit-il.

— Je crois que oui !

M'étirant, je ressentis une soudaine piqûre dans le cou, au creux de l'épaule… Je baissai le col de ma parka.

— Ce n'est rien, fit le pompier. Vous avez une petite brûlure. Une goutte qui a dû glisser quand on vous a retiré le masque. Je vais vous mettre un pansement…

La voix du Boiteux ironisa dans mon dos.

— Un suçon de la Saloperie, mon joli… Que veux-tu : elle est amoureuse…

À l'est, une rumeur pâle nous invitait à plier bagage, ce n'était déjà plus notre heure. Ceux du jour finiraient le surplus.

Goran me prit par le bras, et s'adressa à la cantonade.

— On le ramène…

— Okayyy ! fit le Boiteux en imitant le Christian Clavier des *Visiteurs*… Okayyy !

L'infirmier tenta de s'interposer :

— D'accord, mais demain… Il doit passer la visite…

En vain. L'équipe dressait un rempart auquel son autorité de soignant ne pouvait rien. Goran conclut le débat avec l'aplomb du chef d'équipe.

— Je l'amènerai en bagnole…

Puis il se tourna vers moi :

— En attendant, bois ça…

Il me tendit une fiole et, pendant que je buvais, ajouta pour tout le monde :

— Le héros s'est aguerri au milieu des vents déchaînés et des vagues déferlantes. Il verse son sang mais pas de larmes car il ne craint pas de marcher sur des sabres nus…

Une citation de l'un de ses foutus sages chinois, probable. L'alcool me brûla la gorge, puis l'œsophage, puis l'estomac et enfin, plus bas, jusqu'au sexe. De là, un geyser embrasa ma nuque… Je tentais de retenir mes jambes qui se faisaient la malle. De toute manière, impossible de faiblir, les copains me serraient fort sous les aisselles. Une nouvelle gorgée, une autre… Grégoire, qui portait la gourde successivement à ma bouche puis à la sienne, cria près de mon oreille :

— Putain, t'as fait fort… Vas-y… À la Salope !

Il leva la gourde vers le ciel, puis vers la tour de refroidissement :

— Ça faisait si longtemps qu'on ne l'avait pas niquée en beauté… Si longtemps… Si longtemps…

Il le répétait comme s'il se parlait à lui-même, mais c'était à un souvenir qu'il hurlait :

— À toi, JiPé… Tu l'as niquée, tu l'as niquée…

Les 3/8 nous regardaient en coin. Ils reprenaient leur place en file indienne, dans le hangar 7. Comme les Poilus dans la tranchée, avec leurs bénards garance, leur pelisse d'horizon, leur masque à gaz, la clef à molette en guise de fleur au fusil.

Hilares, bras dessus, bras dessous, nous nous enfournâmes dans le G9. Grégoire trébucha sur la caisse. Nous rîmes et criâmes de plus belle. On se bousculait pendant que la gourde circulait jusqu'à distiller la dernière goutte. Alors, une autre flasque jaillit des profondeurs d'un blouson. On se chahutait comme des mômes.

Goran, sur le siège du chauffeur, avait tendu sa main vers moi. Depuis combien de temps ? Je finis par comprendre :

— La clef! disait-il…

Et les copains reprirent en scandant « La clef… La clef… La clef… ». La clef de quoi ? Ah oui, la clef de contact ! Elle pendait à mon cou. Je la retirai, lui posai au creux de la main, et il replia les doigts sur le métal.

C'est ainsi que les « bras cassés » prirent possession du G9 de la *Securitate.*

Goran démarra, mais il ne prit pas le chemin du Donjon. Au contraire, la camionnette remontait en sens inverse. Vers le Hangar 12, tout au bout de la grande allée, celui des granulés. Alors qu'il s'en approchait, il pressa sur le Klaxon, tout en cherchant, sur le tableau de bord, le bouton du gyrophare qu'enfin il poussa. Quelques gars se pendirent à l'extérieur, accrochés à la porte. Grégoire, dehors plus qu'à moitié par la fenêtre côté passager, gueulait comme un supporter de foot :

— On l'a niquée… On l'a niquée !

Les autres saluaient du bras en rigolant. On fit ainsi tous les hangars. Un véritable tour d'honneur !

Le commissariat

Je m'endormais à peine quand, vers six heures, la porte vola en éclat et deux ombres bleu nuit surgirent et me sautèrent sur le râble.

Ils hurlaient en me tirant du lit et me traînèrent sur le sol jusqu'au milieu du couloir. D'autres flics déjà, par groupe de trois ou quatre, frappaient aux chambres voisines pour réveiller leurs occupants. Les Blacks en sortaient, les mains sur des têtes aux masques d'horreur, et les casqués les alignaient de chaque côté du corridor.

J'étais nu, et la peau de ma poitrine et de mes cuisses me renvoyait un écho de carrelage froid, lorsqu'un encagoulé s'immobilisa dans l'encadrement des douches.

Je lus son badge à l'épaule : GIPN.

La perquisition fut rapide : en deux minutes, ils détruisirent la pièce. Dans le temps, c'est ainsi que les vignerons foulaient le raisin. Après avoir jeté à terre ce qui traînait à portée de matraque, ils piétinèrent ce qui était à portée de leurs *Rangers* La casse était normale, réglementaire voire, pour que la violence fonctionnaire appose son tatouage sur la classe dangereuse.

— Il n'y a rien!

Leur chef s'adressait à quelqu'un derrière moi. Je tentai de retourner la tête. Le soulier militaire appuyé sur ma nuque pressa plus fort. L'autre répondit laconiquement, comme un constat:

— Menottes aux mains et aux pieds, on l'embarque.

Finalement ils m'autorisèrent à enfiler un T-shirt et un jeans. Malgré tout, je grelottais dans le vieux cachot de ce commissariat. Je portais au cou le pansement de l'incident au hangar 7, mais lors de la fouille, les geôliers me l'avaient arraché avec une méchanceté imbécile. Ça me brûlait.

Je marchais du mur aveugle à la porte blindée. On n'échappe pas à son destin de bête en cage. La brûlure de l'acier, sur mes tendons, coupait mes chevilles. Pourtant l'immobilité était au-dessus de mes forces. Quand j'avais trop mal, je m'arrêtais devant les graffitis:

> Petit Momo, Gagarine en force.
>
> Nordine et Sam, 23 décembre 2002,
> pour braquage, salut aux amis.

« 23 décembre ». Pour ceux-là, ça m'étonnerait que le Père Noël soit descendu par la cheminée de la cellule des arrivants, à Fresnes ou ailleurs.

Mais, plus que tout, je gambergeais:

— Qu'est-ce qu'ils me veulent?

Mon pedigree n'augurait rien de bon, je sentais la patate et des gars comme moi n'étaient jamais présumés innocents. Tant de pauvres types avaient replongé pour de vagues soupçons: une rencontre fortuite dans un bar, ou le service d'un déplacement en bagnole. Mais précisément au moment où l'équipe se trouvait filochée par les chaussettes à clous. Résultat des courses : une belle « association de malfaiteurs »… et trois ou quatre piges au trou pour le malchanceux. Ma timbale de relégué ne pèserait pas bien lourd dans le plateau de Dame Borgne.

Toutefois, depuis ma sortie, je n'avais croisé personne de chaud. À part le passage chez Max.

Le bat-flanc de béton était recouvert d'immondices, de résidus de petits-déjeuners, de coquilles d'œufs durs, d'emballages argentés de *Vache qui rit*, de crachats et même, ici et là, de pisse séchée. Je choisis de rester debout en guettant la salle de police par le minuscule judas grillagé.

Vers huit heures, Sacha débarqua menottes aux poignets. Dix minutes plus tard, Houphouët le suivait, pareillement enchaîné. Le géant ivoirien dépassait de deux têtes les inspecteurs. Ses yeux exorbités roulaient comme les billes d'ivoire sur le tapis d'un billard. Les voir menottés me fit mal au plus profond de ma viande. Sacha avait la peau grise. Houphouët avait pris les postures craintives d'une victime des négriers. Maintenant, ils avoueraient n'importe quoi, ce que les keufs désiraient entendre. Je m'éloignai de la grille et repris la marche, sept pas dans un sens, demi-tour sur place et sept pas dans l'autre… Petit coup d'œil, sept pas, demi-tour, sept pas… La valse du détenu.

Je « baignais dans mon jus », comme ils disent dans le jargon de la maison Poulaga. Effectivement, je me tordais les boyaux de la cervelle pour essayer de deviner ce qu'ils savaient. Qu'avaient-ils bien pu monter contre moi ? L'éducatrice de Lannemezan m'avait prévenu : les flics ne m'acceptaient qu'à contrecœur dans la zone. Un inspecteur lui avait annoncé la couleur :

— Nous, on préférerait le savoir à la campagne entre quatre murs... ou entre quatre planches. Mais si vous nous l'envoyez, on s'en occupera...

— Celle-là, mettez-la moi par ici...

Le flic avait-il dit « celle-là »? Immédiatement je collais mon visage de la grille et... j'aperçus Louise.

Assise sur le banc de police, le regard apeuré, elle avait joint les mains entre ses cuisses, imitant un sexe de femme. Le sien. Comme si, avec ce signe de faiblesse, elle hissait le drapeau blanc. Elle portait le tailleur clair du boulot et son manteau beige était jeté sur ses épaules.

Je me retournais, j'expirais longuement en pressant mon front contre le froid du mur, espérant tout de cette sensation glacée. « Si je me retourne à cet instant, elle ne sera plus là. Oui, elle aura disparu... Ce n'est qu'un rêve... Un mauvais cauchemar après une sale journée de boulot ».

Je remis mon œil au judas. Elle était encore là, tassée sur ce putain de banc. Elle fumait nerveusement une cigarette, du bout des doigts, pendant qu'un gros flic, affichant un rictus de dragueur de supermarché, se penchait au-dessus d'elle pour l'envelopper de son paternalisme à deux ronds. Elle tentait de lui sourire, mais l'expression de terreur dans son regard contredisait la douceur de ses lèvres.

Sacha passa le long de la porte de ma cellule, sans doute pour aller pisser au fond du couloir. Il reconnut instantanément mon œil au judas:

— Eh!? *Tovarrritch*!

— Ferme ta gueule!

Le flic lui avait balancé une violente bourrade dans le dos qui le fit trébucher, il fut à deux doigts de terminer à genoux dans l'urinoir.

Maintenant Louise savait que j'étais là, derrière cette porte verdâtre et sale. Elle me cherchait du regard. Je ne bougeais pas. Sans doute n'apercevait-elle qu'une ombre derrière le grillage serré de la lucarne carrée. J'étais l'homme voilé de fer dans une *burka* moyenâgeuse qui pesait sur mon cœur d'une solitude inquiète. Dans son visage tendu vers la porte, je voyais d'autres images, d'autres lieux, des caresses et des instants intimes.

Pour le combat contre le système prédateur, il faut être solitaire, ne tenir à personne. Personne sur qui ils puissent peser, qu'ils puissent menacer. Les vieilles lectures d'adolescent remontaient comme un catéchisme révolutionnaire. Un poil de Netchaïev, une pincée de Bakounine qui m'obstruaient le cerveau. Je souris malgré moi. Par dérision, par désespoir.

À la suite d'un mouvement de protestation dans la cour de promenade de ma taule –c'était quand? si longtemps?–, ils avaient expédié des flics et des matons, armés jusqu'aux dents. Les casqués et les bottés nous avaient évacués, un à un, puis nous avaient mis à poil dans les coursives. Les rebelles sont plus faciles à mater quand ils ont les fesses à l'air, le premier GI venu vous le dira. J'étais nu, donc. Plus que nu: humilié. Ils me cernaient de près. Les matons, eux, étaient couverts de la tête aux pieds, depuis le cuir des bottes jusqu'à l'acrylique des cagoules. Et armés. Des fusils à pompes braqués sur moi, cran de sûreté levé, index sur la détente, prêts à décharger leur quota de plomb.

La rage et la désespérance totale produites par la démesure de ce rapport de force m'acculèrent à l'impasse du kamikaze: j'aurais voulu tirer sur le branchement du détonateur et m'envoyer en l'air avec ces foutues brutes autour de moi…

Moi qui n'aie jamais été suicidaire, la soif de mort, soudaine et impérieuse, avait battu à mes tempes.

Le lendemain, au cachot, j'avais tenté de réfléchir à cette pulsion jusque-là inconnue. Avant cet incident, lorsque je lisais ou entendais ce genre d'histoire, je me disais –comme tout le monde– qu'il fallait être un fou de Dieu, un barjot complet, pour se jeter comme ça, en bombe humaine, au milieu de la foule. Désormais j'appréhendais que la mort pût représenter une issue lorsqu'il n'y a aucune autre possibilité de se libérer, et que l'idée d'y entraîner l'ennemi pouvait constituer, sinon une réparation acceptable, au moins un palliatif à la colère. Lorsque les adversaires sont trop puissants et que, les armes à la main, ils ont assassiné l'avenir… quelle autre voie ? Lorsqu'il ne reste plus que des combattants isolés face à des armées de collabos, que peuvent-ils faire sinon en emporter le plus possible avec eux ?

La réalité kamikaze n'était pas l'expression fanatique de telle ou telle religion, mais bel et bien l'ultime réaction à un rapport de force disproportionné entre oppresseurs et opprimés. Qui est le véritable suicidaire ? Celui qui lutte et en meurt, ou celui qui renonce à combattre pour vivre un simulacre ? La liberté pouvait-elle valoir ce prix ?

Il était significatif que ce souvenir me revienne violemment à l'esprit, ici, dans cette taule pour civils. Je devais avoir tant de mal à vivre cet asservissement inattendu et sans issue que la mort restait le seul avenir possible.

Et ce désespoir collait bien à l'inhumanité du chtar.

Toujours menotté, j'entrai dans la pièce, contraint et forcé par deux matons. Un burlingue de commissariat, avec ses affiches administratives floquant les murs gris de plâtre jaune pisse. Une armoire métallique se dressait à chaque angle, comme deux boxeurs dans leurs coins respectifs. Un couple de bureaux du même gris occupaient le centre de la pièce. Sur celui près du vasistas, trônait un écran d'ordinateur. L'homme assis derrière l'espace surchargé de dossiers et de bibelots ridicules respirait lourdement. Chaque fois que j'entrais dans ce genre d'endroit, les traits du commissaire Bourrel réapparaissaient. *Les cinq dernières minutes.* Un souvenir d'un autre âge. Gamins, nous nous regroupions devant la téloche en *black & white* chez les voisins du quatrième. « Bon sang, mais c'est bien sûr… ! »

L'homme assis là avait aussi pris le teint gris de la maison Poulaga. Mais ce n'était pas Bourrel. C'était lui. Ballard, le flic que, l'autre soir devant le Foyer, Louise avait reconnu. La voix ce matin dans mon dos… C'était lui.

Mes gardes me poussèrent sur une chaise où j'atterris lourdement au point qu'elle en couina de sa plainte de ferraille. Immédiatement, l'inspecteur me toisa de sa prunelle noire. Exercice obligatoire, passage obligé. Comme lui, je le savais d'expérience. Refusant de plier à ce premier rapport de force, je ne baissais pas les yeux. Au bout d'un long silence, l'inspecteur toussota et parla. J'avais gagné. Maigre victoire mais, dans un recoin du cervelet de ce salaud, l'idée de vengeance faisait déjà son chemin.

— Tu sais pourquoi tu es là ?

Encore le rituel. Il débutait non par une accusation, mais par un constat que je me devais de partager. Je rassemblai la détermination froide dont j'étais capable, et la concentrai en un mot sonnant et clair :

— Non.

— Tiens donc!... Alors je vais t'expliquer... Tu connais le cercle *Armandi*? Une affaire qui roule, du genre à emmagasiner pas mal de picaillons, en fin de soirée...

Bien sûr que je connaissais son putain de cercle *Armandi*. S'y côtoyaient les flambeurs de tous poils, qu'ils soient de la Haute –politiques, patrons, magistrats– ou qu'ils besognent plus médiocrement dans de petits trafics louches. Mais j'allais mentir. Par fidélité à un monde où par principe, par une sorte de morale, mentir aux flics était un devoir.

— Non...

— En plus, tu me prends pour un con... Tu n'as ni la radio ni la télé, peut-être?

— Non.

Il me regarda avec un drôle d'air, mi-goguenard, mi-impressionné. Alors, il passa aux affirmations:

— C'est pourtant toi qui as fait le coup. J'ai trois témoins qui te reconnaissent formellement, dont un inspecteur assermenté... Tu nous as allumés au flingo, mon salaud... Et, foi de lardu, tu vas le payer!

Je n'esquissai pas le moindre signe de dénégation. Mais dans ma tête tintait la caisse enregistreuse des assiettes: tirer sur des keufs, ça valait vingt pigettes de dur...

— Et ne t'imagines pas que tu peux jouer au mariolle parce que nous n'avons rien dans les pognes... L'expertise est tombée ce matin. Figure-toi que le pétard utilisé est un SIG-Sauer P226! Ça te dit quelque chose?

Sur le coup, je pâlis. Il s'en aperçut. Ses épaules plongèrent en avant, au-dessus du bureau, comme s'il était sur un ring et cherchait le KO.

— Je constate qu'on s'est compris. Tu sais, je sais... On va donc éviter de perdre trop de temps. Selon nos sources, tu as acheté ce type de calibre...

Enfoiré de Max ! Malgré moi, j'avais serré les poings.

— Tu es le genre de mec à ne pas t'embarrasser : aucun scrupule à braquer les mias d'*Armandi*, aucun non plus, si le besoin s'en fait sentir, à défourailler sur les collègues… Tout cela correspond bien à ta marque de fabrique. Maintenant, ne raconte pas d'histoire, parce que t'es bon pour les assiettes… Tu y es en plein…

Il laissa planer un silence, qu'il brisa lui-même d'un soupir avant de reprendre :

— Alors le nave, t'as quoi à me dire ?

— Rien…

— T'as raison : nous sommes les meilleurs et toi, t'es un nul… un mauvais de chez Nullard… et tu vas crever en cabane.

Ballard se redressa, sourit béatement…

— Je t'ai eu et ça me plait assez… J'imagine que tu n'as rien à nous dire.

— Non !

Il se leva lentement, comme à regret. Il aurait aimé prolonger son triomphe sur la bête. En sortant, il avisa son collègue, resté planté comme un piquet :

— Bon, Gerbier, je te le laisse… Tu lui fais la totale hein !

Puis il me lança un clin d'œil appuyé :

— Je file chez sa gonzesse pour la perquise… Je vais trouver, je vais trouver…

Le second inspecteur s'assit devant le clavier.

— Nom, prénom, date et lieu de naissance…

La rage montait en moi comme de la lave. Adieu le plan de Dynamo. J'avais trop attendu. Trop attendu. Ils m'avaient niqué. Niqué. Un bleu à peine échappé d'un collège professionnel, d'une maison de redressement. Je m'en voulais au point de me planter jusqu'au sang les ongles dans la paume. À cet instant, j'aurais pu me la couler douce dans les îles et… Mais me voilà reparti pour un voyage à Fresnes. Encore la mauvaise carte :

Allez à la case prison.
Ne touchez pas deux mille francs

Je n'avais aucune illusion sur « la Justice de mon pays », ainsi que l'appellent les politiques marrons astreints à la barre. Oh non ! Je la connaissais trop bien : si les condés ne gaulaient pas rapidos les véritables auteurs du casse, je ferais ma peine jusqu'au bout, jusqu'au trou, jusqu'au fond.

— Je recommence. Tu étais où, le 26, à minuit ?

— C'était quel jour ?

— Vendredi dernier…

— J'étais à l'usine, comme tous les jours de semaine…

— Arrête ! Pas de connerie, tu veux ? On en sort comme on veut, de ce bordel. Tu crois qu'on ne le sait pas ? Un tour chez *Armandi* et, ni vu ni connu, tu reviens à la case TSTF… Tu crois vraiment que je vais croire qu'avec un pedigree comme le tien, tu te contentes de pointer à l'usine, allons donc ! Bon, alors je marque quoi ?

— J'ai embauché comme d'habitude, et j'ai débauché à l'heure…

— Quelle heure ?

— 5 h 21…

— Tu es sûr de l'heure ?

— Certain.

Gerbier tapa de ses deux index avec une sorte d'exaltation, puis il releva la tête…

— Fils de pute, je te tiens… Oh, je te tiens ! J'y étais, ce matin-là, devant ta putain d'usine. Oui, les autres sont sortis. Mais pas toi… Tous sauf toi. Tu m'entends, fils de pute : « sauf toi ».

Il voulait jouir de son triomphe jusqu'au bout, aussi se fendit-il d'une explication :

— Dans le coin, en ce moment, il n'y a que Tézigues capable de monter aux collègues un traquenard pareil. Alors, avec deux gars, je me suis pointé devant la TSTF… Malheureusement pour vous, vous n'avez pas décarré à l'heure… Ni le Ruskov, ni toi…

La stupeur de mes billes grandes ouvertes n'était pas feinte : depuis ma « condi », je n'avais jamais manqué une seule nuit. Pas une fois, je n'avais débauché plus tard que les autres. Où était-il aller pêcher cette ânerie ?

Pas une fois, sauf… Comment faisait-il, Bourrel ? « Bon sang, mais c'est bien sûr… ! »

Sauf la nuit de l'accident. Et c'était vendredi dernier !

Un rire secoua mes épaules. Gerbier releva les yeux. Je sentis la vie m'irriguer à nouveau, elle me revenait. Mon visage devait probablement irradier de jubilation.

— Et ça te fait marrer…

— Ouais. Plutôt… À quelle heure, votre braquage ?

J'avais parlé trop haut et trop clair à ses oreilles. Il en était légèrement désarçonné, au point de répondre à la question du suspect :

— 11 h 47, la fusillade entre 11 h 55 et 00 h 00…

Il avait prononcé façon bon petit soldat : « Zéro heures zéro zéro ». Je souriais toujours. Il tenta de se reprendre :

— Ne me raconte pas de salades, j'ai minuté : il faut moins d'un quart d'heure pour aller d'*Armandi* à ton taf… Ne me la joue pas, sinon… bordel, j'te casse en deux…

Dans mon dos, l'un des plantons ajouta :
— Et je lui filerai un bonus, inspecteur...
— Ouais, du gratos qu'on réserve aux vieilles connaissances. Donc, t'étais où ?
— À cette heure-là, j'étais bien à l'usine. Plus précisément au hangar 7... Des dizaines de témoins.
Il me coupa rageusement.
— Tes témoins, tu vas te les foutre au cul, car ce n'est pas deux vieux Melons, un Yougo et un dealer de shit qui impressionneront un jury d'assiettes. Et tu le sais... Alors ne chante pas de connerie.
L'autre m'avait empoigné par les épaules et me secouait comme on branle un olivier pour lui faire lâcher son dû de fruits noirs. Je savais que c'était inutile de résister. Il valait mieux le laisser faire.
— Bon, bon... C'est bon comme ça, lâche-le... Je reprends : où étais-tu vendredi à minuit ?...
L'inspecteur ajouta, avec un air mauvais :
— Pour tes copains, inutile de t'inquiéter. On va leur faire une petite visite. Ça m'étonnerait qu'ils insistent pour témoigner. Donc... Où étais-tu, le 26 à minuit ?
— J'étais au hangar 7. Au moins trente témoins pourront vous le confirmer...
Il repoussa sa chaise avec violence.
— Tu me prends pour un con... Allez, ramène-moi ça au ballon !

Les deux voitures de flic se présentèrent à la grille principale de l'usine. Le vigile ouvrit avec une sorte de raidissement, simulacre de garde-à-vous. Au ralenti, les véhicules se garèrent près du bâtiment administratif. Il pleuvait. Moteur coupé, les essuie-glaces poursuivaient leur course rapide sur le pare-brise.

Ce faux jeton de DRH cavala jusqu'à l'inspecteur, il montrait du doigt le vestiaire. Ils m'arrachèrent à la banquette arrière et firent de même avec Sacha, dans la seconde voiture. Nous marchâmes rapidement, courbés sous la pluie battante, jusqu'à l'auvent sur lequel l'averse tambourinait dans un vacarme chaotique. Giraud attendait en travers de la porte, les deux poings sur les hanches comme s'il allait en découdre. Il s'effaça à contrecœur, au dernier moment, devant le DRH qui ouvrait la route à la poulaille.

— Monsieur Giraud, veuillez nous désigner le casier de Branly… et celui de Tchernoritze.

C'était la première fois que j'entendais le nom de famille de Sacha. *Tcherno,* « noir » en russe. La finale laissait supposer des origines géorgiennes… Sacha entra. Il n'osait pas me regarder dans les yeux et fixait ses souliers comme l'émigré qu'il était. Même en règle, la trouille de se faire balluchonner, direction la Russie postmoderne, était toujours là. Les flics savaient manier ce genre de peur, et avaient dû le cuisiner avec quelques menaces d'usage, façon leçon de morale :

— Comment ?! Vous fréquentez des salauds du genre à tirer sur la police ? Et pas qu'une fois, encore… Rien que la semaine passée…

Les flics balancèrent en vrac nos maigres affaires sur le banc. En vain, malgré leur zèle à éplucher nos trois frusques. Ils nous firent ensuite grimper à la salle de repos. Trois gars s'éclipsèrent par la porte du Donjon. Les inspecteurs retournèrent les matelas, fouillèrent le placard à balais. Toujours rien. Par la fenêtre, Gerbier lança un coup d'œil circulaire. La vaste étendue de l'usine le préoccupait. Quand il se retourna, nos regards se croisèrent et, dans ses yeux, je lus « C'est là, quelque part… Bien planqué mais c'est là, je le sais comme deux et deux font quatre ». Il respirait bruyamment.

À peine sorti, j'aperçus Goran qui courait vers nous. Les deux boiteux le suivaient, cahin-caha. Qui avait pu les prévenir ? Un gars de jour ? Un 3/8 ? Et eux, du plus profond de leur nuit diurne, ils s'étaient relevés et avaient foncé jusqu'à l'usine. Goran était essoufflé :

— Toxic, qu'est-ce qui s'passe ?

Le flic tira sur la chaîne qui prolongeait mes menottes :

— Ne lui adressez pas la parole !

— Ils m'accusent d'un braquage… Vendredi dernier, à minuit… Tu as compris ? Vendredi. Minuit.

— Toi, ta gueule !

L'injonction avait été appuyée d'un violent coup de coude dans les côtes. Goran fronçait les sourcils, cherchant à comprendre, puis son regard s'alluma et il cligna de l'œil d'un air complice. Il répéta, stupéfait :

— Vendredi à minuit !

— Taisez-vous et éloignez-vous, sinon…

Le flic insistait, devenant menaçant. Derrière l'épaule de Gerbier, le DRH en rajouta une couche :

— Monsieur Gregovitch, je vous en supplie, ne compliquez pas la tâche des forces de l'ordre… Ces messieurs ne font que leur travail…

Le Chibani était enfin parvenu jusqu'à nous, clopin-clopant. Il rouspétait, ne cessait d'agiter sa canne à la façon d'une trique en répétant :

— Comme pendant la guerre d'Algérie, nom de Dieu ! Comme pendant la guerre d'Algérie…

L'air affolé, les flics surveillaient l'énergumène, mais aussi d'autres ouvriers qui quittaient le hangar voisin. C'était ceux de la « Cégette ». Ils se rapprochaient lentement, s'interposant entre les condés et les véhicules, comme pour leur couper la retraite.

Le DRH se fit implorant :

— Monsieur Gregovitch…

Il se décomposait à vue d'œil, on aurait cru qu'il s'agissait d'une descente inopinée de la DRIRE… Gerbier tentait de maîtriser son affolement grandissant. Il était en train de se dire qu'il aurait sans doute dû prévoir un groupe de casqués, avec boucliers, matraques, gaz lacrymos… le toutim, quoi. Il me tirait vers la voiture quand j'entendis, dans mon dos, Goran lancer :

— On va bouger, les gars ! On va vous sortir de là…

Quand je me suis retourné, il courait déjà en direction des bureaux de la Direction, poursuivi par nos deux éclopés fulminants.

Moi qui n'avais jamais compté sur personne, j'espérais un miracle, n'importe quel miracle…

La journée passa sans surprise, rythmée par quelques interrogatoires bidons. Cinq, dix, vingt fois les mêmes questions. Ils semblaient si sûrs de leur fait que moi-même, au bout d'un moment, je finissais par douter. Et si Goran ne parvenait pas à « bouger », si tout le monde se taisait à cause de la fameuse « peur du gendarme » ? Les ouvriers, l'ingénieur, les pompiers, les infirmiers…

Puis, ils me bouclèrent pour la nuit dans un cachot plus sale encore que le précédent. J'attendis le matin en exécutant rageusement ma valse du taulard : sept pas, demi-tour, sept pas. Quand les va-et-vient m'enivraient trop, je me laissais tomber sur le banc. J'y avais déplié le sachet dans lequel, la veille, ils m'avaient amené un sandwich sec et une pomme. Instantanément, le papier s'était collé à la crasse incrustée dans le bois.

J'étais sans montre, évidemment, mais j'estimais qu'il était environ huit heures… Rien ne semblait vouloir « bouger » et ma valse me tint lieu de petit-déjeuner. Puis il fut neuf heures, puis dix… Toujours rien…

Vers onze heures, un inspecteur passa me dire qu'à 14 h 00, ils me conduiraient au Palais. Merde, ils m'expédiaient devant le juge ! J'étais bon pour de la préventive, le temps de contrôler mes déclarations, celles des témoins. S'il y en avait ! Il est clair que ma « condi » s'écroulerait par la même occase. Deux ou trois piges au moins, s'ils n'étaient pas trop larges. Je ne pouvais en vouloir qu'à moi-même. Alors je n'avais plus qu'à me préparer à la plongée… Remplir les ballasts, visser les écoutilles l'une après l'autre, rentrer le périscope. Fresnes. Je revoyais, très nettement, le parcours des arrivants : la fouille, le paquetage, le greffe. Le grand couloir de parquet ciré.

Le bureau du juge était au quatrième étage d'un nouveau palais de verre et d'acier. À peine débarqué à la souricière, je redémarrai vers l'ascenseur, encadré par Ballard et Gerbier toujours souriants, sûrs d'eux. Ils avaient accompli leur devoir et livraient leur cargaison de mauvais garçon. Le système tournait rond, et la matière première de la machine judiciaire ne valait pas grand-chose, surtout le récidiviste premier choix. Même que les canards causaient de moi : j'avais allumé du condé, et de sang-froid encore. Le vieux cheval de retour était irrécupérable. La totale, les scribouillards avaient fait tout le travail du procureur, celui du jury et, dans la foulée, prononcé le verdict. Mais c'était « dans le journal », alors…

Le planton de l'étage avertit son collègue :

— Regarde, c'est lui !

L'autre me jeta son regard haineux réservé à la mauvaise graine. Un couloir, un autre couloir. Ballard n'hésitait pas, il connaissait le chemin. Il y venait toutes les semaines, du bon côté du manche.

Il frappa à une porte qui annonçait clairement ce qu'elle dissimulait : *Juge d'application des peines.* Pas le temps de me poser de questions, ils m'avaient poussé dedans. Sans lever les yeux des papiers étalés devant lui, le JAP donnait ses ordres :

— Asseyez-vous... Détachez l'individu.

Les flicards s'exécutèrent.

— Alors monsieur Branly...

Petit bruit de succion.

— Pas la peine de vous expliquer.

Nouveau suçon. La salive vagabondait dans une dent creuse... Mon cas était déjà emballé dans un joli papier cadeau, et le JAP faisait durer le plaisir.

— Je sais vous n'y êtes pour rien.

Il avait laissé choir ça lourdement. Je mis une seconde à comprendre. Il avait l'air dépité de ce constat, mais beaucoup moins que les deux poulets à mes côtés, sur les pieds desquels l'affirmation était tombée.

— Le procureur de la République m'a appelé ce matin... Vous n'avez rien à voir avec l'affaire *Armandi*, c'est un fait... D'ailleurs, mon collègue en charge du dossier n'aura même pas besoin de vous entendre...

À nouveau sa drôle de sussion humide.

— Je vais tout de même vous montrer quelque chose.

Comme s'ils avaient répété leur petite scène, la greffière me tendit une feuille, par-dessus son petit bureau, sur le côté. J'allais me lever, mais Gerbier la saisit pour me la passer. Au premier coup d'œil, je reconnus le formulaire :

RÉVOCATION DE LIBÉRATION CONDITIONNELLE

— Oui monsieur Branly, je l'avais signée… Mais voilà, pour l'instant tout est suspendu… Non pas parce que vous êtes innocent, le simple fait que vous vous soyez procuré une arme me suffirait.

Il ne me laissa pas réagir.

— Oui je sais. Je ne peux rien prouver… Ni moi, ni l'inspecteur Ballard ici présent… Mais j'ai dans l'idée que vous avez effectivement été en possession de ce pistolet. Je vous connais, vous et tous vos semblables. Vous ne pouvez pas vivre sans dissimuler une arme quelque part, prête à l'usage… Au cas où, n'est-ce pas ?

Théâtral, il laissa retomber le silence…

— Pourtant, et je ne sais pas comment vous vous y êtes pris, quelqu'un est intervenu en votre faveur. Quelqu'un d'efficace. Je me résous donc à vous libérer… pour cette fois !

Mon cœur avait fait un tel bond dans ma poitrine que j'eus beaucoup de peine à le cacher. Je baissais d'avantage le menton. Gerbier se racla la gorge. Son supérieur s'agita dans son fauteuil. La pilule était foutrement amère. De l'autre côté du bureau, le JAP poursuivait sa péroraison :

— On me force la main. Vous le comprenez, n'est-ce pas ? Je l'espère pour vous.

Encore son chuintement, un tic nerveux sans doute.

Sa voix se durcit encore pour passer dans le registre moral.

— Nous considérerons donc qu'il y a… comment dire ? Match nul… Voilà : match nul. Pour l'instant –je dis bien pour l'instant !– c'est « balle au centre »… Vous avez saisi ? La partie reprend… Au revoir, monsieur Branly.

Il avait souligné son « Au revoir », comme s'il ne doutait pas de me revoir, justement. Il se replongea dans ses papiers, lançant un geste du bras en direction de la porte. J'hésitais à me lever.

— Allez, allez… Ouste !

Et il refit le geste, de la main seule.

Je sortis de là avec un soulagement évident, étonné de ne plus sentir de poids des menottes. J'avais à peine parcouru quelques mètres lorsque les deux plantons, affolés, le plus jeune tentant maladroitement de dégainer son arme, me tombèrent dessus :

— Ne bouge pas, ne bouge pas…

Gerbier apparut dans l'encadrement de la porte.

— C'est bon les gars, c'est bon… Il est libre.

Pendant que j'attendais l'ascenseur, les flicards grognaient dans mon dos :

— Ça tire sur les collègues et ça se barre, peinard… Putain… Ça ne peut plus durer, j'avertis le syndicat ! Y'en a que pour la racaille, bordel !

Devant l'entrée principale, Goran m'attendait. Il lisait *L'Équipe*, les pages largement ouvertes sur le volant de sa vieille Peugeot.

— Viens prendre une douche à la maison, et ce soir… ben, on ira bosser ensemble…

Dernière tentation

Ce soir-là, j'ai embauché comme si de rien n'était. Néanmoins, les collègues me permirent de dormir une bonne partie de la nuit. Sacha n'eut pas cette chance. Jusqu'à 2h00, il embrassa sa mangeuse d'hommes, sa chère Svetlana, vampire des vies ouvrières. Lorsqu'il se mit à tituber de fatigue, les gars le remplacèrent deux heures consécutives. Il s'était écroulé, sur le matelas voisin du mien, en abandonnant une plainte sifflante d'épuisement.

Les jours suivants, la fausse existence reprit son cours, avec ses habitudes, ses lâchetés aussi machinales que la respiration, avec leurs concessions aux « bonnes mœurs » de notre temps : marner, consommer, marner… et aux fonctions originelles, primitives et animales : manger, boire, pisser, baiser… S'occuper, quoi. C'est-à-dire occuper sa viande, son esprit, accomplir sa destinée physiologique. Perdre du temps, oublier l'instant, s'éloigner de la vie, participer à l'agitation inutile mais commune, sociale.

Moi, j'avançais comme si j'étais pareil à eux tous, une bête besogneuse, similaire. Je craignais de croiser un miroir, de peur de m'y découvrir gris et poussiéreux.

Refuser la survie quotidienne des « Endormis » –je lisais alors un Grec qui parlait des « Endormis ». Héraclite, je crois–, refuser cette absence à sa propre existence, et à celle de ses semblables –reflet du reflet, écho de l'écho–, c'était prendre le risque de n'avoir plus rien.

Face à la pesanteur du réel, je n'entrevoyais que deux solutions conformes à la condition d'humain. Soit s'attacher à expérimenter cette réalité, à sortir de la vie minuscule pour affronter sa responsabilité d'homme, son aventure personnelle et celle des autres, militer à la transformation de la spirale de non-vie, en faire une existence digne d'avenir. Soit trouver le moyen individuel de s'évader: en poussant la lucidité jusqu'à son degré maximal. À savoir le désespoir absolu.

Tout le reste n'était que renoncement, absence, survie.

La vraie vie ne nous habite qu'à partir du moment où nous la désirons vraiment, au point de nous mettre intimement en danger, quels que soient les risques: la fragilité, la paille d'un cachot, la misère, la mort… L'étrangeté aux yeux des autres.

Toutefois, dans les jours qui suivirent notre aventure au pays des keufs, un petit bonheur –sans nom, fragile, inconsistant– pointa son nez quelque part au fond de moi. Plus intriguant encore, je me rendis compte que je n'avais pas de mot pour l'exprimer.

Le cocktail était pourtant très étrange. À cette forme inconnue d'allégresse légère se mêlait l'inquiétude d'une menace diffuse. Flics et juges n'allaient pas me lâcher comme ça. C'était une question de semaines, de mois. Mais il arrivait qu'une joie confuse dominât la crainte omniprésente.

Je savourais alors l'air du matin. Comme ça, pour rien. Pour le seul plaisir de n'être pas embastillé. Par amour d'une aube posant ses aquarelles délicates sur le fleuve. Par plaisir de voir la profondeur verte de la nuit poser sa tête délicate sur le bois de la colline, comme sur un oreiller.

Mais quelquefois le poison de l'appréhension prenait le dessus. Ainsi, les Blacks du Foyer me surveillaient du coin de l'œil. Certains avaient franchement peur de moi après la galère qui avait entraîné Houphouët au trou. Cela se percevait de l'extrémité des synapses, mais tout net et tout cru. Deux ou trois avaient demandé à changer d'étage. Une ambiance qui me rappelait la taule, les fuites discrètes, entre midi et deux, le soir après la fermeture :

— Monsieur le directeur, je ne suis pas en sécurité au troisième…

Alors le soupçon ouvrait la porte au marchandage, donnant donnant, balance pour balance :

— Il faudrait m'en dire plus, qui est-ce ? Untel ? Machin ? Ce voisin-ci ? Ce voisin-là ?

En revanche, d'autres locataires du Foyer me voyaient comme un héros bombant le torse, genre *Maciste contre les vampires*! J'avais osé affronter les Titans. Sans doute s'imaginaient-ils que, le soir venu, j'enfilais mon collant bicolore de *Superman* pour aller dégommer du condé, casser du flic, occire du pandore… Autant de salauds qui les terrorisaient chaque jour à coups de contrôles d'identité, à un carrefour, dans un couloir de métro… Il m'arrivait de recevoir d'eux, avant de partir au turbin, en guise d'offrande respectueuse en quelque sorte, une part de leur cuisine : du mafé aux arachides, une assiette de bananes plantain, frites et surmontées d'une cuisse de poulet grillée.

Mon petit bonheur indiscernable, c'était elle peut-être.

Un soir, à la sortie de l'usine, Louise se jeta dans mes bras.

— J'ai pris ma journée…

Elle se relevait lentement de son passage au commissariat, plus forte sans doute. Elle y avait perdu quelques illusions sur le système, ayant franchi la barrière de la fameuse honnêteté réputée inattaquable. Les compagnes de repris de justice étaient légion dans cette banlieue. Elle « s'y ferait », en tout cas, elle le répétait avec une pointe de provoc, dans le ton, dans le regard.

À moins que ce ne soit eux. Mes « bras cassés ».

Au boulot, ils me bichonnaient. Ils avaient enfin déchiffré ma vie de sursitaire, avec sa certitude carcérale comme un vieux boulet rivé à la cheville qui me tirait inexorablement en arrière, vers le pays du bagne, des murs, des grilles.

Cette évidente camaraderie était faite pour me surprendre.

Et tout d'abord leur immédiate solidarité. Elle ressemblait tant à celle des bons bougres échoués dans la coursive des durs-à-cuire. Ceux qui refusaient de regagner leur cellule, le soir des mises à l'isolement ou des tabassages au mitard. Ceux qui sont là pour les coups de Trafalgar. Pour la vraie baston, lorsque la forteresse tire à boulets rouges pour incendier les œuvres vives des vaisseaux pirates. Par-dessus tout, ils m'évoquaient mes landes pénitentiaires, non comme une contrée lointaine ou exotique, mais comme un endroit pas très loin de chez eux, un pays limitrophe, une case possible lorsque tourne la roulette de la vie. Celle des pauvres. Un pays qui pesait sur leurs existences non pas d'ouvriers, mais de « boulots » comme ils le disaient. Omniprésent, menaçant, ils pressentaient ce monde-là.

Confusément sans doute, mais instinctivement. « Libérez nos camarades », le slogan dont on se moque quelquefois, à notre époque postmoderne, parlait encore une langue ancienne à la chair ouvrière. D'une voix grave, comme on pince la corde d'une collectivité toujours vivante, comme on caresse de l'archer la vieille rengaine.

Depuis cette douche d'un soir de taule, chez Goran, j'étais devenu coutumier de son pavillon, lequel s'organisait dans un banal, un commun familier des logements de l'ouvrier moderne, adepte de saint Crédit-à-la-consommation. Canapé en peau de vache, table basse, écran plat LCD, cuisine *Schmitt* Ocre-de-Provence…

Mais mon Yougo préservait son jardin secret et, la première fois qu'il m'y entraîna, je ne compris pas tout de suite. Il nous servit un bol de café, puis me tira par la manche.

— Prends une poignée de *Pepito*, on descend… On sera plus tranquilles en bas.

À l'entresol, il y avait ce qu'il appelait « son atelier ». Un vaste domaine de mec, capharnaüm d'outils, de cartons, de vieux papiers. Je posai mon bol sur l'établi. En face de moi pendait au mur un calendrier mensuel décati, bloqué sur le mois de juillet de l'année 1987 et sa belle brune en bikini bleu pétrole, chevauchant une Triumph Bonneville. Plus à gauche, la photo ancienne d'une équipe de la TSTF était là pour représenter la grande époque. On aurait pu croire à ces photographies de classe, si elle n'avait pas saisi des gonzes souriants bien loin du cours élémentaire. Ils s'y amassaient bras dessus bras dessous. Entre la *pin-up* et les vieux de la vieille, une affiche appelait à un meeting à la Mutualité pour soutenir le Vietnam révolutionnaire, encore déchiffrable malgré le papier jauni.

Me regardant lire, il crut bon d'expliquer :

— Eh oui… J'ai été membre du Parti communiste révolutionnaire…

Devant mon air ahuri, il précisa, comme s'il se justifiait :

— Un truc maoïste de l'époque… bah ! Sans importance… Depuis la dissolution, je n'ai participé à rien. Je ne suis resté que dans les coordinations de base, à l'usine…

— Et pourquoi pas à la CGT, comme les anciens gauchos, les trotskards ?

— La « Cégette », hein ? Une certaine fidélité, je suppose… pour porter le deuil de la Libération, peut-être… Je crois tout simplement que je ne veux pas revenir en arrière… Au comité de base, nous avions rompu avec le syndicat.

Il se retourna et fouilla l'un des cartons.

— Où ai-je mis ce machin ?

Il finit par en extirper une revue ronéotée. Quand il me la tendit en marmonnant un « Tu jetteras un coup d'œil », je souris malgré moi à son titre explicite :

LIQUIDONS LE PATRON !

Puis, en plus petit :

Bulletin du comité de base TSTF
décembre 1972

Pendant que je feuilletais, il brancha sa platine vinyle, un modèle qui ne devait plus être côté à l'Argus depuis belle lurette.

La pègre, on en est.
La chienlit aussi.
Des éléments parfaitement incontrôlés,
Des indésirables,
Des autres enragés,
Et quelques milliers d'groupuscules isolés.

Et il reprit le refrain, à pleine voix :

Nous sommes tous
Des dissous en puissance.
Nous sommes tous
Des Juifs et des Allemands.

Je compris qu'en camarade, il partageait son île avec moi, tout simplement. Après sa chanson, il baissa pour me dire :

— Tu sais, je n'ai rien oublié de cette époque.

— Je le constate.

— Quand ça va mal, je me planque ici. J'écoute quelques disques, je relis des bouquins, mes revues…

La conversation en vint petit à petit à la taule, aux flics ; puis revint sur le boulot de l'équipe, la crainte de la fermeture et cette foutue retraite anticipée destinée aux plus de cinquante berges. Comme lui.

— C'est inévitable. Ils délocalisent de la production dans les pays producteurs des matières premières ! C'est devenu plus rentable de fabriquer la Saloperie là-bas. Avec tout *a minima* : les salaires au lance-pierres, la sécurité à zéro… Tu te souviens de l'*Union Carbide*, l'usine de Bhopal ?

— Ouais, vaguement…

Je sentis que cette indifférence l'énervait.

— Putain, mais tu te souviens sûrement… Plusieurs dizaines de milliers de morts, des invalides par centaines de milliers…

Il prit un ton fataliste, désabusé.

— T'as vu une seule manif, dans l'un de nos chers pays, pour protester contre ce terrorisme de masse ? Pour demander l'arrestation du patron américain coulant une retraite dorée, tranquille aux *States* ? Ici, on s'en fout, on fait comme si de rien n'était… Un simple accident « dramatique » et puis on passe à autre chose… Si la Saloperie pétait ici –la cuve 14, la 11–, elle ne tuerait que trente personnes, cinquante tout au plus... Des copains, bien sûr, nous peut-être. Mais là-bas, c'est toute la ville qui a été ravagée : AZF puissance mille ! Et question indemnisation, des clopinettes ! Ils courent toujours après...

Il se tut soudainement. Laissa le silence s'installer puis reprit avec chaleur :

— Je sais, je ne devrais pas... Je t'emmerde avec ça. Toi qui as passé la nuit au trou.

— Dans les geôles des mercenaires du grand capital !

Et on rigola d'un rire complice, fraternel.

Dans sa Peugeot, alors que nous allions à l'usine, il ouvrit avec des gestes précis le cendrier de bord, alluma un clope et baissa la vitre. Des gestes non prémédités, mais qui s'enchaînaient avec naturel et authenticité. Comme la nuit, au Donjon, face à son pupitre de chef d'orchestre industriel, il dominait à chaque instant la situation. Comme si chacune d'entre elles était autonome mais, simultanément, associée à une autre, plus loin, plus tard. Et il en ferait le tour, dompterait le tout avant de passer aux cas suivants, et ainsi de suite. J'enviais cette capacité : elle n'était pas feinte. Moi, je n'y parvenais pas. Je n'avais jamais su. Je me retrouvais trop souvent en porte-à-faux, maladroit, sans répartie, avec l'impression de ne pas vivre les mêmes choses au même instant, de louper les occasions qui se présentaient. Je vivais une sorte de décalage et d'incompatibilité inachevée. J'avais conscience d'avoir essayé de compenser cette carence par la drogue, la marginalité, la fuite dans l'action, l'existentiel brutal et violent. Je recherchais le « tout ou rien » avec un manichéisme avide, peut-être lumineux certaines fois. J'aimais que les phrases soient écorchées vives, croix de goudron noir sur la toile claire, le côté sombre de Soulage. Le mot sorti de l'acceptable, de sa vulgarité convenue, devenu capable d'incendier sa phrase.

En tant que délinquant, j'étais indéfendable. Mais en tant que mouflet d'une cité ouvrière des années soixante, sans rien pour illuminer un avenir inexistant, ou lui fournir une alternative à la simple subsistance qu'était la vie qu'on nous vendait, j'incarnais le prototype même du suicide judiciaire, collectif à toute une génération.

Pendant que je naviguais sur mes vieux démons, Goran revenait aux siens :

— Tu sais, Grégoire et Paul sont aussi des anciens du comité de base. Le Chibani pareil… Lui, il appartenait au MTA, le Mouvement des travailleurs algériens. Des tout premiers comités « Palestine », aussi.

Il rigola au souvenir du vieux avec sa canne :

— T'as vu, toujours un vrai roi de la baston… Avec les bouchers de Barbès, ils affrontaient les fachos du Betar sur les boulevards.

Comment l'imaginer, avec ses pompes de gigolo, ailleurs qu'à la salle Wagram ?

— Léo, lui, il a traficoté contre Franco, avec des poseurs de bombes… Dans sa bicoque, il a planqué des armes et des explosifs. Si, je te jure ! Au comité, nous ne faisions qu'un, comme aujourd'hui à l'équipe de nuit… Ça fait si longtemps ! Car dis-toi bien que… Si une baguette de bambou est facile à rompre, dix baguettes sont dures comme l'acier.

— Toujours tes trucs chinois, hein…

Je revoyais les dizaines de livres rangés sur une étagère du sous-sol, sentinelles de la gloire maoïste.

— Ouais, il n'y a rien de mieux que la sagesse populaire… On peut apprendre beaucoup des masses, et il le faut…

Il sourit en citant de nouveau :

— *Savoir que le savoir ne peut pas tout connaître demeure le plus grand des savoirs.*

Quelques jours plus tôt, quelques heures en arrière, j'aurai probablement haussé les épaules à ces conneries d'ancien combattant prochinois. Je l'aurais trouvé pitoyable, sachant les commémorations de défaites qui étaient les leurs, ce vocabulaire navrant hérité du collectivisme : « les camarades », « la lutte contre l'impérialisme », « les tigres de papiers » « nous, les exploités ». Tout ça m'aurait gonflé et, sans doute, aurais-je dégotté un prétexte pour décamper et fuir le vieux Goran, son œil de verre et ses réminiscences prolétariennes gluantes comme des renvois gastriques.

Mais je restais là, immobile à l'écouter. Pour la première fois depuis longtemps, j'appartenais à l'étrangeté de cet instant.

Depuis ma garde à vue, je regardais ces mecs d'un autre œil. J'étais sorti de ma réserve, je leur parlais. Je n'avais jamais autant causé depuis des années. Au début, je répondais sans pour une fois chercher à m'esquiver, puis nous finîmes par discuter, de tout et de rien. Au fil des soirs, qui se prolongeaient maintenant en une palette de rouges sang, nous entrâmes dans de véritables discussions. Je leur racontais mes années de prison, eux leurs années de TSTF. Ils posaient des questions en mitraille, je tentais de leur expliquer, entre deux canettes.

Finalement, ils n'hésitèrent plus à évoquer devant moi des sujets qui leur étaient communs. Voire à étudier leurs « coups » devant moi.

Ainsi tomba, un soir, une phrase mystérieuse :

— La première commande est de deux tonnes huit. Et il la faut avant le 15.

— Il faut commencer à mettre de côté… dès cette semaine.

Cet échange m'intrigua au point que je ne résistai pas à poser la question :

— C'est quoi ce plan ?

Ma curiosité ne les gêna absolument pas. Goran répliqua cependant, sans hésitation :

— Ne te mêle pas de ça, Toxic. Tu es déjà dans la merde avec Ballard, inutile de prendre des risques.

Il hésita avant de reprendre :

— On aura simplement besoin du G9, ça nous facilitera le convoyage. Personne n'a besoin de le savoir…

Le lendemain soir, je vérifiais avec Sacha les canalisations. Il me surveillait, inquiet comme si j'allais repérer une tumeur ou en profiter pour caresser l'un des nichons d'acier de sa belle.

— Rien de grave dans l'immédiat, mais tu laisseras un mot pour la *Securitate*… Explique bien à Jeannot, ce genre de bruit…

— Tou lo fais ou jau lo fais ?

J'avais oublié ses problèmes d'accent.

— Je le ferai…

À cet instant, le G9 passa au ralenti le long de la grande cuve. Tous phares éteints, il traînait du cul, lourd sur ses essieux. Bob Yeux-bleus précédait le convoi sur sa bicyclette. Son ombre furtive se découpa sur la tôle de la cuve quand il franchit le poste 14.

Je choisis de les ignorer et de continuer le taf avec Sacha. En fait, je m'attardais de plus en plus souvent avec lui. Afin de le soulager dans le boulot, mais aussi pour boire un café et discuter. C'était un mec intelligent, il disait qu'il ne travaillait qu'en attendant un bon contrat dans un cabaret. Mais il aimait ce travail au point d'en avoir presque honte, il savourait la débauche d'énergie, l'absence d'Être quasi animale. Une attitude qu'il portait en sorte d'héritage de la culture soviétique du productivisme, un devoir héroïque à la façon d'une religion d'État, une manière d'appartenir au monde. Il parlait, il parlait et s'essoufflait… D'un geste bref, il épongeait la sueur et reprenait.

— Regârd'cette connerrrie… Vois; je souis au poste de commande. En fait je dois rrrester là, ici…

Il marqua le poste d'un coup de talon.

— Mais… S'y a oun problème à la canalisation, et si jau poux pas couper le prrrrocessous par la console, jau dois aller…

Il fit cinq pas vers le pilier et désigna un point du doigt.

— Jau dois aller là… Tou vois? Pourrr la vanne. Parcequeu si ça pète à ce moment prrrécis, j'en prrrends plein la guoule.

— Ouais, c'est sûr… T'en as causé avec l'ingénieur?

—Quand jau pourrrais? Il dorrrt au bureau… Ici perrrsonne vient. Jau n'ai vou que le chef de poste.

— Et alors…

— Il m'a répondu que c'est « étoudié pourrr »… que ça marrrche comm'ça depuis toujourrrrs…

— Quel connard, celui-là! Il s'en fout, tu parles… Ce n'est pas ce rond-de-cuir qui a le cul sur la Saloperie… Je ferai un mot à Giraud.

Je marmonnais pour moi « canalisations et vannes » en extirpant mon cahier de la poche. Il servirait aussi à autre chose qu'à mes marées de mots.

Un samedi, à l'aube, je filai de l'usine avec une demi-heure d'avance. Je sautai le grillage le long du quai, traversai la Seine par le pont du chemin de fer et marchai jusqu'à la gare, en suivant le ballast. Ni vu ni connu. Arrivé à Paris, je pris soin d'enchaîner un circuit en métro, puis à pied, afin d'être certain de ne pas avoir été accroché par les flicards.

Sûr de moi sur ce point, j'entrai, vers neuf heures, dans une agence de voyage. Je ramassais toute la documentation disponible pour la destination « Caraïbes ». Pas de retour envisagé : aller simple.

De terrasse en terrasse, devant un bock, je songeais à l'affaire. Je pillerai le pavillon de Chatou et décarrerai fissa vers la première frontière et le large… Hissez grande voile et brigantine ! Holà, parés à la misaine pour les focs et les bonnettes ? Le soleil allait brûler ma poitrine malgré la chemise, entre Antigua et l'Île de la Tortue.

Au fait, *quid* du compte de Max ? Salope de donneuse ! Comment faire ? Sa tête de faux frère rigolard s'imposait à mon souvenir et une boule de haine serrait ma gorge à cette seule évocation. Je m'en occuperai cette nuit-là ! Je me mis à établir de nouveaux minutages qui passeraient par la planque de cet enfoiré.

Ce même samedi d'escapade, je dormis près de la gare du RER de Nanterre-Ville, dans un hôtel pourave. Au matin du dimanche, aussi tôt que possible, je me mis en planque à Chatou, histoire de faire une ultime vérification avant l'emballage final. Le premier constat était juste : le vieux vieillissait dangereusement et, là encore, je n'avais pas une semaine à perdre.

Sur le chemin de retour, j'essayais de me convaincre :

— Tout est prêt ! Ce sera dimanche prochain… et je ne recule plus.

Mardi matin, aux alentours de cinq heures, je grimpai au hangar 11. Mon calibre patientait, bien sage. J'avais amené une burette d'huile. Près du vasistas, j'étalai un journal sur le sol et à genoux, je démontai l'arme. La faible luminosité de l'aube douce et rose, de plus en plus précoce, tranchait avec l'artificiel jaune orangé des projos de nuit. Je chargeai les deux magasins, mes doigts avaient conservé le souvenir de chaque geste, avec précision, jusqu'au contact avec le cuivre brillant des balles. Pourtant, je ne ressentais aucune de ces excitations que j'attendais, que je connaissais si bien. Elles n'étaient guère au rendez-vous de l'adrénaline, lorsqu'elle transforme la présence du corps, son agilité, sa texture. Dans le temps, j'avais baptisé cela, par dérision, « le sang du scorpion ».

En revanche, alors que je repliais les chiffons et le sac, j'eus la crainte que les gars de l'équipe le sachent, qu'ils soient déçus, blessés de ce secret.

Le sentiment s'accentua en entrant au Donjon.

— Tu en fais une tête ?

Goran m'observait de son unique œil vif. J'aurai voulu lui faire partager le plan de Dynamo. Mais je ne le pouvais pas. La vieille règle du carcéral avait repris le dessus. « Tout dissimuler, tout trahir sauf toi, solitaire ».

L'enseignement de la zonzon permettait de survivre et surtout d'avoir la paix avec la pénitentiaire. C'était d'ailleurs grâce à cela que je bénéficiais de la fameuse « liberté conditionnelle » que les fonctionnaires et les magistrats appellent pompeusement « réinsertion ». Ce n'est rien pourtant que la remise dans le circuit des mangeurs d'hommes, avec une pente directe vers la récidive. Dans le Pays-du-dedans, je n'avais jamais connu une seule qualité humaine qui soit valorisée. Toujours l'apologie de la bassesse, la soumission hypocrite. Tout le folklore du paraître, du dissimulé.

Et Louise ?

Merde. Ben… Elle passerait à l'as.

Depuis des jours, je me voulais plus attentionné au point d'en être plus maladroit qu'à l'accoutumée. Mais elle pressentait ma rechute, même si elle ne me disait rien, comme pour ne pas me gêner cette alternative à notre histoire. Quitte à retourner en prison, elle savait que je préférais y être contraint pour ce que j'avais fait. Une anticipation de ma récidive, en somme. Et elle avait raison.

Pourtant, depuis mon amitié avec Dynamo, je n'avais jamais été aussi proche d'un être humain. Il n'y avait pas que l'amour, non, c'était autre chose, plus naturel, plus fraternel. Fraternel, oui : une sorte d'inceste que j'aurais habillé d'une histoire d'amour.

Les quelques aubes qui me restaient sur la tour, allongé à l'air frais, bercé par la brise sur le courant du fleuve, les yeux fermés, je me repassais mon film, mon plan.

6 h 30, je passe chez Max au moment où, chaque matin, il sort les poubelles de son bouiboui. Deux bastos dans le crâne pour le rectifier. Juste le temps d'attraper le RER et je débarque à Chatou, direct au pavillon. Je prends le vieux au saut du lit. Casse. Coffiot à pognon. *Cassos* Caraïbes via la Gare du Nord, puis un aéroport de Hollande. Huit heures plus tard, je trempe pour toujours mes panards dans la mer des Sargasses.

Comme tout cela paraissait limpide. Quant au sort de Max : MAT-MAB. « Mort aux traîtres, mort aux balances ! », nos lois étaient gravées sur les briques des promenades de Fresnes. Il le savait, moi aussi.

Pourtant, j'avais beau tourner et peaufiner mon plan, je n'y croyais plus guère. Pas avec la même passion.

Où étaient désormais les derniers pirates dont je rêvais ? L'autogestion harmonieuse des forbans caribéens n'était-elle pas une construction *a posteriori* ? Le « Libre à jamais » de Dynamo ne ressemblait-il pas trop à nos « lendemains qui chantent », promesse idyllique qui pesait lourdement, désormais, par son manque d'aventure réelle.

Je me souvenais des étés de mon enfance, à la colonie de vacances de la municipalité communiste. La seconde semaine, je m'emmerdais déjà, alors trente ans de vacances ! D'un coup, moi, héritier de la génération qui avait refusé le travail, je ne me sentais pas fait pour cette vie pensionnée. Je n'appartenais pas de la race des mias : le fric, la Ferrari, les casinos, les affaires, les pourcentages… Seule l'illégalité était attirante. Pour ses instants de rapine, son goût de vie et de mort. Mais que m'en restait-il, aujourd'hui ?

Je retournais au vestiaire.

Léo et Luigi se rhabillaient. Je sentis dans mon dos leur présence fraternelle. Les mots « Ils me manqueront… » me traversèrent. Comme allaient me manquer tous les autres « bras cassés », qui n'assumaient pas aussi clairement cette dénomination : Sacha, Louise, les Blacks et quelques autres.

Au moins, il n'y aura pas d'adieux. Je disparaîtrai et voilà. Les adieux m'insupportaient depuis tout petit. Cette foutue chanson, *Ce n'est qu'un au revoir mes frères*, m'avait toujours percé le cœur.

Lundi soir, j'allais manquer à l'appel. Puis le mardi et autres. Louise téléphonerait à Goran, qui demanderait aux autres par acquit de conscience : l'équipe, ceux du Foyer… Les flics viendraient qui feraient pire. Puis au bout d'un mois ou deux, tout rentrerait dans l'ordre. Comme si je n'avais jamais été là. Ils y penseraient un moment, puis oublieraient. Je n'aurais d'existence que par un mandat d'arrêt international. Je ne serais plus qu'un nom sur un ordinateur, un dossier, un numéro… Presque plus rien pour eux.

Tant mardi que mercredi, les heures ne s'écoulaient plus. Dans ma chambre, allongé sur le lit, je ne bougeais pas, les yeux plantés au plafond.

Je n'écrivais plus une ligne.

Au travail, j'étais sombre et je m'isolais.

Avec Louise, je repoussai un rendez-vous : « La semaine prochaine… Oui, je voulais te dire… non rien. Je te raconterai la semaine prochaine… ».

Je me résumais à cette attente douloureuse et triste.

Le jeudi matin, à l'heure de débaucher, Goran me prévint qu'un groupe de poulets planquait près de la grille. Et il ajouta d'une voix ferme.

— Je te ramène…

En franchissant l'entrée principale, je repérai Gerbier debout à l'arrêt de bus. Quand il m'aperçut, je lus un juron sur ses lèvres. Deux véhicules banalisés démarrèrent et se collèrent derrière la Peugeot de Goran.

— Tu dormiras chez moi…

Je voulus protester mais je compris que c'était mieux ainsi. La partie continuait. La poulaille avait avancé ses chevaux pour mettre mon roi en échec. Goran me proposait de roquer. Ma tour se révélait solide.

Les fonctionnaires nous collèrent aux basques jusqu'au pavillon, s'arrêtant en face. Dissimulé par les rideaux du salon, je ne les quittais pas des yeux. Ils poireautèrent une dizaine de minutes sans sortir des véhicules, puis Ballard téléphona et ils démarrèrent.

Goran m'avait installé un lit sur le canapé de l'entresol. Bien sûr, je ne fermais pas l'œil. J'étudiai toutes les possibilités : ce qu'ils savaient, ce qu'ils ne savaient pas. Pourquoi étaient-ils si excités tout à coup ?

Je frapperais quand même ce week-end.

Dans l'après midi, après avoir becqueté, Goran me projeta ses films sur mai 1968 à la TSTF et les manifs des années soixante-dix. Il avait filmé la vie de l'usine jusqu'à son accident en 1980. Progressivement mes idées noires m'abandonnèrent. Je reconnaissais sur l'écran les futurs « bras cassés ». Le Chibani avait, avec sa veste de cuir noir, son *keffieh* lui mangeant la moitié du visage et son passe-montagne sur le crâne, la dégaine d'un *Grimlins.* La caméra le suivait, d'une scène de baston, courant sur le boulevard Jean-Jaurès avec un méchant manche de pioche. Bob ressemblait plutôt à un loubard de cinoche, jeans moule-couilles, boots pointus et ceinturon à grosse boucle américaine. J'éclatais de rire. Paul, avec sa veste militaire, se la jouait De Niro dans *Taxi Driver.* Seul Léo n'avait guère changé, toujours le même look d'étranger soulignant son sérieux de militant. La bobine se termina et la pellicule claqua dans le vide. L'écran baignait la pénombre d'une luminosité laiteuse, Goran fit, d'un ton grave :

— C'est après l'accident de 80 qu'on a décidé de changer de méthode, de faire « nos petites affaires » comme tu dis... Notre devise est devenue « leur en donner le moins possible, leur en prendre le maximum »...

— *Mieux vaut voler une fois que mendier trois fois.*

Devant son air surpris, j'ajoutais :

— Tu vois ? Moi aussi, je connais les préceptes chinois.

— Bien... bien... Et question vol, inutile de te faire un dessin... Attention, nous sommes bien restés les mêmes, on ne vole pas pour nous, ni pour la cause d'ailleurs, on détourne une partie des richesses que nous produisons...

— Par anticipation socialiste... en quelque sorte.

La remarque était faite sans ironie, mais Goran crut bon de relever :

— Te marre pas ! C'est exactement ça... Le vol en tant que justice sociale ! On se paye ce que l'on croit juste de se payer collectivement. Ce que, avec le recul de nos droits sociaux, on ne peut plus assurer : les vacances pour nos gosses et ceux de quelques voisins, le soutien aux veuves des copains, un coup de pouce à un camarade au chômdu... Une façon d'assumer notre solidarité avec autre chose que des mots.

— Vous volez de la Saloperie, et vous ne prenez rien pour vous ?

— Non, pas un billet. Jamais. Sinon ça changerait de sens. Le vol que tu as pratiqué euh... avant, c'était le fruit du désespoir. Il répondait à une fuite individuelle. Le nôtre est plein d'espoir, au contraire.

J'encaissai en sirotant ma mousse tiédissant. De toute façon, j'étais d'accord avec ce constat, au fond. Ce qui ne manqua pas de m'étonner.

— Tu savais que les pirates, les « Frères de la côte », avaient inventé la sécu et l'allocation-chômage ?

— Oui, c'est exactement la même idée… D'ailleurs, le contexte social se ressemble… La plupart des premiers pirates étaient des mecs recherchés ou bannis d'Europe, des révoltés protestants et autres… Des vaincus qui fuyaient. Ils ont marqué d'une empreinte sociale et solidaire l'épopée des prolétaires des mers.

J'étais sur le cul qu'il connaisse cet aspect de la piraterie. Il avait lu les principaux bouquins, les mêmes que ceux que je savais par cœur. Moi je ne voyais que l'aventure mais lui, en revanche, en avait tiré une vision théorique cohérente. Le Yougo en avait dégagé une morale politique et une orientation actuelle et pratique.

J'étais tombé sur le soviet des Frères de la côte !

Nous parlâmes de cette époque bénie jusqu'au départ pour le boulot. La gamelle préparée, nous grimpâmes dans la Peugeot. Nous eûmes beau virer dans le quartier, les flics avaient disparu.

En entrant au Donjon, je pensais déjà à autre chose. Je bus un café et je m'installai à la table près du contrôle.

Par désœuvrement, je saisis *Le Parisien* et le parcourus d'un œil distrait. Pourquoi ce soir, moi qui fuyais la peste des quotidiens ? Mystère, hasard ? Toujours est-il que, soudain, la photo de la boutique de Max éclaboussa la page des Faits divers :

ASSASSINAT D'UN COMMERCANT DANS LE XVIIIe

Aux alentours de six heures, des voisins ont entendu des coups de feu dans la cour et ont alerté la police […] La victime était morte sur le coup de trois balles dans la tête, visiblement tirées à bout portant. […] Les cambrioleurs n'ont pas réussi à s'emparer de la caisse de l'établissement et ont pris la fuite sur une moto. Selon des témoins en direction de Barbès.

Le journaleux avait ensuite tartiné la logorrhée habituelle de l'esprit sécuritaire… Les mots du maire d'arrondissement, ancien sinistre de l'Intérieur, ceux de Julien Dray, prétendant au poste, ceux de l'association des commerçants… Sans compter les habituelles jérémiades du candidat Front National et des syndicats de poulets à plumes et à poils.

Bob, qui lisait derrière mon épaule, me fit sursauter.

— Tu le connaissais ?

Comme s'il redoutait un mensonge, il ne me laissa pas répondre :

— Ça expliquerait les flics, hier matin.

Je grognais un « Peut-être » évasif.

Max allongé, pas besoin d'être Madame Irma pour prédire que les condés allaient s'agiter un certain temps.

Il me fallait reporter mon braquage à Chatou d'un mois au moins. La conclusion s'imposait, mais… elle me procura une satisfaction intérieure que je ne parvins pas à me dissimuler à moi-même.

La belle saison

Les heures et les jours s'enfuyaient. Et les nuits plus vite encore. Le calendrier se défaisait comme les mailles d'un vieux pull-over usé. Nous approchions du solstice d'été. Au Donjon, nous prolongions la cérémonie de l'apéro ordinaire, pendant que le ciel se consumait d'un soleil empourpré.

La belle saison nous égayait d'une joie simple et sans artifice, comme la brise agitait les fumerolles jaunes et brunes au-dessus des tours de refroidissement. Dans la zone à l'abandon, le long des quais, les buissons d'aubépines et les herbes folles brodaient une tapisserie chamarrée. L'eau de la Seine changeait d'éclat, l'encre des haies et des berges piquetées d'or impressionnaient le fleuve de leur soyeuse transparence.

Goran, à la console, présidait en débardeur. Grégoire arborait de larges chemises hawaïennes aux couleurs criardes. Il avait troqué ses pantoufles contre une paire de tongs vert pomme. L'ambiance se dissipait, et pas seulement à cause du bonheur climatique. Le moral campait lui aussi au beau fixe : les affaires tournaient. Ça marchait plutôt bien.

L'équipe avait livré la première commande, puis la suivante.

L'ultime cargaison patientait, stockée derrière l'ancienne chaufferie du hangar 21.

De mon côté, le plan sommeillait. Par sécurité, j'avais laissé passer une semaine supplémentaire. Puis une seconde, et une nouvelle. Chatou ne m'obsédait plus, ni mon départ pour les Caraïbes. Comme si cette banalité expliquait tout : j'étais bien. Que dire de plus ? Comme si ce sentiment était mon aventure elle-même, et qu'avec elle, je n'espérais que le prochain épisode.

Louise m'avait invité chez elle. Une occasion pour me présenter à ses parents. Dans l'intimité, Louise m'avait baptisé « Toxy ». Pourtant, et nous en étions d'accord, cet abrégé édulcorant ne passerait guère plus que « Toxic » pour cette confrontation de génération. Pour eux, je repris donc mon prénom d'enfant : Patrick. C'étaient de braves gens, Henri et Jeannette, comme il y en avait tant dans ces quartiers populaires. Ils avaient appris que j'avais fait de la taule, et ça ne semblait leur faire ni chaud ni froid. Après le repas, le père –qui m'invita à l'appeler Riton– s'inquiéta de mon vote.

— Dans la famille, nous votons tous communiste !... Et ça depuis mon père, et le père de Jeannette. C'était dans les années vingt... Tu te rends compte ? Bientôt un siècle... Cent ans...

Il désigna du doigt la photo de l'aîné de Louise, sur le buffet :

— Quand je ne serai plus là, c'est Lucas qui votera pour le parti ! À ma place...

Impossible de lui expliquer que je n'avais jamais voté de ma vie et que je n'en ressentais nullement le besoin. Il n'aurait pas compris, et aurait jugé cette faute bien plus grave que d'avoir volé et tué. Elle représentait une impardonnable trahison, voire une capitulation face à l'ennemi de droite et à ses complices sociaux-démocrates.

Pourtant, j'avais une excuse.

Dans le pays de France, comme aux pires heures du XIXe siècle, les cours d'assises prononçaient des peines dites « infamantes ». Réclusionnaire, je n'étais donc plus un citoyen à part entière. Hier, Hugo avait fait porter à Jean Valjean le passeport des relégués. Aujourd'hui, les tribunaux du XXIe siècle privaient encore à vie les condamnés de tout droit civique, donc politique. J'étais dans ce cas : administrativement, j'en étais réduit à la tutelle. Ma nationalité se réduisait à du carton-pâte. Riton, comme la plupart des citoyens dûment inscrits sur les listes électorales, n'imaginait pas cette réalité simple : ma vie judiciaire pesait sur mes épaules de son poids de chaînes et de tabous.

Néanmoins, même si j'avais été un homme en droit de voter, je ne l'aurais pas fait. J'avais reçu tant de coups du système, il s'était écoulé tant d'heures carcérales inutiles, que mon dégoût ne s'apaisait pas. La souffrance ancienne ancrait mon avenir au pays des entraves métalliques. Ma peau ne faisait qu'empaqueter un immigré intérieur et ce costume, tissé aux galères, me protégeait de la farce des urnes, je n'y croyais plus. Pourtant, on avait vu tant de chiens battus lécher la main de leur maître que je gardais une humilité authentique à cet égard. Certains détenus croyaient en un droit à l'oubli, comme un onguent magique capable d'apaiser le suintement de leurs vieilles blessures. Pour les galériens de mon espèce, ce n'étaient que des balivernes.

Dans cette société, pourtant amnésique, je savais que nous serions traqués jusqu'à la tombe.

Riton, voyant mon regard se perdre, reprit :

— Ne crois pas que je sois dupe : aujourd'hui le parti est bien trop conciliant… Pas assez rouge à mon goût… De là à glisser un autre bulletin dans l'enveloppe, jamais ! Même du temps de Hue, j'ai voté. Quelquefois avec la rage aux tripes et le cœur gros, hein ! Mais j'ai voté. Pas pour lui, mais pour les camarades, pour mon père et ses vieux copains… Pour tous les pauvres types qui se sont fait crever la peau sous notre drapeau… Avec Marie-Georges et Maxime, c'est un peu mieux mais… je me méfie encore.

Suivie de Jeannette chargée d'un plateau de tasses à café, Louise entra avec la cafetière fumante. Il se retourna vers elles :

— Et Louise vote comme nous… Ce n'est pas vrai, peut-être ?

— Bien sûr que si !

Elle me sourit, suppliant des yeux ma compréhension.

Jeannette posa près de moi un paquet de cigarettes russes. Riton se leva et extirpa du buffet une bouteille de cognac. Le bouchon grinça. J'acceptai une larme au fond d'un verre. On trinqua et, quand il fit le geste de me resservir, je refusai. Il insista en tapotant ma main avec le goulot de la bouteille. Louise me secourut :

— Il travaille ce soir.

— Ah bon ! Alors je n'insiste pas, je comprends…

Sa voix résonnait du respect pour le travail et pour ma participation à l'œuvre collective :

— Je sais comme c'est dur, à la TSTF. Depuis toujours, c'est la boîte la plus vache du coin… Et pas moyen de faire reculer la Direction. Je me souviens d'une grève juste après la guerre d'Algérie, ou un peu plus tard, en 65 ou en 66 peut-être.

— Ça y est ! Manquait plus que les souvenirs d'anciens combattants !

Jeannette se moquait de lui, mais il poursuivit :

— Un samedi, nous nous sommes réunis, tous les ouvriers

des bords de Seine et même le service d'ordre de la CGT descendu de Paris, et nous sommes partis en cortège jusqu'à l'entrée principale... À peine en vue de l'usine ça a pété de rif. Pif paf, pif paf!

Il accompagnait son récit de gestes évocateurs:

— On s'est battu devant les grilles avec les gardes mobiles. Une castagne restée longtemps dans les mémoires des gens d'ici. Encore aujourd'hui, on en parle entre nous. Je veux dire les anciens, quand on se croise au *Fontenoy*, pour le tiercé.

— Arrête un peu, Riton... Pas un repas sans reparler de cette histoire.

À peine s'il leva les épaules pour lui balancer un « Cause toujours ». Après un bref silence, au cours duquel il peaufina sa réplique, il me fixa dans les yeux et lui dit d'une voix sonore:

— Patrick, lui, ne la connaît pas. S'il doit vivre avec Louise, c'est important qu'il sache.

Et il reprit sa narration en baissant le ton:

— C'était l'époque où les grandes barres se construisaient et, heures sup' ou non, les maçons travaillaient le samedi. Du haut des échafaudages, ils ont lorgné la peignée près des quais et ils ont déboulé armés de manches de pioche et de tiges à béton. Si tu avais vu la poulaille se débiner!

Il en jubilait encore, quarante ans après, en se frottant les mains devant le nez.

— Ah putain! Si tu les avais vus se sauver à travers les terrains vagues, avec des grappes de mecs dans leur dos qui les coursaient comme font les aristos avec les renards... J'étais dans le groupe d'un grutier. Un camarade de la section, gentil mais... une bestiasse comm'ac! Il dessina d'un geste large les épaules du collègue.

— C'était un voisin... Il vivait en bas de la rue.

— J'ai bien connu Suzanne, sa pauvre femme... soupira

Jeannette en rangeant les tasses. Nous militions ensemble à *Femmes Françaises* et au comité du landit, à la Mairie.

— Bref… Derrière les flicards, on hurlait comme des sauvages et, en même temps, on rigolait comme des enfants. Des jeux de mômes… Mais tu sais, il y avait eu les manifs contre Ridgway, le « général la Peste », contre la guerre d'Algérie, contre l'OAS, ou encore le massacre de Charonne… La terre sur la tombe des camarades était encore fraîche… En ce temps-là, pas de cadeau ! Prendre un mauvais coup dans une manif, c'était toujours possible. Alors imagine quand on choppait un condé… Enfin… Ce jour-là, figure-toi, nous en avons gaulé une, de ces crapules. Juste en contrebas des chantiers, là où ils ont construit le parking, tu vois ? Ce connard s'était attardé en frappant un collègue à terre. Quand il a compris le retournement de situation, il était trop tard : nous étions sur lui. Et c'était pas un chétif ou un vieux pépère… Une brute, ouais, des paluches poilues comme des pattes de gorille… Pourtant, quand il s'est rebiffé, mon grutier l'a séché d'un seul coup de poing. Il lui a fait valdinguer le casque et, pour sûr, quelques dents pour la peine. Pour lui, pas besoin de gourdin…

Il y avait encore de l'admiration dans la voix et il demeura songeur quelques instants.

— Quelle dérouillée, mon ami, quelle dérouillée ! Ce putain de garde mobile couinait comme un cochon qu'on égorge.

Il tenta d'imiter le cri du cochon, puis renonça.

— Bref. On a frappé fort… Je me demande comment il n'a pas crevé sur place.

Il posa sa main sur mon avant-bras avec un air complice.

— Tu vois, moi aussi j'aurai pu finir en cabane…

S'il avait su, pauvre Riton, combien les braves gars comme lui ne sont pas grand-chose pour le peuple des prisons. Il se tourna vers sa femme :

— Et René… Ah René, celui…

— Oui, oui… celui des ateliers mécanique à la gare de marchandise.

Jeannette me lança un clin d'œil. Combien de fois avait-elle entendu cette histoire ? Mais Riton reprenait son récit sans même remarquer qu'on se moquait de lui.

— Oui tout juste… Eh bien, ce filou avait piqué le flingue de notre garde mobile. Il le montrait partout jusqu'au garage des loco… Quand on l'a su, le chef de section est allé chercher le pistolet et l'a ramené au commissariat… Mais bon, notre poulet, lui, est bien resté à l'hosto tout de même.

— Et tu t'en vantes ! J'aimerais quand même te rappeler que lorsque les gamins de la cité brûlent les voitures et jettent des pierres, faut voir comme tu les engueules…

— C'est pas pareil… Non c'est pas pareil. Nous, nous avions un but, une solidarité…

— Parce que lorsqu'ils sont allés incendier le poste de police, le soir de la mort du petit-fils à la Christiane de la rue Casanova, tu crois que ce n'est pas par solidarité, peut-être… Le pauvre petit, ils l'ont tué comme une bête.

Riton ronchonnait de la moustache, le nez dans son ultime cognac. Jeannette poussa son avantage rhétorique dans un duel domestique qui devait durer depuis longtemps :

— Et en juin dernier, quand ils ont renversé les deux jeunes à mobylette de la cité Gagarine… Ils avaient à peine quatorze ans… Et tout ça pourquoi ? Pour rien : les gamins leur avaient fait un bras d'honneur… Des mômes, rien que des mômes…

Enfin, elle porta l'estocade qui allait certainement clore cette manche :

— Et le jour où il y aura un problème avec Lucas –mon Dieu, je ne le souhaite pas– mais si c'est le cas ? Qu'est ce que ta grande gueule et tes souvenirs d'anciennes batailles pourront y faire ?

Riton s'obstinait.

— C'est pas pareil… c'est pas pareil.

Les flics me filèrent pas à pas trois semaines durant, quasi quotidiennement. De guerre lasse, ils laissèrent tomber et je reçus une convocation en bonne et due forme. Le seul fait qu'ils ne viennent pas me lever au bercail était déjà surprenant. Pour la première fois, je me rendis aux keufs sur rendez-vous. Ça me faisait tout drôle, surtout quand le planton me demanda de repasser dans une heure :

— L'équipe de l'inspecteur Gerbier est en opération.

La phrase était neutre, mais le ton, lui, disait plutôt quelque chose comme : « Ils s'occupent d'autres choses bien plus importantes que le cas d'un pauvre type dans ton genre, alors circule… ».

Je les guettais de la terrasse du *Fontenoy* devant un demi, en feuilletant l'une des revues de Goran, un vieux machin mao qui reprenait l'histoire des comités de base aux usines Javel entre 68 et 70. Je m'attachais aux témoignages des gars sur le boulot, sur leur place dans la production, sur leurs espoirs de bouleversement, de bonheur. Ce refus politique, concret et combattant, le vrai et le dernier de la vieille épopée était étonnamment lucide. Bien sûr, je n'entendais plus ce discours avec l'équipe de jour et les 3/8, à la cantine ou devant les machines. Les hommes grommelaient parfois, mais par série d'onomatopées remâchées. Discours plat d'autant plus poignant qu'on y décelait une parole confisquée, remplacée par des mots aux ordres, des formules publicitaires, des poncifs. Ils servaient la messe, en quelque sorte, au culte de l'inexorable : « Ça ne changera jamais » ou « De toute façon, tous les mêmes » ou pire « Mêle-toi plutôt de tes affaires ». Les plus vindicatifs en restaient aux couplets désabusés du syndicalisme quotidien avec, en guise de refrain, la mort des fameux « lendemains qui chantent » de nos anciens.

Mais ce jour-là, à la terrasse d'un café où le soleil brûlait mon visage, alors que j'attendais pour entrer de mon plein gré derrière leurs barreaux et leur drapeau tricolore, aucune inquiétude ne me hantait. Comme si je vivais provisoirement dans la peau d'un autre, comme si mon histoire n'était pas celle que j'avais vécue, jour après jour, heure après heure. Je ne tressaillais pas à l'idée qu'ils pourraient me faire passer la nuit au dépôt. En fait, non. Je n'aurais même pas cru qu'ils pouvaient le faire.

Mes interrogations sur mon innocence toute neuve s'évanouirent lorsque les véhicules banalisés s'engouffrèrent dans le garage du commissariat. Je les suivis.

Pour l'assassinat de Max, les flics étaient lancés sur une autre piste, une histoire de came dont le casting éclectique incluait des Beurs d'Aubervilliers et quelques *Grimlins* des cités de Stains. Ils me montrèrent quelques photos, mais je ne reconnus pas un de ces clampins, bien trop jeunes pour que j'aie pu les croiser en Centrale. Max-la-Balance, indic de son état, avait balancé une cargaison de trop, et l'avait payé de sa vie. Rien que de très banal dans ce genre de scénario commercial. Selon Gerbier, un des tueurs s'était tiré au bled. Mais le second ne tarderait pas à tomber dans leurs filets.

Les « messieurs de la police », comme l'aurait dit le DRH, restèrent presque polis, disons « administratifs ». Ballard ne se déplaça même pas pour voir ma tronche et Gerbier semblait moins agressif. Devant son clavier, il m'interrogea sur mon emploi du temps comme s'il le connaissait déjà par cœur. Il finissait mes phrases et tapait avec une lassitude ostentatoire, ponctuant ses questions et ses cliquetis de longs soupirs d'ennui.

Finalement, derrière ce désintérêt manifeste, un reproche pointait. Comme si « mon » condé sentait que je lui échappais, que je quittais le jeu des gendarmes et des voleurs. Peut-être qu'un jour, finiraient-ils par me rayer des listes ? Peut-être allais-je perdre mon étiquette « Petit con à renvoyer à la case prison » ? Dans son regard par en dessous, je crus deviner la vraie question de cet après-midi de dupes « Tu ne nous ferais pas ça tout de même ? Pas le coup de la réinsertion, pas toi ? »

Je les trahissais en somme. Comme si, à l'heure du tiercé dominical, le cheval donné gagnant par tous les turfistes était sur le point d'être battu. Le poulet aurait bien aimé trouver un mot de défi, un geste pour me forcer à réagir, mais avait renoncé. Gerbier se comportait comme s'il avait compris, avant moi, que je ne truanderais plus.

Flics ou voyous, nous finissions non seulement par nous ressembler mais par nous renvoyer nos propres reflets. Je me souviens qu'avec les mecs de la brigade antigang, on s'habillait de la même manière. Un peu frime, un peu clinquant. Eux peut-être même un peu plus frime et clinquant que nous. Au fond, ils étaient envieux de notre « belle vie » : l'argent jeté par les fenêtres, les millions envolés dans les nuits de java, les filles qu'ils n'auraient jamais… Ils étaient éblouis par les lueurs de nos joncailles, avec leur désespoir plaqué or. Je me souviens aussi que, par dépit probablement, ils tentaient d'inverser la tendance par des pillages minables, de ces « saisies » qui n'entraient jamais dans les PV de perquise : liasses disparues, bijoux dérobés en lousdé, matériels en tout genre s'évaporant dans les coffres des véhicules personnels. Pour eux, rien de plus normal, quasiment moral. Au voisinage des pirates, le fonctionnaire se la jouait « corsaire », la lettre de courses donnant droit de pillage sous le drapeau de la Loi. Ils se comportaient en voyous, mais protégés par l'ombre des juges. Comme eux-mêmes protégeaient leurs indics. Comme les vols commis en taule par les matons étaient couverts par la hiérarchie pénitentiaire. Comme les tueurs du SAC avaient été les brigades de la mort du Gaullisme.

Enfin, flics ou voyous, nous avions les mêmes mots dédaigneux, et les sentiments qui allaient avec, à l'égard des prolos : les « boulots », les « traîne-savates », les « gagne-petit ». En fait, la poulaille méprisait le prolétaire avec la même attitude hautaine qu'adoptaient les voyous : un « cave ».

Maintenant que Gerbier pensait ma réinsertion plus que probable, il me voyait comme un pauvre mec qu'il pouvait mépriser, compter pour rien.

Mais, dès que j'eus franchi dans l'autre sens les portes du commissariat, libre, mon côté parano reprit le dessus. Et s'il me laissait croire qu'il ne s'occuperait plus de moi, qu'il estimait sincère ma réinsertion, pour mieux me piéger ? Cette interprétation du virage brutal opéré par les flics m'inquiéta davantage. Le long du chemin de retour, des sueurs froides me coulaient dans le dos. Mais je finis par me convaincre que la comédie de Gerbier sentait bien l'aigreur. Repensant au regard de l'inspecteur, je ne décelai pas de fausse note.

En passant, devant TIKKO, le sourire de Louise derrière la vitrine me rendit confiance. Elle me fit signe d'entrer.

— Goran te cherche partout... Attend, je l'appelle.

Quelques minutes plus tard la tire du Yougo se garait devant l'agence. Il se pencha côté passager :

— Ça c'est bien passé avec les flics à ce que je vois. Bon, n'en parlons plus. Viens, on a juste le temps de voir le mec, et on sera juste pour le boulot.

Tapotant sur le siège, il m'invita à m'asseoir à ses côtés.

— Quel « mec » ?

En guise de réponse, il alluma un clope. Déjà, nous roulions vers l'autoroute, direction Paris. Après la bretelle, il lâcha :

— L'homme satisfait peut passer une journée sans parler...

Et, changeant de sujet comme pour noyer le poisson, il tapota la revue des ouvriers de Citroën posée sur mes genoux.

— Pas mal, non ?

J'acquiesçai simplement d'un grognement.

À l'approche de la ville, une rumeur ancienne exerçait sur mon métabolisme une influence hypnotique. Porte Bercy, Gare de Lyon, les quais, l'institut médico-légal, le pont Henry IV... Goran et moi nous satisfaisions du silence. Nous étions côte à côte, mais ficelés sur nos longueurs d'ondes personnelles. Le Quartier latin, l'église Saint-Germain, le carrefour de l'Odéon... Paris nous récitait les vieilles nostalgies de guerres perdues. Notre sang battait aux douleurs des souvenirs amputés, des années perdues, des joies éphémères et envolées, des premiers baisers, de l'espérance déçue et jamais renouvelée, de notre sentiment d'abandon dans le siècle nouveau :

Il n'y a plus d'après
à Saint-Germain-des-Prés.

Lorsqu'il enquilla les itinéraires secondaires, Goran toussota, comme pour expulser un trouble passager, grognant à propos de la circulation et de la difficulté à trouver une place de parking. Il se gara enfin. Debout sur le trottoir les mains à plat sur le capot pendant qu'il verrouillait les portières, je me décidai à l'interroger sur le but de notre venue.

— Avance, et j'éclaire ta lanterne...

Son pas rapide disait qu'il savait où il allait, que le quartier n'avait pas de secret pour lui. Il me raconta au rythme de sa marche. Est-ce que je me souvenais lui avoir prêté dix de mes cahiers, une nuit à l'usine? Oui. Je me souvenais aussi qu'il devait me les rendre. Il les avait lus. Et plus que ça, il en avait parlé avec une ancienne camarade, professeur au Lycée Jean Genet. Qui avait lu aussi. De fil en aiguille, d'autres copains se les étaient passés. De main en main, mes cahiers d'écoliers avaient atterri sur le bureau d'un éditeur. Et, de pas en pas, nous étions devant une porte cochère de la rue Saint-André-des-Arts.

— Voilà... tu sais tout! Et c'est ici!

Il me montrait une porte, au fond de la cour.

Après cette entrevue, mes genoux flageolaient encore. J'étais ému. La douceur de l'air, de la lumière m'enivrait. Je n'osais pas y croire!

Le plus extraordinaire avait été le sérieux du « mec » de Goran, affirmant que, oui, le texte lui plaisait beaucoup. Bien sûr, il y aurait quelques rectifications mineures, des coupes peut-être, mais il pensait que ces correcteurs en feraient leur affaire à la satisfaction commune. Une telle affirmation m'étonnait à un point tel que, non, je n'osais pas y croire!

Que ce « mec » puisse lire mes mots, mes rages, ma haine des rivages mêmes sur lesquels il avait établi ses ports, qu'il puisse les approuver au point d'en faire son gras était inconcevable, contradictoire. Un petit coup de paranoïa m'envahit une nouvelle fois : peut-être n'était-ce rien d'autre qu'une forme de pitié humaniste ?

Pauvre Martin,
Pauvre misère.
Creuse la terre,
Creuse le temps.

Pauvre mitard, pauvre taulard. Creuse le mur, creuse l'azur.

Comment était-il possible qu'il ait pu ne pas comprendre que j'évoquais dans ces cahiers des dépossédés, des misérables dont la situation était, précisément, le résultat de silences, de compromissions, de complicités de « mecs » de son espèce ?

Goran me poussa dans le dos.

— Te v'là écrivain, mon vieux…

Je protestai à peine, pour le principe. Non pas par fausse modestie mais plutôt parce que les mots, sur mon papier, m'avaient déjà échappé. Ils n'étaient déjà plus ces bulles de vie crevant à la lumière. Je m'étais détaché d'eux, de mes propres pages. Ils m'avaient fui aussi vite que je les avais écrits. Ce n'était pas moi… Ce n'était plus moi.

— Tu viens de signer un contrat, non ? Donc, tu es écrivain… Et pense bien à ce que tu vas en faire…

Je m'essayai à la dérision :

— Et qu'est ce qu'en diraient tes Chinetoques ?

— Ils t'expliqueraient que le pinceau glissant sans bruit sur le papier voue des centaines d'hommes à la mort. L'écrit est une arme, il faut que tu apprennes désormais à t'en servir comme tu as appris à te servir d'un pétard. Chi Du précisait : *Un pinceau était capable de disperser mille armées.* Maintenant, au fond de toi, tu vas choisir les armées ennemies à affronter et à détruire… Oui, mon gars. Écrire c'est bien, mais ce n'est qu'un début, déjà cette tâche t'impose de choisir, de prendre parti… Il y a celui de maquiller ses mots et de se ranger du côté des plus forts, de les servir en tambourinant dans la fanfare de l'ordre où se regroupent les écrivaillons, les fils à papa, ceux qui se claironnent dans la coterie… Tu vois ce que je veux dire ? Dis-toi bien qu'il n'y a pas de mot sans cause, comme il n'y a pas de fusil sans côté de la barricade.

Je ne savais pas encore si je devais le remercier ou le maudire. Le devina-t-il ? En tout cas, il laissa passer quelques secondes.

— Taulard, ouvrier, écrivain. Rien ne s'annule, tu n'échapperas pas à ce destin… Tu es tout cela, et sans doute d'autres trucs secrets. Des intentions que tu nous caches sur tes étagères intimes… Pourtant, j'espère bien qu'un jour tu ajouteras « révolutionnaire » à ton CV.

— Pourquoi pas prisonnier politique, tant que tu y es ?

— Qui sait ? On ne prend jamais de parti sans risque…

Goran rigola haut et fort, puis il leva le poing en scandant :

Libérez not' camarade !
Libérez not' camarade !

En catimini, la troisième cargaison partit le jeudi.

Le samedi suivant, dans l'après midi, au sous-sol du pavillon de Goran, Bob comptait la monnaie, en tas sur l'établi. À l'étage au-dessus, assis en tailleur sur le tapis, Grégoire, Paul, l'Espingo et le Chibani tapaient une contrée. Leurs cris résonnaient jusqu'à nous. Agacé, Bob se leva et poussa le battant de la porte. Pendant que je l'aidais à confectionner les petits tas, Goran calculait, et recalculait, sur un carnet de chantier :

— Jasmina : deux millions... 3 000, quoi.

Bob compta les billets correspondant à la somme, les plia dans une enveloppe marquée JASMINA en lettres bâton, la colla, puis il inscrivit au dos : « 2 000 000 ... » en chiffres bien ronds, les points de suspensions représentant les centimes que la conversion ne prenait pas en compte. Au Donjon, on causait en anciens francs. Ils n'avaient jamais pu s'habituer aux nouveaux, alors l'euro...

— Malika : treize mille cinq cents... 2 000 en gros.

Et Bob, concentré, exécutait le même rituel.

Drôle de partage. Je ne sais pourquoi, j'éprouvai le besoin de troubler leur méticulosité :

— Savez-vous d'où vient l'expression « prendre son pied » ?

— Attention, diti pas di salopeuries, ji souis là.

C'était le Chibani, que nous n'avions pas entendu descendre, malgré sa patte folle.

— Ben non, justement ! Ça n'a rien à voir avec le sens actuel... À leur arrivée à terre, les pirates se mettaient en cercle et, selon des conventions très strictes, se partageaient le butin récolté ensemble. Leur part s'entassait devant eux... À la fin, ils la prenaient « à leur pied », donc, et partaient en java...

— Question java... coupa Goran, je crois que nous allons y avoir droit...

Bob s'inquiétait :

— T'as bien compté ? J'ai dix enveloppes.

Il les prit en main, en isola sept.

— Alors, les pensions pour ceux du bled...

— Ci bien, *woualla*, ci bien... souligna le Chibani.

Bob continuait comme s'il n'avait pas entendu, jetant une enveloppe après l'autre sur le paquet devant lui.

— Les vacances des petits : OK… L'école : OK. Et enfin… La caisse : OK. Voilà… Pour moi, on est bon !

— Eh ben, les gars, il nous reste plus de trois bâtons pour la fiesta… Si le temps reste au beau, cette année on se la fait guinguette au bord de l'eau, qu'est-ce que vous en dîtes ?

Plus tard, alors que j'aidais Goran à ranger, il lâcha :

— « Prendre son pied », hein ?

Il était fier et n'avait aucune intention de le dissimuler.

— C'est pas mal, ça correspond assez à notre petite cérémonie annuelle. On partage le butin volé au patron. Et puis c'est pour des choses biens…

— « Voler » ce n'est pas un verbe prolétarien, camarade…

— Oui, tu as raison, j'aurais dû dire « exproprier ».

Comme si ce petit détournement préfigurait la grande expropriation révolutionnaire, la collectivisation des moyens de production, base de la Société du partage…

— À propos de partage, tu m'en dis un peu plus ? Si ce n'est pas un secret, bien entendu…

— Nous n'avons pas de secret entre nous, et encore moins pour ce pognon-là, c'est le nôtre… le NÔ-TRE… Bien plus que la paye sur le bulletin de salaire…

Il quitta son faux air de reproche, et commença à expliquer :

— Jasmina, Malika et Rachida sont les veuves de collègues tués lors de l'accident de 80. Comme les gars n'étaient pas en règle –des clandés, tu vois– l'avocat du patron les a exclus des pensions officielles. Alors, nous payons à la place du patron…

Il rajouta dans un sourire :

— Enfin, façon de parler, quoi ! Depuis deux ans, le tarif, c'est mille euros par enfant. Jasmina en a trois, Malika deux…

Mohamed a été blessé quelques années plus tard, trop grièvement pour retravailler, il est reparti là-bas et on lui assure un complément. Comme pour Mousse… Lui, il n'est plus normal depuis qu'il a pété avec la chaudière du S4. Trop longtemps dans le coma.

J'avais quelques difficultés à croire ça…

— Et tout cela depuis vingt ans…

— Ouais. Au début, on travaillait seuls, avec Bob et le Chibani. Les anciens du comité nous donnaient des coups de main… Ensuite, des mecs d'autres équipes sont venus…

— Le plus surprenant est que vous ne vous soyez jamais fait gauler.

Mon étonnement était sincère. Peut-être avais-je trop fréquenté les traîtrises des voyous, celles des taulards.

— Deux ou trois fois, on a quand même eu chaud aux fesses, mais bon… On a toujours gardé le réseau bien étanche : des anciens du parti, d'autres installés à leurs comptes après le premier plan de licenciement, dans les années quatre-vingt. Au moins, chaque année, ils nous servent à renflouer la « caisse de la solido »… Pour le reste, on paye les vacances aux enfants et, de nos jours, aux petits-enfants, comme les fameux stages de football… Lucas ira cette année, je me suis arrangé avec Louise…

Que dire de plus ? La femme avec laquelle j'étais à la colle, elle-même, m'avait caché cet arrangement.

— On aide aussi aux frais scolaires, aux licences de sports, les à-côtés de ce genre… Et enfin, il y a la caisse générale, pour les luttes. Elle grossit, la cagnotte. Depuis quelque temps, on n'y touche plus guère… Depuis la grève de 95, en fait.

— Et il y a beaucoup ?

— Pas mal, tu serais étonné… La Saloperie vaut de l'or, tu sais… Mais bon, cette année, il y a du surplus…

Un large sourire lui barrait la face, avec une petite étincelle dans l'œil :

— Et… par tradition, avec le surplus… On fait la fête !

— La part du pirate !

La belle équipe

Grâce à la complicité d'un copain travaillant à la mairie, Grégoire avait loué une légendaire guinguette : *Chez Tintin*. Fier de son coup, il nous avait accompagnés le lundi suivant pour un tour du propriétaire.

Nous débarquâmes en délégation, Goran, le Chibani, Sacha, trois autres compères de la nuit et moi. À la vue de la bâtisse, notre enthousiasme s'assombrit. L'établissement, promis à la démolition, attendait les pelleteuses et autres bulldozers dans l'anonymat et le délabrement. Il espérait le coup de grâce. Une chiquenaude, ou un zéphyr, aurait suffi.

C'était donc ça *Chez Tintin*! Bien sûr nous en avions entendu parler, et tant de fois ! D'ailleurs, dans cette banlieue, l'expression « Avant-guerre » se disait souvent « du temps de *Chez Tintin* ». Pourtant, comment imaginer que la gargote mythique, c'était ça ? Ces bâtiments insignifiants, délabrés, déchus au bout de l'impasse des Lilas ? Nos mines en disaient long sur notre déception. Nous avons poussé les trois planches qui barraient la porte d'entrée, et nous sommes entrés, inquiets de recevoir une partie du bâtiment sur le coin du crâne. Lentement, nos yeux se sont adaptés à la pénombre.

Comme les dents absentes au sourire d'un malheureux, il manquait des lattes aux persiennes et nous devinions l'étendue des dégâts. Nous n'étions pas au bout de nos peines! L'extérieur était en bien meilleur état que ce que nous avions sous les yeux.

La salle principale, trouée de rais de lumière dans lesquels virevoltait la poussière, était dans un état cataclysmique. Nos déplacements provoquaient des volutes et soulevaient des arabesques d'effluves de pisse et de renfermé. Si le lieu avait eu, jadis, quelque poésie, aucun d'entre nous n'en fut bouleversé. Le Chibani toussa et cracha, maudissant le plâtre en décomposition. Goran grogna deux ou trois borborygmes. Nous savions ce qu'il pensait et nul n'avait besoin d'un dessin. Mais, il était trop tard pour faire marche arrière: les invitations étaient parties. Et les gars de la TSTF se préparaient à la fête des « bras cassés », sur les bords de Seine.

Devant notre dépit, l'heureux locataire nous fit l'article avec une inspiration de camelot:

— Ne vous inquiétez pas les gars, cette semaine on va bosser dur… Hier, j'ai tiré quatre bidons de peinture… des vingt-cinq litres, et avec tout le matos qu'il faut: une dizaine de pinceaux, des rouleaux…

Inutile qu'il n'en dise plus, le matériel s'entassait en vrac près d'un long comptoir de bois verni qui avait dû être un bar, et contre le « mur » du fond, en partie écroulé…

— Léo et Bob sont d'accords, on s'y met dès demain… On va se refaire une salle de bal comme neuve, et une piste de danse aux petits oignons. Faites pas cette gueule, regardez ça.

À ces mots, comme s'il s'agissait d'un rideau de théâtre, il repoussa les volets décatis qui pourrissaient devant l'immense porte-fenêtre. La terrasse apparut.

Le soleil nous brûla les yeux.

Une étendue carrelée, blanche et bleue, s'avançait dans le fleuve, comme un wharf mi-terre, mi-radeau. Je sentais l'eau toute proche, la puissance et la quiétude du courant qui pesaient sur l'atmosphère. Un saule pleureur centenaire abandonnait une lourde ramure aux remous des profondeurs. Perçant la tonnelle couverte de feuillages, la lumière éclatait en milliers de particules dorées dans lesquelles les abeilles fredonnaient leur rengaine sourde et paisible. Même en plein jour, l'endroit était féerique. Sûr de son effet, Grégoire laissa passer quelques secondes avant de reprendre son boniment :

— Gisèle et les femmes de l'équipe de nettoyage vont participer aux travaux... Dans quatre jours, tout sera nickel : on pourra manger nos petits fours par terre !

Goran se marra en jetant un œil sur la charpente :

— Ouais... Et faudra pas oublier de distribuer des casques de chantier, à l'entrée, au cas où...

Luigi en remit une couche en désignant le damier bleu et blanc de l'estacade :

— Et des gilets de sauvetage... Pour ceux qui voudraient rejouer le Titanic version fluviale. Genre *Radeau de la Méduse*, voyez...

Mais Grégoire défendait son affaire :

— Allez quoi... Arrêtez les gars, arrêtez... Les copains de la Mairie m'ont affirmé qu'on ne risquait rien du tout. Et, tenez-vous bien, un responsable de la sécurité me l'a confirmé... Officiel !

S'approchant de Goran, caissier en titre, comme pour avoir son soutien :

— Et puis, pensez-y : tout au black ! Rien que du black, de la main à la main.

— L'avare le reste jusqu'à son dernier quart d'heure de vie !

— Rigole pas avec ça...

Comme si cette évocation de la mort avait réveillé sa toux, une longue quinte le secoua. Le vieux parvint à extirper de sa poche l'un de ses bonbons fluo, en enfourna un, puis un autre. Sa respiration s'apaisa. Il marmonna enfin, scrutant le Yougo dans son œil unique :

— Je t'assure que tout sera prêt samedi.

Mauvaise passe pour un équipage qui, dans cette petite tempête, comptait sur les indications de cap de son capitaine borgne. Non sans une certaine théâtralité, Goran laissa se prolonger le lourd silence. Muets et immobiles, nous attendions. Rentré pour s'accouder au bar, Luigi penchait la tête sur le côté. Distraitement, le Chibani lustrait ses pompes vernies au bas de ses pantalons. Les poumons de Grégoire sifflaient comme une vieille loco au garage. L'air léger transportait le ronronnement lointain de la ville où flottaient des cris d'enfants.

Finalement le verdict tomba :

— Eh bien les mecs… Ça m'plait à moi, cette aventure au bord de l'eau… Qu'importe qu'on reste à quai ou qu'on dérive jusqu'à Rouen… Bah ! et même si nous coulions…

Histoire de défier une fois de plus sa destinée, Sacha grimpa sur l'estrade qui faisait office de scène et sauta trois fois dessus à pieds joints. Après chaque bond, dans la poussière qu'il avait soulevé, il hochait la tête en signe d'approbation. Enfin il claqua des talons en suivant les planches, en conclut en recoiffant sa longue mèche blonde :

— Le cabarrrret est forrrrmidable. Parfait pour noumérrro Sacha, jonglerrries, acrrrobaties et…

Grégoire le coupa net.

— Ah non, pas le cracheur de feu ! Pas de feu…

— Mais… La gorge nouée, notre Russe se drapait dans le voile de la déception. Il aimait tant ça, les gerbes de feu sur son torse nu, huilé comme Vulcain à peine sorti des forges divines. Mais Grégoire, retranché dans sa condition de locataire « officiel », insistait d'un ton ferme, jusqu'à exagérer.

— C'est interdit par les autorités, voilà !

— Et sourrr balcon…

— Nan, nan, nan… Ni sur la terrasse, ni dans le jardin.

Chez Tintin avait certes connu des heures de gloire, dans les années trente. C'était l'un des refuges des ouvriers de l'Est parisien. Le samedi soir pour les guincheurs, venus s'y dégourdir les gambettes avec « les frangines » –des mouflettes à peine tombées du nid–, la journée de dimanche pour les familles et les amoureux –idylles souvent commencées la veille–, venus oublier au fil de l'eau le fracas des machines ou s'y regarder dans le blanc des yeux. Lorsqu'ils avaient bien bu et bien tourbillonné près de l'orchestre, comme des éphémères le soir autour des réverbères, ils se roulaient dans la prairie des berges jusqu'à s'imprégner de la fraîcheur du soir. De retour au garni, ils défroissaient leurs beaux habits à plat sous les matelas. Certains, trop souls ou trop épris, s'endormaient sur l'herbe… et embauchaient le lundi en costume du dimanche. Ils roulaient leur veste et, dans leur dos, la ficelaient à la musette.

Qui se souvenait encore de cette époque ?

Bien peu, en dehors de quelques anciens, comme Riton. Riton qui tenait d'ailleurs de son père l'essentiel des aventures de bastringue, des anecdotes cocasses et des autres –bagarres, peines de cœur et désespoirs– qui couraient jusqu'au dernier véritable printemps, celui de 36.

— Papa, y m'disait : « Gamin, penses que tu ne connaîtras dans ta vie qu'un seul instant comme celui-ci ! » Ce genre de désordre révolutionnaire, c'était la fête du populo. Et nous, l'ouvrier, nous n'y sommes pas souvent, à la fête ! À la vraie, j'veux dire... Alors profites-en, profite de cette chance et jusqu'au bout... Voilà ce qu'il m'disait, le paternel... Et il avait fichtrement raison, bon sang !

Après la « drôle de guerre » et la débâcle de 40, l'ancienne clientèle déserta la guinguette. Et pour cause : cantonnée non loin de là, une compagnie de la *Wehrmacht* s'en servait comme d'un réfectoire ! Les derniers, en 1944, venaient de Poméranie pour servir dans les batteries antiaériennes, et scrutaient le ciel au-dessus de la centrale électrique et du complexe chimique. La future TSTF en était alors le fleuron, sa raison sociale s'inscrivait en lettres d'or : *Gustave & Luçon - Poudres et Engrais.*

Jusque-là, les ouvriers s'enorgueillissaient de travailler chez « Gus et Luçon » comme ils disaient, mais là, ils y entraient la tête basse bosser pour l'Occupant. De toutes façons, c'était ça ou le STO. Quand ils n'avaient pas été réquisitionnés ou prisonniers, les jeunes disparaissaient les uns après les autres. En mars 1943, deux d'entre eux firent la une de *Paris-Soir*, avec l'étiquette « terroriste ». Dès le lendemain, ils avaient été condamnés, et exécutés dans la foulée.

Pour les autres « disparus », les collègues n'étaient pas au courant et ne voulaient par savoir. Sauf pour Daniel Rayner, dont on savait qu'il était parti se planquer en Auvergne, chez la mère à la Chiche, un saupoudreur de la ligne des engrais.

À l'usine, des pères de famille et des gars sans âge s'accrochaient à la tâche. Tous avaient franchi la barre des cinquante, cinquante-cinq pour beaucoup, voire soixante heures pour ceux des poudres militaires. Dix heures quotidiennes, six jours de la semaine, de sept heures à six heures, avec une pose d'une heure pour la croûte à midi. Malgré ces horaires d'esclavagistes, la production stagnait. La résistance des bras croisés, obtuse, secrète, marquait des points. C'est à peine si les équipes produisaient leur quota d'Avant-guerre en faisant une heure et demi de plus de travail posté. Tous les mois, des commissions d'ingénieurs visitaient les ateliers, accompagnés d'une ribambelle d'officiers allemands en grand uniforme. À plusieurs reprises, les blouses blanches bouleversèrent l'organisation des chaînes et la composition des équipes, augmentèrent les salaires et les primes au rendement. Mais rien n'y fit: l'usine tournait sur un piston.

En ce temps-là, les ouvriers n'approchaient plus de *Chez Tintin*, ni pour l'apéro du soir, ni pour la guinche des week-ends. Ils faisaient même un détour en maudissant l'endroit, désormais surnommé « Bal-à-Fritz ».

Après l'épisode réfectoire, l'impasse servit plusieurs saisons de repaire aux Verts-de-gris. L'été, ils traînaient tard le soir en bras de chemise, jusqu'aux quais près de l'entrée de l'usine. Parfois l'un d'entre eux jouait de l'accordéon assis sur des caisses de munition, et un copain, torse nu et casqué, chantonnait le refrain en astiquant la pièce de DCA. L'hiver, après le couvre-feu, les voisins les entendaient gueuler et rire derrière les couvertures tendues devant les fenêtres, tant pour respecter le couvre-feu et masquer les lumières que pour retenir la chaleur d'un poêle trop poussif.

À force de craindre le bombardement massif, il se produisit. C'était un lundi de la fin avril, un peu avant minuit. Comme d'habitude, l'alarme précéda l'attaque. La sirène retentit, puis le poste en aval appela. Les hommes se bousculèrent dans les escaliers, sortant en désordre de la guinguette. Ils couraient sur les berges vers leurs pièces d'artillerie protégées par des murettes de sacs de sable. Leurs canons pointèrent le ciel brumeux d'une nuit sans lune. Sur les batteries, chacun attendait, à sa place, que le bourdonnement sourd et entêtant qui se rapprochait leur tombât sur la gueule. Des deux côtés du fleuve, d'énormes projecteurs trouaient l'obscurité. Subrepticement, une ombre casquée se signa. Puis les premières déflagrations retentirent en aval. Elles venaient à pas de géant. La terre en frissonnait.

Il y eut tant et tant de bombes que les berges, les jardins, les arbres, les murs, les fenêtres vibrèrent d'une terrible danse de saint Guy. Tout se brouillait, avant de se désagréger en une poussière d'apocalypse. L'accordéoniste trembla comme les autres, eut peur comme les autres en tirant à l'aveuglette dans le ciel immense et déchiré, mourut comme les autres, sans avoir eu le temps de souffrir, déchiqueté auprès de son copain chanteur, leur chair mêlée à l'acier. Et il en fut ainsi pour un bon quart de la compagnie de Poméranie. L'attaque aérienne écrasa deux cents hectares sans le moindre discernement, hachant tous les êtres vivants sur ce coin de terre, Allemands comme Français, civils ou militaires, hommes et femmes, travailleurs et retraités, adultes et enfants. Une partie de l'usine fut détruite, mais aussi deux rues bordées de pavillons ouvriers, une partie de la centrale et de la ville. Deux bombes crevèrent la place de la Mairie et, sur l'autre rive, les explosions ravagèrent l'hospice, la poste et le cimetière communal.

Selon ce que m'avait raconté Riton, une volée de macchabées se dispersa dans le voisinage, dont le corps de la femme du pharmacien, enterrée deux semaines auparavant et que l'on avait retrouvé sur la branche d'un pommier dans le jardin du notaire.

L'abri où s'étaient réfugiés vingt-sept gars de l'équipe de la demi-nuit fut touché de plein fouet. Il n'y eut aucun survivant. Dans leur atelier, aujourd'hui abandonné, une plaque près de la porte d'entrée commémore leur manque de bol. Léo m'avait montré la plaque :

— Regarde-moi ça, regarde ! Tous ces camarades, ils se sont fait liquider par une bombe fabriquée par d'autres ouvriers dans une usine anglaise… Et eux, ils fabriquaient un explosif qui a sans doute provoqué autant de ravages parmi d'autres ouvriers, ailleurs…

C'était pendant la période où je ne leur parlais pas encore, ou si peu. J'avais poursuivi mon chemin sans même ralentir.

À la Libération, le Tintin à l'origine de la guinguette avait été fusillé. Enfin, pas officiellement. C'est-à-dire pas par les juges qui allaient être aussi durs avec les collabos après la défaite nazie qu'ils avaient été coulants, avec les mêmes, avant la Libération. Peur pour leur peau, probable.

Un soir, deux gars ramassèrent le bistrotier sur le trottoir de l'impasse et l'obligèrent de monter dans une Citroën noire. Trois jours plus tard, dans le bois du Tertre Noir, des promeneurs avaient retrouvé son corps, ligoté à un arbre et criblé de balles. Sa femme –un ancien tapin de la rue des Moulins, aussi grasse que pingre, qui jouait les baronnes derrière le tiroir-caisse–, connut un sort moins radical : elle s'enfuit sans demander son reste avec un représentant de commerce belge. Elle vendit la guinguette pour une bouchée de pain à un couple de limonadiers venu de Saint-Affrique, dans l'Aveyron.

Les Gustave, qui étaient les patrons majoritaires de l'usine, furent aussi collabos après la guerre qu'ils l'avaient été pendant. Fricotant avec la Cagoule, ils parvinrent à vendre leurs parts, à prix d'or, et se terrèrent à Passy en bénissant l'ordre sacré et éternel des sociétés anonymes. Les Luçon, plus discrets durant l'Occupation, avaient su tourner leur veste à temps : ils entrèrent dans le capital du consortium TSTF fondé par l'État devenu actionnaire majoritaire. Depuis les élections de 46, ils étaient restés députés, de père en fils, dans un fief de l'autre côté de Paris, celui des nantis : l'Ouest. La dynastie avait présidé, et présidait encore, une quinzaine de conseils d'administration de grandes sociétés et les Luçon étaient membres, quasi de droit divin, du CNPF et autres Medef.

Après-guerre, *Chez Tintin* changea plusieurs fois de propriétaire, les Aveyronnais n'ayant pas tenu bien longtemps. À la fin des années soixante, le lieu se transforma en bar d'habitués, dont la clientèle éparse était composée de retraités qui habitaient les pavillons le long des quais, ou du chemin de fer. Ils mouillaient en terrasse, ou sur les tabourets près du zinc. Ils parlaient des nouvelles constructions, après avoir promené le chien ou en revenant du marché. Il y avait de quoi dégoiser : les immeubles sortaient de terre, on traçait des rues au milieu des champs et des terrains à l'abandon. Les constructions étaient plus passionnantes que les guerres d'Indochine ou d'Algérie !

Les fins de semaine, on ne dansait plus ni java, ni musette, ni mambo. Les guinguettes s'étaient démodées. Le patron, un Breton taciturne et buveur, laissa le jardin à l'abandon. La tonnelle aux amoureux s'écroula dans l'indifférence générale de ceux-là mêmes qui y connurent de belles heures d'étreinte. Dans la salle, chaque après midi, les vieux en coutil usé jusqu'à la trame tapaient le carton, buvant des canons de blanc, des rouges limés ou des *Picon*-bière jusqu'à plus soif. Puis rentraient chez eux pour *La Piste aux étoiles*, noirs comme des Polonais.

Certains soirs, les clubs locaux s'y réunissaient, l'Union bouliste, le Club de belote ou encore *L'ablette d'argent,* l'amicale des pêcheurs… Parfois une association organisait un bal, un loto, un dîner de bienfaisance… Mais de plus en plus rarement, ce genre de fêtes n'attirant plus grand monde.

À la fin des années soixante-dix, l'affaire périclita. Le Breton avait bu le fonds et finit par crever de sa belle mort de bistrotier. Une crise cardiaque l'avait terrassé alors qu'il remontait de la cave, une caisse de Sancerre à l'épaule. Sa femme, pilier du parti de l'évêque, rejoignit une maison de retraite de Quimperlé comme on entre au couvent.

Un couple de jeunes reprit l'établissement pour le transformer en un restaurant, qui dura quatre ans après : faillite ! Trois amis montés de Nîmes s'y essayèrent à la pizza. À peine avaient-ils repeint la devanture en rouge et vert que la police et la Préfecture les coffrait pour trafic de drogue, et leur *O Sole Mio* fut saisi.

Tout au long de ces années, et malgré bien des enseignes nouvelles et aussitôt oubliées, pour tout le monde, l'établissement resta *Chez Tintin*. Bien sûr, on oublia le collabo, l'ami des Doryphores, l'indic de la Mondaine et de la Sûreté. L'endroit restait mythique au nom d'une certaine nostalgie, entretenue par Riton et les autres.

Depuis la Mairie l'avait acquis dans le cadre d'un projet urbanistique… bientôt bloqué avec le changement de majorité. L'ensemble *Jardins de Seine* ne verrait pas le jour aussi longtemps qu'à quelques kilomètres, les tuyères de la TSTF largueraient leur vapeur de Saloperie à peine filtrée.

Toute cette histoire me pénétrait alors qu'assis à même le carrelage de la terrasse au bord de l'eau, les vieux causaient. J'y revenais après le boulot, la lumière inquiète de l'aube ajoutant l'hésitation à l'émotion de cet abandon. Le bâtiment, le jardin, l'endroit tout entier respirait sa peine d'un souffle lourd de bête moribonde. À chaque expiration, le feuillage du saule s'imprégnait de reflets d'argent. Mêlée à mes propres souvenirs, la brise transportait le parfum des rosiers qui avaient survécu à tout, bataillant épine après épine au cœur des buissons de ronces et d'orties.

Un matin, le trouble fut plus fort encore.

En contrebas, le fleuve bandait ses muscles noirs et souples comme un félin s'étirait après le sommeil. La masse d'eau pesait sur la berge, d'une quiétude sûre de sa force comme de sa destinée atlantique. Son corps ondulait sur l'argile et frappait à coups de reins les digues de pierres. Un bruissement sourd et continu faisait s'ébrouer chaque instant. Des îlots de brumes, oubliés par la nuit, s'effilochaient. Le long des rives, les branches basses les empoignaient et les déchiraient. La Seine soufflait des naseaux comme un bœuf aux labours et cette buée des travaux et des peines s'élevait vers le tulle rose du point du jour. Comme d'immenses flèches noires, les vols de cormorans perçaient le ciel. J'harmonisais ma propre respiration à cette vie gigantesque pour m'y immerger davantage, jusqu'à disparaître. Je désirais à toutes forces une fusion hypothétiques avec toutes les alluvions divers du temps, des lieux. Comme l'eau verte, à mes pieds, charriait des poussières du vivant, des particules de végétaux et de terre, un grouillement. Une prière montait du fond de ma chair pour arrêter le temps, chasser le présent factice et me sensibiliser au temps éclaté, démultiplié et humain. Pour l'éternité, je jouirais comme à cette heure de la grâce du monde, de ce passé à la mémoire à vif, des objets, des choses, des hommes et de leurs harmonies. La nature tenace sur le bord du fleuve me confortait dans l'idée qu'une nouvelle vie s'ouvrait à moi. Elle m'incitait à l'espérance.

Poussé par la vigueur de l'atmosphère, je me redressai et me déshabillai lentement. À la fois de mes frusques et de ma vieille carapace de scorpion, de tous ces résidus qui me collaient à la peau, mes craintes pas assez animales, mes rêves de carton-pâte, mes liens passés avec la douleur des entraves. L'eau tranquille m'attirait à elle, amante lascive.

Une fois nu, je m'approchai du bord et sautai.

Sur le coup, la profondeur me saisit à bras-le-corps d'une fraîcheur purificatrice. Docile, je m'abandonnai aux abysses.

Et le courant me tira à lui loin du bord, là où le fleuve est le plus fort. Sa force herculéenne caressait mes flancs. Mes yeux s'habituaient au vert bistre et uniforme de la prairie immergée. Mes tempes battaient du sang des tambours.

Et je plongeai.

Un arbre, tout au fond de cet univers émeraude, tendait vers moi une main pâle de spectre. Je le frôlai sans oser m'y retenir. Ma poitrine, soudain brûlante de douleur, me tira du rêve. Comme si elle me rappelait que j'avais oublié de respirer. Alors, je me décidai à remonter. La surface s'illuminait d'écailles d'or.

Une large inspiration nettoya mes poumons. Je reprenais lentement mon souffle, les lèvres posées sur l'immensité. Pour regagner le niveau de la terrasse, je nageai, à contre-courant, une brasse coulée avec des gestes que j'avais cru oubliés.

Grégoire et Bob, qui s'étaient rapprochés de la berge, m'observaient. De larges rires éclairaient leurs visages. Ils criaient. En vain, je n'entendais rien.

Mon bonheur était extraordinaire.

Il gonflait mes chairs de cet air léger, incomparable, du matin, envahissait mes poumons, lavait mes démons. Il courait au long de ces veines que je croyais mortes, battant de sang et de sentiments trop à l'étroit, prêtes à entrer en crue… jusqu'à mon cœur.

Je flottais dans une autre dimension.

Grégoire trébucha sur sa patte folle, il eut un geste désordonné pour retrouver son équilibre. Un élan de tendresse me traversa. Je les aimais, ces gars. Comme des frères. Drôle de déclaration secrète, mais je tenais soudain à cette aventure offerte par le hasard. J'aimais, tout aussi simplement, ceux qui m'entouraient : leurs défauts, leurs travers, leurs fragilités… Et peut-être à cause de cela, de leurs destinées vacillantes.

Du fond du jardin, Sacha déboula en agitant des bras. Je devinai un cri à sa bouche ouverte. Sa tignasse blonde brillait au soleil d'un casque d'or. À grands gestes, il se dépouilla de ses vêtements et bondit à l'eau en provoquant une éruption d'écume. Ensemble, nous avons nagé longtemps. Nous chahutions sous les encouragements des copains.

Puis, à regret, nous nous sommes rapprochés de la rive.

Alors que j'étais allongé nu sur le carrelage tiède, le sentiment d'un recommencement, d'une renaissance, insistait à battre mon estomac. Je regagnais le pays perdu comme le fils prodigue au retour d'un long voyage. Ulysse de banlieue, Jason du cachot, j'avais amassé tout l'or de mes périples et l'avais tissé dans des vers de galérien. L'ancienne époque me paraissait si éloignée de ce havre, comme si je ne l'avais connue que par ouï-dire, apprise d'autres voyageurs encore effrayés par leur séjour aux enfers. Le baptême du fleuve me comblait. J'étais bien, attentif à ma nouvelle vie comme on veille un enfant.

Bob s'approcha, parlant tout bas, intimidé par nos nudités.

— Hé, les gars… Je vais vous poser une devinette. Elle n'est pas de moi, mais de Prévert… Ouais, le poète. *Qui est là, toujours là dans la ville et qui pourtant sans cesse arrive et qui pourtant sans cesse s'en va ?*

Pendant que nous tentions de réveiller nos neurones, Grégoire ronchonnait en tirant un sac d'enduit sur le carrelage :

— Oh ! les copains, faudrait pas vous endormir sur les lauriers, y a du boulot…

Bob insista néanmoins :

— Alors ? Vous avez compris ?

— Quoi ?

— C'est le fleuve… la réponse de la devinette, c'est « le fleuve ».

Sur l'échelle, Luigi susurrait des trémolos napolitains en jouant du rouleau.

— Un italien, ça peint… et ça peint bien, *col amore nel cuore.*

Bon, fallait y aller, quoi.

Le samedi de la fête, notre petite tribu quitta le pavillon de Riton aux alentours de quinze heures. Le père accepta de monter en voiture seulement après l'arrivée du tiercé. Lui et Mimoun, un retraité de la TSTF, avaient perdu, comme d'habitude. Et comme d'habitude, ils bougonnèrent un quart d'heure avant d'oublier leur déconvenue rituelle, au coin du premier carrefour. Sur les sièges arrière de la Renault fatiguée, leurs femmes chahutaient comme des gamines dissipées. Je devinais leurs silhouettes remuantes dans la vitre arrière.

Louise au volant, nous suivions ses parents. Nous amenions les enfants. La semaine suivante, Riton et Jeannette –comme chaque année depuis plusieurs décennies–, allaient camper au bord de la mer, en Bretagne. Ils ameneraient la petite Myriam, pendant que Lucas irait à son stage de football. Ainsi, j'allais aménager chez Louise pour un mois. Nous allions vivre en amoureux, trente jours entiers.

Oui, j'étais amoureux. Je tournais mon visage vers elle. Elle me sourit. C'était décidément une belle journée.

L'impasse qui menait *Chez Tintin* était encombrée d'un désordre polychrome. Riton choisit de se garer sur l'avenue, le long de l'épicerie.

Sur le trottoir, devant nous, un couple d'un certain âge avançait d'un même pas, bras dessus, bras dessous. La silhouette de l'homme me disait quelque chose, un ancien 3/8 des granulés peut-être ? Ils entrèrent dans l'impasse. Près de l'entrée de la guinguette, deux anciens, chacun sur sa chaise, serraient un énorme bock de bière. Riton s'arrêta et tapa longuement sur l'épaule du plus petit. Les enfants filèrent entre nos jambes en direction des grandes tables, chargées de pâtisseries. En petites grappes, une quinzaine de personnes stationnait dans le vestibule. Je reconnus Luigi qui leva la main en guise de salut. Il officiait derrière un long buffet entre des caisses de boissons aux couleurs criardes. Au-delà, dans la salle de bal, les couples se pressaient jusqu'à ras des murs, débordaient sur la terrasse.

Le bâtiment palpitait d'un bastringue assourdissant. Véritable mur sonore, le tapage m'interdisait le passage, oppressant ma poitrine, et je retournai vers l'entrée. Nous nous rendîmes compte que nous avions perdu Jeannette et Rachel, la femme à Mimoun. Pour rejoindre le jardin, nous dûmes contourner la bâtisse. Dans le périple, je croisai quelques collègues, dont ceux du jour. Près de l'ancienne tonnelle, avec sa femme et Jeannot –le vieux sondeur aux oreilles si précieuses– se tenait Giraud.

Louise me tirait par le bras et j'eus à peine le temps de saluer Jeannot et de remarquer qu'à son nez, un tuyau translucide lui sortait des narines. Il y avait une grosse bouteille d'oxygène au pied de sa chaise.

Plus loin, Goran nous hélait. Il était assis à l'écart, près du saule, avec le Chibani, devant un morceau de tarte et quelques chopes vides. Louise les embrassa, claquant ses bises aux joues. Goran nous invita à nous installer. Mais déjà ma compagne me pressait du regard : « Non, non pas encore ». Elle leur dit, d'un ton joyeux qui ne souffrait pas la contradiction :

— On revient, mais avant… on fait le tour…

Je ne voulais pas m'approcher de la sono. Nous prîmes donc au plus large, près de la berge. Léo tirait les cent pas le long des barrières installées là pour éviter qu'un enfant –ou un copain trop saoul– ne tombât dans le fleuve. Les vagues de couples nous brassaient toujours plus loin, toujours plus fort. Je finis par perdre Louise dans la valse des salutations, et je restai en rade sur le bord de la terrasse. Bob, de passage, me laissa une cannette de bière. Assoiffé par la fièvre des danseurs, je la bus d'un trait.

Sautillante et avec un large sourire, Louise réapparut. Une vague de valseurs l'avait jetée dans mes bras.

— On est bien, non ?

Elle l'avait dit à mon oreille. Je répondis d'un simple signe de tête. Elle se serra contre moi, plus fort encore. Son corps épousait le mien à travers les tissus légers. Je l'embrassai sans pudeur.

— Tu aurais pu inviter tes frères, pour me les présenter.

— Je ne sais même pas s'ils vivent encore.

Une tristesse devenue inhabituelle m'avait envahi. Mais en face de mon moi, ma cavalière souriait d'un air espiègle :

— Avec Goran, nous les avons retrouvés !

La surprise me fit trébucher.

— Et on les a invités, tu parles ! Mais il n'y a que ton frère aîné qui a pu se libérer, il est par là.

Elle désignait, d'un large geste du bras, l'endroit d'où elle était venue, un instant auparavant. Mes yeux se mirent à scruter des dizaines de visages, sous le grand sapin.

Et je le reconnus.

La fête avait battu son plein jusqu'à la tombée du soir et, d'un coup, l'atmosphère s'était adoucie. La musique baissa d'un ton, laissant la place aux conversations. Grégoire alluma les lampions installés dans les arbres et le long de la façade. Sur la surface noire du fleuve, ces illuminations se reflétaient en paillettes multicolores.

Riton et Jeannette quittèrent la guinguette avec les enfants épuisés et gavés de tartes et de crème Chantilly. Mon frère était parti, lui aussi, non sans m'avoir fait promettre de manger chez lui le dimanche suivant. Il voulait inviter mon autre frangin : avec leurs femmes, ce serait un vrai repas de famille. Je l'avais raccompagné, Louise à mon bras, jusqu'à sa voiture. Il m'avait serré très fort dans ses bras avant d'embrasser Louise. Nous étions restés, à l'ombre des haies, le long de ce trottoir, bien après que les feux arrière de sa voiture eussent disparu sur l'avenue.

Lentement, nous avions rejoint l'équipe, sous son saule.

Comme au Donjon, les « bras cassés » y avaient établi un état-major. Nous nous relayions aux tâches principales, derrière le bar, à l'approvisionnement en tonneaux de pression, en caisse de rouge. Pour le reste la fête tournait à l'autogestion. Des jeunes, autour de Dialo, avaient installé leur fiesta sous le hangar à bateau. Par chance, la fumée interdite s'échappait par les interstices du toit en planches. Sans quoi, ils auraient crevé à coup sûr, asphyxiés dans leur terrier comme des garennes. Passant m'assurer d'eux –et reconnaissant à peine la silhouette de Momo au cœur d'un nuage aux ombres cobalt–, je n'avais pu quitter le fumoir sans tirer sur un quatre-feuilles chargé à bloc, comme un semi-remorque remontant d'Andalousie. La came ne m'effrayait plus : j'étais si sûr de ma voie. Et ces gamins avaient ri de moi lorsque j'avais pris le joint à deux mains.

— Oh Toxic ! Tu fumes le bédo comme les babas de Woodstock.

Vers minuit, nous n'étions plus qu'une trentaine sur la terrasse. Assis en rond autour d'une grande table improvisée à grand renfort de tréteaux, nous grignotions en éclusant les dernières bières. Sacha, épuisé par la succession endiablée de ses acrobaties et par les vapeurs d'alcool, s'endormit debout –réellement– près de la porte-fenêtre. Le fleuve charriait une brise fraîche au ras de l'eau. Elle murmurait dans les branches basses une romance bruissante de feuilles castagnettes.

Le silence s'imposa doucement. La fête avait été une réussite. Le coup de la guinguette ressuscitée avait laissé pantois les plus anciens, hommes et femmes. J'avais pu mesurer l'émotion pour Riton, Mimoun et leurs copains. Ils s'étaient même payé deux tours de java pour l'exemple. Toutes les équipes qui ne bossaient pas furent dignement représentées. Même des chefs comme Giraud tinrent leur rang, levant la pinte avec les copains ou les camarades de la Cégette –qui en profitèrent pour vendre les vignettes de la Fête de l'Huma. Quelques gars du soir déboulèrent avant le boulot, d'autres le firent en sortant. Ils charriaient avec eux l'odeur de la Saloperie qu'ils noyèrent dans la bière.

Après la gageure que cette fête avait représentée pour nous, épaule contre épaule, nous nous sentions bien. Le bonheur de l'instant aurait pu se couper au couteau. Et nous nous en rendions compte en respirant du même souffle.

Peut-être aux souvenirs de son pays –ou alors était-ce la prescience de l'eau noire tirant la nuit au zénith étoilé– Goran nous dit d'une voix grave et traînante du poids de l'alcool.

— Attention. La sagesse populaire nous rappelle que la tristesse survient quand la joie est à son comble.

L'accident

Comme un vieux dragon qui expire, l'usine haletait d'un souffle décousu. L'été venait et, déjà au ralenti, les tapis roulaient leur charge fumante machinalement, pris de torpeur. Les *Fenwick* orphelins, énormes crapauds rouges et jaunes, s'étaient rassemblés à l'ombre des bâtiments assoupis. Les refroidisseurs, hiératiques dans leurs costumes d'argent, sifflotaient en laissant échapper des ponctuations de vapeur, fumeurs agacés qui s'essayaient aux ronds de fumée.

Les deux jours précédant la fermeture des principales productions, l'ambiance se mêla d'un climat d'école avant les grandes vacances.

L'été incendiait les toitures des hangars et les hommes avaient pris l'habitude de se tenir près des portes, adossés aux poutrelles, torses nus à l'occasion, pour respirer les rares filets d'air frais. Les chefs fermaient les yeux. La chaleur pressait l'atmosphère au point de la déchirer de craquements sinistres.

À la queue leu leu, comme les vaches à l'abreuvoir, les gars se passaient sous les robinets. Parfois ils chahutaient en s'éclaboussant et en revenaient trempés. Pourtant à peine entrés près des mélangeurs, ils étaient à nouveau secs et assoiffés.

L'équipe des « bras cassés » fut dissoute jusqu'au 24 août suivant. Seul Dialo, Momo, Sacha et moi devions rester. Les deux jeunes reprirent leurs premiers boulots, Dialo à l'entretien des machines et des moteurs diesels des locos, et Momo à la manutention, en bout de chaîne. L'une des unités de production fonctionnait encore, mais presque à cloche-pied. Quelques années auparavant, l'usine fermait les trois premières semaines d'août, mais avec la manie des flux tendus et du « zéro stock », d'autres lieux exigeaient un approvisionnement régulier de ce composant entrant dans leur propre fabrication. Deux demi-équipes y consacraient leurs journées.

Sacha et moi étions d'astreinte, alternant services de jour et de nuit, parfois les deux d'affilée. Pendant le travail, nous assumions les tâches de sécurité et lors de l'arrêt nous contrôlions les cuves et les stockages des matières premières. C'est-à-dire que nous faisions seulement acte de présence. Sacha reprenait des couleurs. Souvent par nostalgie, il traînait près de sa Svetlana endormie et de la ligne de SL127.

En rentrant soit le matin, soit en fin d'après midi, selon nos horaires, nous arrosions les plantes chez Goran. Nous nourrissions de mouron les pinsons et autres canaris du Chibani partit au bled avec les fameuses enveloppes. Nous nettoyions le jardin de Luigi des mauvaises herbes et là encore nous arrosions. Nous retirions le courrier des boîtes à lettres et ouvrions les fenêtres pour aérer. Nous gardions les clefs de tous les appartements et pavillons des copains. Et nous accomplissions notre tournée avec le même sérieux qu'à l'usine entre cuves et tuyauteries.

L'équipe ne vivait pas à l'heure de la précarité. Leur paye augmentée de plus d'un tiers par les horaires sup' de nuit –en plus de leurs pensions– et avec la retraite en ligne de mire, ils ne craignaient guère les monstres postmodernes du chômage et des plans sociaux. Ils étaient, d'une certaine manière, privilégiés, et pouvaient se permettre de partir pour les vacances. Goran allait chez lui, en Serbie, Luigi retournait à Royan, Bob errait sur les routes, avec sa femme Line, dans leur caravane, Léo amenait Gisèle au-delà des Pyrénées, Grégoire et Paul débarquaient à Narbonne Plage dans une pension de famille tenue par un ancien collègue.

Je n'imaginais pas que les copains aient pu avoir autant de plantes vertes et de potagers. Un peu d'eau par-ci, par-là et nous distribuions les légumes arrivés à maturation. Sacha alimentait la popote collective du Foyer.

Je me posais aussi des questions sur leurs intérieurs. Ils se ressemblaient, tous plus ou moins encombrés de bibelots, de bricolages maison, de meubles bars et… de téléviseurs ! Ah les télés ! Il y en avait partout, quasiment une par pièce. Un samedi chez Bob, j'avais osé poser la question :

— Mais enfin, pourquoi autant de télés ?

— Cinq, avec celle de la caravane. Une dans la cuisine. Une au salon. Une dans notre chambre, et puis celle des mômes. On ne les jette jamais, je les bricole moi-même… Pour les pièces, je m'arrange en vadrouillant sur les marchés…

Songeur, il ajouta sur un autre ton, moins concerné :

— Tu sais, même si les programmes sont merdiques, il faut bien évoluer avec son temps…

Derrière lui, sa femme Line approuva en silence. Fièrement, il me poussa dans la salle à manger.

— Ici, j'ai tout fait à mon idée. Les meubles, je les ai cherchés près de deux ans… T'en as vu des comme ça, ailleurs ? Dis, t'en as vu ? Non, hein ! Ce sont mes meubles à moi…

Il caressait le dossier d'une chaise, l'accoudoir d'un fauteuil, le dessus de la table.

— Du bois, rien que du bois massif. Là, tu comprends le boulot du menuisier. Un orfèvre, ce gars-là.

Il m'obligea à me baisser pour examiner l'ajustement des pieds.

— Pas un clou, pas la moindre colle, rien que des chevilles en bois ! T'imagines les heures de boulot… et à la main, hein !

Il n'avait pas réellement répondu à ma question, mais m'avait fait partager quelque chose.

Le matin, nous déjeunions chez Goran et le soir, nous y prenions l'apéro. Sacha s'installait dans le salon, devant la télé. Il suivait les programmes des chaînes russes grâce au satellite installé durant la guerre de Yougoslavie. Souvent, il dormait sur le canapé.

De mon côté, je rentrais à pied chez Riton et Jeannette, à quelques rues de là, retrouver Louise. En passant par la boulangerie *Les tilleuls*, où j'achetais ma baguette blonde et craquante. L'air, le centre ville, les passants, les jardins… arboraient une tranquillité singulière. Au crépuscule, le ciel d'ouest brûlait d'un or intense, pareil à l'auréole d'une icône du Mont Athos. À l'aube, de grosses balles de brume rosée rebondissaient sur le boulevard délaissé. L'atmosphère tintait, si claire que des horizons jusqu'alors inconnus s'abandonnaient au regard.

Je ne me souvenais pas qu'on apercevait le fleuve du haut de la rue Casanova, par exemple. La première fois, j'en fus étonné. Immobile, j'avais observé le balancement des peupliers et le vert de l'eau. Parfois, je faisais un détour pour grimper la côte du fort, le long des jardins ouvriers. Quelle que soit l'heure, il y avait toujours des hommes et des femmes à y travailler, pliés en deux sur les rangées au cordeau de petits pois et de haricots. On échangeait des saluts et, quelquefois, deux ou trois phrases sur la récolte, le temps qu'il allait faire. Par ici, on se saluait même sans se connaître. D'un regard, ils m'identifiaient comme un des leurs. Sans doute le sac du casse-croûte pendu à mon épaule. Ils comprenaient bien que je revenais du boulot. J'en portais sur mes habits une respiration qui avait été la leur tant d'années.

Le gros Fifi, un copain de Riton, à qui on me présenta au *Fontenoy*, s'approcha un soir de la clôture. À la belle saison, près de son cabanon à outils, il dormait sur une chaise longue à peine recouvert d'une vieille couverture écossaise.

— Oh Toxic, tu goûteras bien à mes tomates…

— J'en ramène du jardin à Luigi.

Et je soulevai le sac de plastique au-dessus de la haie de fusain.

— Montre-les moi. Viens approche…

Il ouvrit le sac que je lui tendais.

— Oh belles, belles… Il sait y faire, le Rital… vraiment belles. Et puis elles sentent ! Ça, elles sentent bon. Il garde de la semence d'une année sur l'autre.

Il boita jusqu'au cabanon et revint avec quatre aubergines brillantes comme des améthystes d'évêque.

— Vous vous les ferez en beignets, ou alors à la *parmiggiana*, tu connais ? Délicieux. Louise saura… Et pour elle, attend un peu que je te cueille quelques fleurs.

Cette quiétude m'inondait, se prolongeant jusqu'à l'usine.

La nuit, elle se taisait d'un épuisement de bête. Les bâtiments, les cuves, les hangars se pelotaient sur eux-mêmes comme des chats endormis. Les énormes gorges des ventilateurs des citernes se gonflaient d'une respiration sourde. Nous n'étions qu'une dizaine, jamais plus. L'ingénieur de garde, un nommé Houareau, était un Réunionnais qui préférait prendre ses vacances en hiver dans la chaleur de son île. Il s'enfermait dans son bureau, même si, parfois, il savourait le frais dans un fauteuil tiré sur le perron. Même le plan *Seveso* s'allégeait à l'extrême : à peine quatre pompiers qui stationnaient à demeure, avec les deux surveillants, à la conciergerie. Sacha et moi, nous préférions nous balader en bicyclette. Le G9 ne nous servait que les jours de pluie.

Nous tirions quatre tournées par nuit. Arrivés aux entrées des stockages, nous présentions à la borne le mouchard électronique. Il chantait ses trois notes suraiguës et nous prolongions notre balade.

Dans la pénombre, le Donjon sommeillait. Seules les pâleurs électriques des écrans vidéo et des capteurs se réfléchissaient sur le carrelage. Je longeais les contrôles, le temps de vérifier qu'aucun voyant ne s'était allumé puis je m'étendais une heure ou deux sur un lit. Ou alors j'écrivais dans la salle du bas. Sacha en profitait pour s'exercer à de nouveaux numéros, sur la pelouse devant les cuves. Quand il s'approchait des projecteurs au ras du sol, son ombre de géant dansait sur le métal, démesurée.

À la table du réfectoire, je relisais les premières épreuves envoyées par la maison d'édition. J'étais bien obligé de constater qu'ils ne réécrivaient pas mes phrases. Ils avaient conservé mes mots, même les plus grossiers, tout comme mes délires les plus improbables. En revanche, certains passages avaient été sabrés. Quand je décrivais l'éclaboussure verdâtre sur le tabouret avec lequel un fou avait frappé un pas-de-chance. Avais-je été trop loin dans la description ? Il est vrai que je m'étais étonné de cette couleur de cervelle, qui tenait plus du miasme d'insecte que de l'intime carmin de l'homme.

Ils avaient aussi sucré le passage où j'avais décrit, avec une précision toute scientifique, le jus de pendu.

Le Polonais s'était accroché, nu en haut des barreaux. D'un blond tirant sur le roux, la peau blême dessinait une pauvre silhouette d'os. Déjà saisi par la raideur cadavérique, il semblait de verre. Son corps s'était vidé par-devant et par-derrière d'une grande partie de ses humeurs liquides. De larges traînées descendaient en volutes grasses et brunes collant les poils de ses jambes et s'égouttaient en perles sales aux gros orteils.

Il m'arrivait de lire dans le journal une brève du genre :

> Selon l'Administration pénitentiaire, un détenu
> de 22 ans s'est pendu à Bois d'Arcy dans la nuit
> de dimanche à lundi.

Alors, je revoyais immanquablement la tête du Polonais, sa tristesse, prisonnière à jamais de cette larme à son œil rond et fixe. Et son odeur posthume empuantissait mes synapses. Chargée de mort et de relents d'excrément, elle s'était répandue dans la coursive. Le journaliste ne figeait jamais qu'une horreur proprette qui, bien sûr, ménageait le petit-déjeuner du lectorat. Elle nettoyait la vérité de ses scories trop humaines, bien trop physiques.

Alors non ! Pas de cervelle verte, ni de jus de pendu dans l'édition… Pas plus que de matons tortionnaires.

Au téléphone, le responsable éditorial m'avait prévenu que les syndicats poussaient le ministère à porter plainte contre ce genre de récits, aussi véridiques soient-ils. La censure en uniforme devait défendre « l'Honneur de l'institution » et imposait une chape de plomb à ce carcéral d'un autre âge tel que, pourtant, il se perpétuait au XXIe siècle. Je revoyais la tête d'un jeune gardien, l'air sûr de lui, débordant de morale sécuritaire. Alors que la grande prison résonnait de coups et d'ordres aboyés, il m'avait assené avec une certitude puante de fascisme ordinaire :

— De nos jours, il y a trop de laxisme !

Il avait à peine 25 ans, mais il aurait pu être un gardien de Cayenne.

Sur les toits des hangars, la nuit féline roulait des épaules. À peine si nous parvenait la rumeur saccadée d'un train de voyageurs circulant sur l'autre rive.

Le fleuve tout puissant écrasait l'obscurité de sa glissade silencieuse.

Dans les allées entre les bâtiments, l'impression d'une ville abandonnée nous emplissait d'un fantastique de cinoche. En pédalant, je racontais à Sacha un vieux film américain de série B. Je ne m'en souvenais pas très bien, et je mélangeais probablement deux scénarios proches. Bref, dans mon film, un gars sortait d'une mine et ne retrouvait plus personne, les rues désertes, les magasins… Tout était en état de marche, mais plus âme qui vive, comme arrêté dans le temps. Sacha s'enthousiasmait :

— Putain, j'irrrai pillerr les coffrrres des banques, les bijouterrries…

— Vous ne pensez qu'à ça, mais vous ne le faites jamais. Par trouille, et pas à cause de la pseudo-morale publique ou de l'amour de la loi. N'empêche, vous ne pensez tous qu'à ça…

— Norrrmal, non ? Tu crrrois que ça'm plait de bosserr avec Salop'rrrie ? Que je suis amourrreux des camarrrades… Non, non, jau veux me tirrrer…

Je refusai d'entrer dans les discussions sérieuses. Pas ce soir.

— Dans le film, c'est un coup des morts vivants… Comment tu t'en dépatouillerais, des morts vivants ?

Inquiet, il me fixa avec des yeux ronds.

— Connerrrrie !

— Une comète est passée près de la terre. Et elle a redonné la vie aux personnes enterrées depuis peu.

— Arrrrête avec ces histoirrres… J'y crrrois pas, les morts ne reviennent pas. Pas possible… Nous les Rrrusses, on crrroit pas ça.

— Imagine tous les copains morts dans l'usine… devenus des fantômes qui te courent après…

— Arrrrête tout de suite…

Il me menaça du poing. Mais j'insistais, jouant sur les peurs ancestrales :

— Ceux du bombardement seraient en charpie… À l'un, lui manquerait le bras, l'autre aurait la poitrine ouverte… et ceux de la grande explosion…

— Arrrrête…

Il criait maintenant.

À la porte du hangar 7, il descendit de vélo pour s'approcher de la borne. Avant de traverser l'ombre le séparant du bâtiment, je le surpris à épier à droite et à gauche. Et pendant qu'il se penchait sur la sortie des capteurs, je ramassai un morceau de ferraille et le balançai dans l'étroit passage derrière lui. D'effroi, il sursauta et courut à son vélo, l'enfourcha et pédala une cinquantaine de mètres avant de s'apercevoir que je le suivais, à peine essoufflé par un fou rire me broyant les côtes.

— Toi… Toi… Trrrrès con, trrrrès trrrrès con !

Et je riais ! Les larmes me montaient aux yeux, je manquais en tomber de mon vélo.

Les « bras cassés » se retrouvèrent au complet le lundi 26 à la tombée de la nuit. En deux jours, les habitudes reprirent comme s'il n'y avait jamais eu d'interruption. Les 3/8 se relayaient dans la clameur des plateaux et des tapis. Les cris des refroidisseurs sous pression, les ahans saccadés des enrobeurs, le sifflement électrique des transpalettes, les allées et venues des semi-remorques, la préchauffe du diesel des locos envahissaient un espace surexcité par des gueulantes d'hommes pressés et suants. Les odeurs revenaient elles aussi, et nous suffoquaient. Même la lueur crue des éclairages paraissait plus violente. Ceux qui hier flânaient, les mains dans les poches, marnaient aujourd'hui avec plus de rage et de désespoir. Comme si nous avions à rattraper ce temps de vacance, et les maigres plaisirs qu'il nous avait octroyés.

Ce sentiment d'être payés à ne rien faire, une culpabilité qu'on n'avait pas besoin de leur imposer : ils le faisaient seuls.

Atelier par atelier, il fallait que ça bosse. Et que ça bosse dur. Les nouvelles directives s'affichaient aux quatre coins de la vie enchaînée. Taux horaire. Productivité. Rythme. Cadences… Augmentation de la vitesse de production : 2,87 %… Recul du temps de pause payé : 4 minutes… Paiement des heures sup' : moins 1,69 % du taux de l'an passé… Travail le dimanche… Les patrons pressaient, pressaient le citron des hommes. Et leurs épaules basses embrassaient les machines en un baiser de mort.

À chaque occasion, à chaque rentrée, à chaque reprise des productions, la direction serrait la vis. Il y avait toujours une bonne raison : la rentabilité du capital face aux productions chinoises, à celle des anciens pays du bloc de l'Est, la baisse de la demande, la faiblesse du dollar, la hausse des coûts et des charges, la flambée du pétrole…

Les ingénieurs et les chefs circulaient pendant les premières semaines de relance et nous questionnaient quand nous les croisions en début de nuit :

— Tu fais quoi ? Tu vas sur quel secteur ? Tu as contrôlé la 12 ? Et la RV5 ?… Je vous avertis, ça ne se passera pas comme l'an passé, il va falloir rationaliser le travail de votre équipe.

C'était la phase de « reprise en main » comme l'expliquait Goran, il ajoutait rassurant « Ils se calmeront rapidement ». Déjà, vers une heure, il y avait moins de monde. À deux heures, ils prenaient une pause jusqu'au matin. On répondait à leur présence par une foule de requêtes et autant d'observations sur la sécurité de certains secteurs. Nous savions qu'en retour, ils étaient dans l'obligation de pondre des rapports. La moindre récrimination, surtout si elle abordait la question des risques, chiait de la paperasse.

Un soir, Sacha et moi avions coincé un jeune ingénieur dans le hangar de la SL 127. Un nommé Tarrodo, bombardé responsable en chef de la production. Nous l'avons gardé deux plombes. Il notait. Je le fis ramper à quatre pattes sur la tuyauterie pour lui montrer le danger à poursuivre la production à ce rythme.

— Pourtant les ordres sont clairs, pour ce secteur, il faut grimper à… attendez voir.

Il étudiait ses notes.

— Voilà… + 2,42 % sur la base du produit jour, c'est-à-dire pour la nuit… 0,00 !

Son visage grimaça de surprise et il relut pour s'en convaincre. Incrédule, le cadre toisa Sacha des pieds à la tête.

— Ben, oui. C'est bien ça : 0,00… Monsieur Tchernoritze, je dois reconnaître que vous êtes déjà au taux maximum… ou presque.

Je savais ce que Sacha pensait, inutile qu'il me souffle la réplique.

— Si ceux des équipes de jour accélèrent, la structure va s'user plus vite et les risques, au niveau des points sensibles, vont augmenter d'autant.

— C'est étudié, monsieur Branly, c'est étudié. Nous avons d'ailleurs un rapport d'expertise tout à fait rassurant là-dessus.

Il reprit un air sérieux de responsable :

— Nous ne faisons rien sans prévoir, rassurez-vous… Pour les citernes, nous avons changé la rotation, votre équipe manœuvrera le train en tiers de nuit. Nous allongerons le convoi à cet effet.

Ainsi à force de requêtes –justifiées ou non–, la nuit, les responsables finirent par s'enfermer à nouveau dans leur bâtiment administratif. Ils nous évitaient, on le sentait lorsque nous nous approchions d'eux sur le parking, à l'heure de l'embauche.

Le soir, le talkie lâchait son « L'usine est à nous » de plus en plus tôt. Tout reprenait son cours, la répartition autogérée des tâches, les matchs de foot, les films pornos, les apéros collectifs, les jeux vidéo. Les nuits filaient, puis les semaines… Le temps changeait. Il pleuvait plus souvent. D'abord à grandes bourrasques claquant sur les tôles, puis en un crachin continu et roux collant aux parkas comme une seconde peau, une couenne de triton ou de batracien. Aux alentours de minuit, la brume montait du fleuve, elle coulait entre les bâtiments en se teintant d'agrume aveuglant. La marée humide gagnait nos cœurs et assourdissait la clameur du travail. Elle emprisonnait les relents de Saloperie et dessinait de gigantesques volutes aux sorties des aérateurs. Dans certains secteurs, nous manquions d'air. Pourtant les gars évitaient de porter les masques, plus étouffant encore avec la sueur.

Puis, il gela trois nuits consécutives. L'usine craquait de terribles tremblements. Le givre brouilla les vitres et ses cristaux bleus blanchirent la surface du métal nu.

Enfin, il neigea à gros flocons une nuit entière, après le premier de l'an. J'écrivais au réfectoire. Imperceptiblement, l'atmosphère changeait, comme si l'usine chuchotait. En relevant la tête, je vis danser la neige contre les carreaux. Je me levai pour me rapprocher de la fenêtre et constatais que le spectacle détournait également les gars du boulot. Ils s'amassaient près des portes et on devinait d'autres silhouettes aux fenêtres dans les étages des bâtiments. Leurs ombres immobiles sous les porches illuminés d'or figuraient des crèches vivantes, comme un soir de Noël à l'église.

Je rigolais à cette idée.

À la débauche, sur le parking, des groupes improvisèrent une bataille de boules de neiges. Afin de sauver de la catastrophe ses pompes vernies, le Chibani chaussa des sacs plastiques serrés aux mollets par des élastiques. Il marchait à la manière d'un échassier. Autour de lui les gars se bousculaient, quand ils ne se roulaient pas carrément par terre. On riait. Bob chanta le premier couplet d'*Étoile des neiges* et nous reprîmes en chœur le refrain.

La neige s'installa. Le deuxième jour, sur le parking, elle s'étalait comme une crème pâtissière tournée, chuintant au passage des véhicules. Le long des allées, elle se mêlait sans façon à la poussière et à la terre en une boue mousseuse et sale.

Autour des bâtiments, des cuves et, en dehors des passages fréquemment utilisés, elle s'obstinait, durcie par le gel. Sous les projecteurs, les plaques immaculées irradiaient, apportant au lieu un air déplacé de carte postale baroque.

Nous approchions de 11 h 00, je rentrais avec Momo d'une manœuvre de routine à la sortie du hangar 7. Nous nous étions arrêtés quelques instants à la SL127 où Sacha s'activait comme à l'accoutumée. Malgré l'air glacial du dehors, la sueur lui collait le T-shirt à sa poitrine. L'atmosphère brûlait, torride, asphyxiante bien qu'il ait en partie retiré les plastiques obturant les issues et que les ventilos ronflassent comme des moteurs d'avion. Lorsque l'on n'était pas habitué, l'air vicié à un tel degré de saturation serrait la gorge jusqu'à la nausée, au seuil du vomissement. Après un vague salut et un sourire, il s'essuya les mains d'un geste rapide et nous tourna le dos pour grimper les quelques marches de son poste de contrôle.

Nous fîmes un détour pour ne pas traverser l'étendue enneigée. Au Donjon, le Chibani et Grégoire s'affairaient devant les claviers de la console. Goran se servait un café.

À peine avions-nous pénétré dans la salle que les alarmes se déclenchèrent. Aussitôt une violente explosion secoua le bâtiment sur ses fondations. Une lueur dorée nous éblouit. De cet instant, je ne garde que la vision ridicule du transistor du Chibani pendu près de son oreille à la clenche de la fenêtre. Mon regard suivi l'orbite de la petite radio traversant la pièce à la manière d'un satellite jusqu'à l'écrasement sur le mur d'en face. J'étais accroupi. Par instinct, j'enfilais mon masque et je le serrais à fond en tirant sur les languettes.

Une seconde vague de débris entra par l'ouverture béante, des morceaux de tôle, des éclisses de béton, de fer, de plastique.

Sur le coup, la plupart des écrans s'éteignirent. Les gyrophares vermillon virevoltaient en désordre. la plupart des lampadaires étaient morts, tordus. Les haut-parleurs, arrachés par la déflagration, gémissaient encore, pour certains, des plaintes grotesques. L'électricité sauta. Les loupiotes d'urgences palpitèrent de leurs SOS dérisoires.

Le cadre des baies vitrées s'était effondré sur les deux vieux, devant le contrôle. Grégoire gesticulait comme un diable pour se dégager. Le Chibani, blessé, ne bougeait plus. Mon corps entier s'irisa des picotements de l'adrénaline. Je me relevai d'un bond pour courir jusqu'à lui. À cet instant, je m'aperçus de la présence de Goran à mes côtés. Nous tirions le vieux qui reprenait progressivement ses esprits en charabiant moitié en arabe, moitié en français. Je ne comprenais que son leitmotiv :

— La pute… la pute… la pute…

Par la fenêtre déglinguée, souvenir béant, le nouvel horizon nous apparut. Le hangar de la SL127 était éventré comme une boîte de conserve. Le toit, en partie arraché, dressait ses déchirures vers le ciel. De l'arrière, au sud, il ne subsistait que les structures d'acier, pliées comme de vulgaires caoutchoucs. Le visage de Sacha me traversa l'esprit. Une seconde explosion retentit plus profondément dans le cœur du bâtiment.

Goran jaugea la situation et se rapprocha de mon masque.

— Elle gagne vers la sortie, il faut bouger les citernes du train sinon en explosant elles crèveront la cuve…

La cuve. Rien qu'à ce mot, mon cortex primitif s'embrasa et les poils sur ma nuque se hérissèrent. À la TSTF, nous savions tous ce que cela signifiait. L'explosion de la cuve mettrait en péril non seulement l'usine mais la zone entière, jusqu'au centre-ville.

— Dialo et toi, vous foncez bouger le convoi de citernes, à n'importe quel prix, tu m'entends... De quelques mètres, même quelques mètres...

Il me fixa de son bon œil et répéta :

— À n'importe quel prix !

Pas la peine de me faire un dessin ! Je me relevai et couru vers la sortie, crochant Dialo par le bras. Nous enfilâmes nos cagoules d'amiante, nos casques, avec une rapidité désespérée. Nous nous jetâmes dans l'escalier. Les sirènes *Seveso* se déclenchèrent, enfin. Elles hululaient leur sinistre appel tant redouté. En avançant, je plantai dans mes oreilles les écouteurs de la radio bloquée sur la fréquence de sécurité, et je lui gueulais les directives de Goran : « À n'importe quel prix ! ».

Il me fit un simple signe de la tête pour dire qu'il comprenait tout, jusqu'aux ultimes conséquences. Chaque atome de sa viande fut immédiatement d'accord, il n'eut pas une once d'hésitation, ne ralentit pas d'un seul pas notre marche en avant.

En bas, nous croisâmes les filles de l'équipe de nettoyage, qui refluaient vers le parking. Une petite Reubeu, engagée la semaine précédente en intérim, courait en serrant un balai contre sa poitrine. Maryse, qui saignait du mollet, était vêtue de sa seule blouse de nylon bleu et grelottait de froid et de terreur. Gisèle me jeta un regard affolé et implorant. Je levai le pouce pour l'informer que son homme allait bien. Elle me toucha l'épaule en passant près de moi. À notre équipement, elle savait où nous allions.

Les derniers de l'équipe des Ch'tiots titubaient d'épuisement en remontant vers nous. Ils avaient dû s'allonger d'un détour et accouraient des quais pour renforcer la sécurité et les gars organisant les secours. Les ouvriers prenaient douloureusement conscience de l'importance de l'accident. Aux flammes au-dessus des toits, il était clair que nous n'en étions qu'au début.

Un geyser de feu illumina la partie de l'usine devant nous. La Saloperie, bête furieuse, progressait au galop. Elle n'explosait plus mais rugissait de son triomphe. Dialo et moi n'étions même pas en vue du train de citernes. Nous passâmes près du G9 mais, d'un regard, nous fûmes d'accord : le prendre nous aurait plus retardés qu'autre chose. Il nous fallait cavaler tout droit vers le bâtiment. Dans l'immensité de neige noircie de débris noirâtres, nous aperçûmes le corps de Sacha, à moitié recouvert d'une tôle fumante. Le souffle l'avait fait valdinguer sur une trentaine de mètres. Sans doute avait-il réussi à reconnaître des signes avant-coureurs, à sortir et à s'éloigner avant l'explosion proprement dite. Sans quoi, il ne serait resté de lui que des morceaux. Je pris juste le temps de constater qu'il respirait. Autour de son cou, la neige s'empourprait, comme la glace pilée au sirop de cerise. Au talkie, je signalais sa position à Goran, qui répondit froidement :

— Ouais, ouais… Les citernes, les citernes !

Le danger lui donnait un ton métallique, tranchant.

Devant nous se dressait une énorme vague de vapeurs rougies à l'haleine d'incendie. Elle nous dévora et sa gueule nous aveugla. Instinctivement Dialo saisit un pan de ma parka. Nous trébuchions sur les débris amoncelés et entrions dans le toxique à haute dose. Le masque saturait et le filtre claquait en me coupant net l'inspiration. L'atmosphère était si dense qu'elle constituait une matière palpable, molle. Nous progressions pliés en avant. Des flaques de Saloperie empoignaient nos chevilles, tentant de nous jeter à terre, chaque élément de la catastrophe, jusqu'à la plus petite particule, essayait de nous ralentir. Par saccades, des bourrasques de fumée et de matière flasque, comme une sorte de cambouis, nous enveloppaient d'un blizzard de ténèbres. Mais, un pas après l'autre, nous avancions vers le train. Parvenus enfin à l'angle nord du bâtiment, la myriade de minuscules mains lancées contre nous par le monstre iridescent sembla se détourner de nous. L'atmosphère s'éclaircit. Je passai un revers de manche sur la visière poisseuse du casque, et je pus discerner ce qui nous entourait.

De ce côté, l'endroit paraissait presque paisible, comme en dehors du champ de bataille. Nous pûmes avancer plus facilement et le ronflement menaçant se fit moins audible, de même que le concert des sirènes *Seveso*. Pourtant nous devinions que le combat était acharné, derrière le mur aveugle qui nous protégeait encore, et que la bête n'allait pas tarder à le crever de sa lave putrescente et corrosive.

Le convoi des citernes, juste devant nous, constituait l'enjeu de notre guerre de positions.

Dans ma course, l'image des nettoyeurs de Tchernobyl s'imposa à mon esprit. Celle notamment des gars galopant sur le toit de la centrale, à peine protégés par un tablier de cuir et de plomb, avec leur pelle dérisoire. Tous avaient crevé, jusqu'au dernier, en un temps record. Comme nous dans deux minutes peut-être ?

Dialo avançant plus vite, il me dépassa et m'indiqua qu'il s'occupait de la loco.

Par instinct, nous ne nous étions attardés que le temps d'un constat fugitif, pour nous éloigner au plus vite du bâtiment où nous sentions la Saloperie donner des coups d'épaules rageurs, s'ébrouant pour s'évader du dernier rempart, et gagner l'autre partie de l'usine. La paroi de béton vibrait sous les coups de butoir. Maintenant, elle frappait des deux poings au rythme d'un tambour querelleur. Par intervalles, les coups perdaient de la force comme si elle reprenait son souffle. Puis elle repartait à l'assaut avec plus de violence encore. Les canalisations branchées aux citernes s'agitaient de hoquets désordonnés.

Le sol sous nos pieds frémissait et sursautait, se souvenant sans doute du fameux bombardement de 1944.

Au moment de grimper aux échelles, Dialo dans la loco et moi sur la dernière citerne, nous nous saluâmes de la main au même moment. Pourquoi ? Avec le sentiment peut-être de ne faire qu'un, qu'un seul individu jouant toute sa vie sur un unique coup, pour saluer la chance ou la malchance qui nous serait commune quoi qu'il advienne.

La citerne vibrait. Je dégoupillais la première sécurité. À la troisième, la pression gicla. Je sautai en arrière, par réflexe, et retrouvai de justesse mon équilibre, à califourchon sur un métal baigné du liquide poisseux. Entre deux renvois des canalisations, je parvins à tirer sur la vanne d'un coup sec. Elle se dégagea de la baïonnette et se sépara. L'énorme tuyau glissa à regret vers le sol. Il s'ébrouait de secousses, frappait le métal qui résonnait comme la cloche d'une église engloutie. Il régurgitait sur le ballast un liquide envahi de caillots glaireux, comme du mou d'animal mort.

Avant d'attaquer la seconde citerne, je jetai un coup d'œil vers la loco. Dialo m'observait, il n'avait plus rien à faire. Toutes les manœuvres de préchauffe étaient en route, il patientait dressé sur la passerelle comme un capitaine de vaisseau dans la tempête. Le talkie près du masque, sans doute en liaison avec le Donjon. Moi, je n'entendais plus rien. Je n'aurais d'ailleurs pas écouté : je me pressai sur le métal glissant de la citerne. Avec de l'élan, je tentai de sauter de l'une à l'autre, façon western dans la scène de l'attaque du train. Mais je n'étais pas Billy the Kid. Je m'écrasai à quatre pattes. Au moment où je me redressai, une explosion enfonça un premier pan de mur, plus haut devant moi. Des parpaings bombardèrent la zone en une grêle sourde. L'un d'eux rebondit près de mon pied gauche. Le wagon frissonna d'une souffrance métallique. Du bout du gant, je touchai l'embout. Un jet de brume pâteuse virevolta autour du train. Je dégrafais les crochets, un à un. Enfin, le serpent d'argent se redressa et cracha son mortel venin vers le ciel, avant de retomber le long de la voie. Je resserrai le couvercle et, immédiatement, je levai les deux bras au ciel pour signifier à Dialo la fin de la manœuvre, hurlant mentalement : « Avance ! »

Juste à cet instant, le mur céda à ma hauteur, et une bouffée incandescente me balaya d'un revers de main.

Le vol plané sembla se prolonger, indéfiniment, m'entraînant dans une étrange sensation de bien-être. Le choc avec le sol n'en fut que plus brutal. Mon corps se froissa dans un craquement de rondin à la coupe. Je dus m'évanouir une fraction de seconde. Mais, le visage dans la neige, je repris mes esprits. Mon masque gisait à quelques centimètres. Le liquide glacé coulait dans ma bouche en feu. Je me redressai sur les coudes pour évaluer la situation autour de moi. La citerne n'avait pas explosé mais des langues de feu la léchaient avec avidité, sûres d'en faire leur repas, comme le chat joue et caresse sa proie.

Dans la cabine, Dialo se démenait, aux prises avec le démarreur. Je me redressai péniblement après m'être débarbouillé de neige à plein gant. Je ramassai le masque et couru vers l'habitacle de fer, autant crever, que ce soit dans la lutte épaule contre épaule avec mon camarade. J'empoignai l'échelle. Ma poitrine s'embrasa. À chaque mouvement, la douleur s'accentuait. Sans me redresser tout à fait, je m'immobilisai dans la cabine.

Penché en avant, Dialo vérifiait le voyant de chauffe. Il passa le pouce de son énorme gant argenté sur le verre du manomètre. Passée la surprise de me retrouver dans son dos, il leva l'avant-bras, la main grand ouverte en guise de bienvenue. Je la lui frappais gant contre gant. Sur notre monde, nous survivions en binôme, baignés de notre destinée insignifiante. Dans les écouteurs, une voix venue de quelque planète lointaine hurlait une litanie obsédante : « …tenant, maintenant, maintenant, main… »

Dissimulées derrière le rideau écarlate, les forges d'Hephaïstos concentraient leurs forces pour l'assaut final. L'interminable inspiration gronda d'une colère de harpie. Nous retenions nos souffles. Dialo pressa le démarreur et les vibrations indiquèrent, sous nos pieds, que l'antique diesel s'ébrouait. Son gant empoigna le levier des gaz. Après une hésitation frémissante, l'engin s'arracha aux rails, se déplaçant avec une lenteur accablante. L'image d'un paresseux fuyant un léopard affamé prit corps dans mes neurones pollués.

Je voulus crier « Plus vite ! » mais mon hurlement se figea dans ma gorge. Le masque faisait bâillon. De toute manière, mon compagnon mobilisait toute sa science. Sa main serrée sur la manette plongeait vers le tableau de bord et la progression s'accélérait, un mètre, deux mètres… Les à-coups des citernes ébranlaient la cabine. Les tuyaux raclaient les roues comme les tentacules du poulpe tentant de retenir leur proie, nous étions dans le *Nautilus*, il était le capitaine Nemo.

Avec une obstination d'insecte, la locomotive noire et verte s'appliquait à chaque tour de roue pour s'évader de l'enfer. Des plaques de Saloperie s'agrippaient à elle, se consumaient sur le métal des citernes, sans trop de risque de crever leur double enveloppe. Au passage, nous enluminions l'étendue de neige d'une traînée de majuscules de feu.

La seconde explosion me jeta à genou aux pieds de Dialo. Mon casque cogna contre la console. Les bras sur la tête, le Black se protégeait des débris valdinguant dans l'habitacle. Une tôle se ficha dans la vitre arrière. Pour un peu, elle nous décapitait.

Quand je me remis sur les jambes, l'endroit où nous étions quelques secondes auparavant avait été littéralement rayé de la carte. Du bâtiment ne restait qu'un amas de débris. Derrière la citerne de queue, les rails se dressaient vers le ciel. Et la douleur me pliait en deux.

Debout aux commandes, Dialo donnait des gaz, comme si nous partions pour un long voyage. Plus nous nous éloignions, plus il accélérait ses pas de danse, branlant du chef en rythme. Notre *Orangina*! À cette heure, il ne serait venu à l'idée de personne de lui donner ce sobriquet ridicule. Il était un héros, un vrai, pas de ceux dont on emmerdaille le plastron pour avoir bombardé une usine, une centrale électrique ou un train depuis les 5 000 mètres d'altitude où leur cul est posé sur le siège d'un bombardier furtif… Ni un sportif à gros transfert, ni une vedette de *soap* ou de téléréalité. Non! Dialo était un véritable héros. Anonyme. Pas de photo dans le journal. Il allait rentrer seul chez lui, dans sa chambre au Foyer, avec pour récompense la misérable « prime d'accident industriel »: 75,50 euros! Demain, il allait reprendre une existence similaire, celle d'un « boulot ». Pire, un jour peut-être un magistrat allait le mettre au gnouf pour dix grammes de shit qu'un flic, au énième contrôle abusif, allait dénicher dans sa poche…

Il fit retentir le Klaxon, une fois, deux fois… Nous nous serrâmes très fort dans nos bras, en nous tapant dans le dos du plat de la main. J'avais mal, mais je n'aurai arrêté cela pour rien au monde. Finalement, comme à contre cœur, il ralentit la machine et la stoppa dans le *no man's land* qui séparait l'usine actuelle de l'ancienne.

Dans le lointain, le long d'un camion de pompiers, les hommes en rang d'oignon levaient les bras au ciel en signe d'acclamation. Les énormes lances à neige carbonique noyaient l'antique royaume de la SL127. Ce qu'il restait de Svetlana. C'est-à-dire pas grand-chose, un enchevêtrement de poutrelles et de tuyauteries, posé comme un mikado sur un amas fumant de gravats.

Au ras du sol, la Saloperie agonisait en crachant de dépit des gerbes de feu et de vapeurs. Vaincue.

Un pompier s'avança, il fit signe à l'équipe du camion le plus proche de nous arroser copieusement d'un jet d'eau salutaire. La douche nous débarrassa des crachats de la bête qui humectait nos combinaisons.

Une vive douleur m'empêcha de descendre de l'engin. Dialo m'aida, il me prit à l'épaule, mais le mal vrilla dans mon abdomen. Je lâchai une plainte. Je me laissai glisser vers le sol enneigé, perdant pied avec la réalité. Malgré la cagoule, la fraîcheur dans le cou me réconforta. Dialo parla d'ambulance dans le talkie.

Après quelques minutes, le véhicule de secours débarquait en effet. Au sang sur le plancher, je compris qu'il avait servi à évacuer d'autres blessés. Un sang qui me jeta à la conscience le sort des copains, le drame collectif. Je m'allongeai sur le brancard.

Bordel, et Sacha…

Je revis tout à coup une sorte de cliché photographié par ma mémoire avant d'entrer dans le mur de vapeur : les silhouettes de Momo et Bob au pied du Donjon, ils galopaient vers le blessé en portant la civière orange du poste de secours.

Dialo était du voyage ambulancier. Nos « sauveteurs » portaient des masques, mais ils l'obligèrent à quitter sa veste maculée. Il la balança sans artifice sur le bord du fossé.

Derrière les vitres, défilaient bâtiments et cuves. D'un coup, en abandonnant l'énorme bulle tyrannique tracée par les projecteurs de secours, nous entrâmes dans l'obscurité. Nous sortions par le nord et traversions l'usine désaffectée. L'infirmier retira son masque. Nous l'imitâmes.

Nous étions vivants.

J'étais vivant.

Aux balancements de l'ambulance, mon corps recouvrait même ses sens, joie et douleur mêlées. Mais aussi la peur rétrospective du danger auquel nous avions échappé. Et la fatigue. Je grelottai de tous mes membres. Dans le noir, à peine si j'apercevais le sourire de Dialo au-dessus de mon visage.

Au ralenti, nous longions la barrière. Le gyrophare bleu rebondissait sur les buissons et les murets. Le chauffeur brancha le pin-pon aux abords de la nationale. Nous retrouvions la lueur orangée et civilisée des lampadaires de l'éclairage urbain.

Dialo s'impatientait. Dans son œil, je devinais l'envie d'allumer un stick. Haussant les épaules, il en tira un de sa poche intérieure et l'incendia. Aux effluves interdits, les deux infirmiers lancèrent un regard de reproche. À la deuxième bouffée, le Black chuchota. Il me tendit le joint et je tirai une courte taffe. Et d'une voix plus forte, il reprit ses fredonnements. Maintenant, je reconnaissais l'air, c'était *Redemption Song* de Bob Marley.

Emancipate yourselves
From mental slavery *

* Libère-toi toi-même / de l'esclavage mental

Du fond de ma mémoire réapparut un mur gris de cachot.
Gravé dans la pierre, à la tête du bat-flanc de béton :

Heureux les miséricordieux
Car ils obtiendront miséricorde.

Grève sauvage

Enfin seul et tranquille, je somnolais allongé sur un lit de l'hôpital départemental. Devant la fenêtre, nonchalante, la cime dénudée d'un peuplier se balançait au vent. L'éclairage public découpait sur la nuit ses branches gantées de givre.

À peine les paupières closes, la scène des citernes envahissait mon esprit. Je me voyais desserrer les crochets d'acier, galoper dans la mouise, grimper à l'échelle. Aussitôt, je rallumai la veilleuse, puis la lampe centrale et, pour finir, la télévision. Je me mis à zapper entre des documentaires animaliers, une finale de saut d'obstacles, différentes séries américaines et des clips de RnB. Enfin, gavé, je collais mon regard au plafond, zébré par l'ombre mouvante des arbres dénudés par l'hiver. Je revins alors au film. Notre film.

L'officier en charge du « Plan rouge » avait refusé de me laisser au poste de secours, avec les copains. La vaste tente, rouge évidemment, grouillait de médecins et d'officiels. Par l'ouverture, Bob et Grégoire étaient venus aux nouvelles, mais les cerbères les avaient chassés comme des malpropres :

— C'est un hôpital pas un bistrot !

Un toubib, penché sur mon cas, avait décrété « Évacuation ! », et les brancardiers m'avaient emporté dans une autre ambulance.

Ensuite, des urgences aux différents examens, ils m'avaient transbahuté, « en priorité », dans une course pressée de couloirs en couloirs et d'étages en étages. Un autre toubib avait à son tour établi le décret définitif me concernant :

— Enfoncement de la cage thoracique. Quatre côtes fêlées. Rien de bien méchant... On vous garde jusqu'à demain matin. À midi, vous serez chez vous.

« Chez moi ! », l'idée d'avoir « mon » lieu ne me déplaisait plus autant. Cela m'apportait même un réconfort manifeste.

Infiltrée sous mon gant droit, une dose de Saloperie m'avait brûlé le dos de la main et l'avant-bras jusqu'au coude. Les cinq points de « Seul entre quatre murs », ainsi que le couteau de la vengeance, avaient disparu dans un magma de chair brûlée. Fini les tatouages provocateurs, l'acide avait balayé l'une des parts cutanées de mon passé ! Il ne me restait plus qu'à me fabriquer une peau neuve pour une nouvelle vie, de nouvelles cicatrices.

J'en étais là de mes constats lorsque la porte s'ouvrit et que la tête de Riton apparut timidement dans l'encadrement.

— Il ne dort pas ! chuchota-t-il en se retournant, pour prévenir. Louise entra derrière lui. Discrètement, ils jetaient des regards évaluatifs : « Dans quel état est-il ? ». On ne les avait pas trompés, l'accident avait épargné mes quatre membres, mes deux oreilles, mes deux yeux. Je n'étais pas défiguré. Je souriais. Louise serra ma main valide contre sa joue. Riton se tenait en bout de lit, les deux mains sur la barre, comme un témoin devant la cour d'assises. Il expliqua, avec un ton de conspirateur :

— C'est Joseph… Un camarade de cellule… Il nous a fait entrer par la porte de service, tu comprends ? Juste le temps de te voir, de s'assurer que… Enfin, tu comprends.

Louise tremblait, pressant toujours son visage à ma main, comme un onguent, elle parla enfin. Hésitante, hachée.

— Goran a téléphoné… Dès la fin du confinement, nous… Nous sommes venus. On est là… Il m'a tout raconté.

Riton vint à son secours.

— Vous avez dérouillé… et toi le premier. Parait que ça a été juste, juste…

Il avait pris le ton admiratif de ses épiques batailles ouvrières. Je coupai court au dithyrambe. Tout d'un coup je me rendis compte qu'ils pouvaient aussi apaiser mes propres angoisses :

— Et Sacha ?

— Selon Jeannot, il est en bas, en réanimation… Pas trop amoché, ça va… Moindre mal… Pour les quatorze blessés, tous : pas de soucis. Tous vont aussi… Moindre mal.

— Quatorze ?

Après le repas chez Riton et Jeannette, la famille avait tenu à ce que je m'allonge sur le sofa. J'y prenais le café lorsqu'un coup de fil de Goran nous annonça que l'usine était arrêtée. À la boîte, il se passait quelque chose. Les ouvriers savaient renifler ce genre d'ambiance anormale.

— Ils magouillent une merde… Soi-disant qu'on attend la visite des experts, de la DRIRE, le toutim… Mais je sens pas cette histoire, ils magouillent…

— Y'a des copains sur le site ?

— Bien sûr qu'on est là… Une bonne centaine… Et la

Cégette est montée aux nouvelles, depuis le siège, à Paname. On a rendez-vous au réfectoire à 16 h 00, pour une AG. Tu pourras venir ?

— Je me débrouillerais.

— Non, je passerai te prendre chez Riton, vers trois heures.

Devant le réfectoire, les groupes se faisaient et se défaisaient. Les hommes s'ébrouaient sous les rumeurs et les inquiétudes. Ils voulaient en causer, et parlaient même ceux qui se taisaient depuis des années.

— En Normandie, parait qu'ils ont poussé la production pour compenser notre arrêt.

— Au téléphone, mon pote m'a dit qu'ils préparent une réorganisation des équipes… Déjà ils prévoient de garder le boulot là-bas…

— Ouais… Même qu'ils disent qu'il y aura des affectations. Pour nous, là-bas…

Lumières éteintes, le bâtiment administratif semblait étrangement clos. Jusqu'aux secrétaires qui avaient reçu la consigne de ne pas se déplacer. Les ingénieurs, quant à eux, s'étaient volatilisés, soufflés comme le hangar de la SL127. Les chefs d'équipe n'en savaient pas plus que nous. Giraud gara le G9 après la tournée de sécurité. Il serra les mains des copains les plus proches et s'approcha de moi pour s'enquérir de mes blessures.

— Félicitations pour l'intervention… beau boulot !

À cet instant, j'en éprouvai une fierté certaine. Nous entrâmes ensemble dans la grande salle. En dix minutes, elle se remplit comme pour la pause de midi. D'office, les blessés s'installèrent au premier rang, arborant leurs bandages, leurs pansements et leurs bras en écharpe, bien en évidence. La coutume l'exigeait. Excepté Sacha, nous étions tous là. Treize !

À ma gauche, le Chibani dodelinait du crâne, qu'il avait empaqueté tel un œuf de pâques. On aurait cru qu'il avait conservé son casque sur la tête, comme quand il débarquait le soir en mobylette.

Lulu, responsable de la Cégette, entra et s'installa de rif à la grande table, entre Giraud et Goran. Immédiatement, il fit circuler une feuille dont il avait pris soin de faire de nombreuses copies. Il en tendit une à chaque bout de rang. Je lisais par-dessus l'épaule de mon voisin de droite, un gars des Ch'tiots qui, la veille, avait été assommé par la chute d'une canalisation. Ça commençait par:

INFORMATION DE LA DIRECTION GÉNÉRALE

La salle, chauffée à blanc, se chargeait de rumeurs, de brouhahas. Les sifflets commençaient.

— Attendez les gars, attendez… Je vais vous la lire, je vais vous la lire…

Le silence revint d'un coup. Lulu se racla la gorge.

> Nous souhaitons, dans le contexte de l'accident du 4 janvier, que l'ensemble du personnel du site TSTF soit informé de notre appréciation de la situation…

Debout, une main posée à plat sur la table, l'autre maintenant la feuille sous ses yeux, Lulu articulait avec soin. Avec moult formulations alambiquées, la Direction noyait le poisson. Pour ma part, les analgésiques m'anesthésiaient déjà. Je n'étais pas loin de m'endormir, tout comme mon voisin qui eut un sursaut quand sa nuque fléchit en avant. Il toussa pour la contenance et croisa les bras, haut sur sa poitrine.

Lulu acheva sa lecture, posa lentement la feuille sur le dossier devant lui et parla immédiatement de ce qu'il avait ressenti lors des discussions avec certains responsables. Il n'était guère optimiste mais les gars n'attendaient pas du réconfort, ils voulaient savoir.

— Nos craintes sont justifiées. À la CGT, nous sommes persuadés qu'ils ont l'intention de fermer le site. Visiblement, ils gagnent du temps pour étudier un plan de reconversion pour s'éviter une grève dure…

Giraud prit la parole pour dire qu'il pensait de même, et Goran proposa de déclencher immédiatement l'occupation. L'usine étant arrêtée, il ne nous restait que cette solution. Pour lui, et pour quelques-uns, nous n'avions aucun autre moyen de pression. Occuper sans préavis!

Grève sauvage!

À ces mots, l'assemblée tressaillit. La mémoire des combats revenait au grand galop. Dans un tumulte vite indescriptible, les gars se levaient pour évoquer la tactique, à coup d'exemples de luttes sur le site, ou dans d'autres secteurs. Certains parlèrent même des années soixante et des grandes grèves comme de 1980. La discussion gronda ainsi une bonne heure. Finalement, malgré la colère grandissante, la majorité vota la position attentiste. Le lendemain, la direction convoquait les délégués du Comité d'entreprise. Ces derniers exigeraient des réponses et, selon leur teneur, nous prendrions des décisions appropriées. Lulu conclut:

— Rendez-vous demain soir, même heure!

Une partie de la salle se vida. Certains se dépêchaient de rentrer chez eux, ils sentaient chauffer la patate et, par réflexe, allaient se réfugier dans le cocon familial. Cependant, nous étions nombreux à discuter encore.

Et le temps s'écoula au point que Goran, Bob et Momo ramenèrent une vingtaine de pizzas et un cageot de jaja.

Malgré l'inquiétude de la fermeture possible, je sentais chez les gars, baignés dans le chaudron de nos discussions, poindre l'excitation de la lutte. Et la fierté qui l'accompagne…

— On ne va pas se faire virer à coups de pompes dans le cul !

— On restera un mois si on veut… et deux s'il le faut !

— Ouais, comme les filles de l'usine en Bretagne : six mois. Ça nous fait pas peur !

— Même si faut manger des fayots tou'les jours d'la semaine !

Bien que la Direction n'ait prévu qu'une équipe de sécurité réduite, les valides parmi les « bras cassés » prirent leur quart. Je décidai de faire la nuit avec eux, en spectateur, comme une bonne quinzaine de collègues qui, depuis la réunion, prêchaient l'occupation. Mes côtes ne me permettaient pas d'assumer les rondes –ni aucune tâche d'ailleurs. Dans la salle du bas, encore chauffée, nous avons longuement bavardé, de nos situations, du peu d'espoir de redémarrage, de la manière dont nous pouvions agir et de ce qu'il y aurait à faire.

La bourrasque de colère passée, les ouvriers restaient plantés les bras ballants, l'air déboussolé, désemparés comme si le ressort de leur mécanisme se détendait subitement. Depuis des jours, des semaines, des mois et des années, ils avaient embauché chaque matin et voilà que, d'un coup d'un seul, plus rien. Leur vie, leurs habitudes risquaient d'être jetées aux chiens. Certains d'entre eux bossaient à la TSTF depuis trente ans… et d'autres depuis plus longtemps encore, depuis leur certificat d'étude, leur CAP ou leur service militaire.

Lui aussi les bras ballants, Grégoire observait le café passer goutte à goutte. Tenant son crâne douloureux à deux mains, le

Chibani songeait. Près de lui, Luigi et Léo jouaient aux dames. Bob tripatouillait le poste de télé.

Dialo sortit pour allumer un stick, il me fit signe de le suivre. Dans le couloir, Goran conversait tout bas avec Giraud et un gars du syndicat, un certain Roger, un permanent de Montreuil qui avait amené une série de chiffres concernant d'autres sites fermés et d'autres entreprises. Goran avait la tête des mauvais jours :

— … les faire plier comme en 80, sur les statuts et sur le reste.

Roger tentait d'être convainquant :

— L'époque a changé, Goran… Ils nous tiennent à la gorge avec leurs délocalisations…

— Arrêtez avec ça ! Y en a marre de leurs chantages. On recule sur tout, on choisit uniquement la moins pire des défaites… C'est à croire que vous jouer leur jeu, arrêtez avec ça…

— Je te comprends, tu sais. Mais si on force trop ici, on met en danger les postes des collègues sur d'autres sites, en Normandie et en Belgique…

— Non mais tu rigoles ? Tu veux qu'on rentre chez nous la queue entre les pattes parce que sinon d'autres copains en pâtiront. Tu te fous de nous, là !

Goran s'échauffait, il chercha le regard de Giraud, qui acquiesça, l'invitant à poursuivre.

— Moi je te dis qu'avec les gars d'ici, le chantage ne marchera pas. On n'est qu'au début, et tu verras qu'au moment de la bataille, ça pétera pour de vrai… Bien sûr qu'on est des vieux croûtons, mais ça va se retourner contre eux. Ici, il y a quelques intérimaires à peine, quelques jeunes… Les gars ne sont pas faits de ce bois plié à la précarité. Je t'avertis qu'ils ne feront pas des flûtes avec nous. Nous n'avons rien à perdre, et on va leur montrer, justement, de quel bois on se chauffe.

Giraud prit le relais, il avait un ton grave :

— Il a raison, Roger… Écoute. La TSTF fonctionne peut-être avec une guerre de retard, mais il est certain qu'on va se battre, et se battre dur. Parce que nous gardons les vraies valeurs de la lutte… La nôtre. Les gars se sont battus comme des lions hier contre la Saloperie, à la SL127, je peux te garantir qu'ils se battront demain avec le même cœur. Et le syndicat devra choisir… Vous êtes avec nous ou contre nous, on se battra de toutes façons.

Giraud avait avancé d'un pas vers le syndicaliste, les yeux rivés sur ses prunelles.

— Tu m'entends, Roger ? Peut-être qu'on va sortir, mais ce sera par la grande porte. Tu m'entends bien ? Je te préviens tout de suite : ici, on va sortir par la grande porte…

Goran, épaule contre épaule avec Giraud, approuvait chaque mot d'un hochement de tête. Le Roger commençait à paniquer, mais s'accrocha pourtant à son idée :

— Enfin, vous voulez quoi ? Soyez réalistes, les gars… L'important, c'est de bien négocier le plan de reconversion, sauver des emplois, les forcer à embaucher, ailleurs… Ici, c'est…

Giraud le coupa d'une voix assez ferme pour qu'il saisisse que ce qu'il disait tenait lieu de paroles définitives :

— La Cégette a été le seul syndicat à tenir ici, parce qu'elle a toujours été à nos côtés. Elle a été avec nous dans les mauvais jours. Si vous changez d'attitude, on vous foutra dehors comme on a viré les jaunes de la CFDT. Tu te souviens ? Alors ça passe ou vous vous cassez. Quand tu retourneras Porte Montreuil, tu leur répéteras exactement mes paroles.

— Rassurez-vous… on sera là, avec vous, jusqu'au bout…

Giraud le prit par les épaules.

— Je l'espère, je l'espère… parce que ce n'est que le début…

Ma main valide porta le stick à mes lèvres, je tirai. La fumée brûla mes poumons. Goran me lança un clin d'œil. Il savait que j'approuvais. En s'approchant, il me poussa d'une main ferme dans la salle et me dit en rigolant.

— Qui monte sur le dos d'un tigre n'en descend pas aisément.

À la grande table, les anciens évoquaient les indemnités, la préretraite. D'autres déjà calculaient sur un bout de papier, les demi-salaires, les crédits et les pensions… Comment s'en tireraient-ils ? Heureusement qu'ils avaient épargné quelques noisettes chez *L'Écureuil.*

Pour moi, la route était toute tracée. Au mieux, ils me proposeraient le reclassement sur un autre site en province, je refuserais et je passerais à la trappe. Comme Dialo sans doute. Et Momo. Comme tous les autres intérimaires, ils rentreraient chez eux sans rien que le droit de pointer à l'agence et de s'inscrire à nouveau sur les listes. Sacha recevra peut-être une pension… et sa lettre recommandée de licenciement par la même occasion. Bob, Paul et Luigi calculaient les mois et les années. Ils ramaient sur leur galère depuis tellement de temps. Même classe depuis la sixième, même communale, même cité… Ils avaient embauché ensemble après la troisième au lycée professionnel. Peut-être rentreraient-ils dans un barème juste un poil au-dessus, parfois il suffisait de si peu. Pour le Chibani, Léo, Goran et Grégoire, l'heure de la retraite sonnait.

La nuit avançait et le cageot de rouge s'épuisa. À cette heure, nous buvions café sur café. Et malgré les médicaments, les douleurs m'agaçaient. Momo, Dialo et Bob assuraient les gardes et les rondes. Et d'un coup, à 4 h 30, tout s'est accéléré. Une file de cinq semis a pénétré en catimini par l'entrée nord. Henry, le vieux gardien vint nous prévenir avec des mines de Sioux.

Les véhicules stationnaient derrière les bâtiments aux machines. Des ingénieurs avaient déboulé également, les néons dans les bureaux s'allumaient les uns après les autres.

Goran et Bob foncèrent sur les lieux avec le G9.

Au bout de quelques minutes, la voix de Goran à la radio nous électrisa...

— Ils démontent des machines pour les embarquer... prévenez les autres équipes ! Et rappliquez en nombre...

Heureusement, par expérience, beaucoup avaient laissé leurs numéros en cas d'urgence. Dans la salle du bas, nous battions le rappel sur nos portables. Momo, Dialo et deux autres jeunes galopèrent pour renforcer Goran et Bob. Grâce aux haut-parleurs de la salle retransmettant la fréquence des « bras cassés » nous suivions les discussions et la montée en pression.

Moins d'une demi-heure plus tard, déjà les premiers collègues se présentaient, souvent deux ou trois voitures à la fois, chargée de quatre ou cinq gars. J'enfilai une parka et accompagnai huit camarades des équipes, montant vers les camions. Malgré la colère, le baromètre restait à la rigolade.

Dans l'entrée du hangar, trois ingénieurs discutaient avec Goran et Giraud. Une dizaine de vigiles, certains accompagnés de chiens et d'autres armés de matraques, protégeaient les longs véhicules et bloquaient notre progression. Néanmoins, les travaux de démontage avaient cessé. Un groupe d'hommes en bleu patientait en frappant le sol des talons pour se réchauffer.

Nos portables chauffaient et de plus en plus de gars débarquaient. Les ingénieurs jetaient des regards inquiets en direction de notre masse sombre, et de plus en plus compacte, d'hommes debout dans la neige.

Eux aussi rameutaient des troupes. Deux breaks de vigiles avaient renforcé le dispositif. C'est à ce moment que leur arrogance tourna à l'inconscience. Le chef, sans doute un ancien flic, leur intima l'ordre en nous désignant d'un mouvement du bras :

— Repoussez-moi « ça » sur le côté du bâtiment ! Dégagez les camions.

Au premier pas du nervi le plus proche, Momo lui décocha un violent coup de poing à la mâchoire, avec une violence et une détermination que je ne lui connaissais pas. Il sécha le type sur place, sans un pli. Le son mat de la chair contre la chair, celui de la chute sévère, résonnèrent à la manière d'un signal. La boule de colère des gars roula sur la rangée des gardes comme sur des quilles de bowling. La bagarre eut la fulgurance que donne la rage, augmentée encore par le nombre. Bientôt désarmés, les vigiles en uniforme furent hachés menu par leurs propres matraques. Les chiens décampèrent après quelques coups sur le museau, sans leurs maîtres. Comme il n'y avait pas assez de proies pour éteindre le courroux, une vague de furie entra dans le bâtiment et s'approcha des chauffeurs et des mécaniciens près des palettes. Aux premiers coups, ceux-ci s'étaient simplement dressés sur la pointe des pieds pour mieux suivre la dérouillée. Mais quand un groupe s'était précipité vers eux, ils avaient reflué en se serrant les uns contre les autres derrière le moteur d'un ventilateur.

Du bras tendu, Giraud bloqua le passage.

— Oh, les gars ! Ne frappez pas les camionneurs, ce sont des travailleurs, comme nous...

— Ces salauds de jaunes démontent nos machines... fit une voix mauvaise.

— Ce sont des travailleurs ! répéta Goran en se dressant en travers, manche de pioche en main.

Profitant de la confusion, un anonyme asséna un terrible coup de planche derrière le crâne de Tarrodo, le responsable en chef de la production. Le « clonk » mémorable résonna. Quand on se retourna, l'ingénieur gisait à terre, foudroyé. Dans la chute, son nez avait éclaté et déjà le sang inondait sa joue.

À cette agression, les deux autres ingénieurs détalèrent à travers les tuyaux comme des lapins de garenne. Le plus vieux se cacha derrière les compresseurs et le plus jeune grimpa tout en haut du refroidisseur. Giraud et Goran mirent un bon quart d'heure à les rassurer et à les convaincre qu'il ne leur arriverait rien. Ils s'en portaient garant. Pendant ce temps, un essaim d'hommes s'affairait autour des camions, crevant les pneus et brisant les pare-brise. Plus loin, six vigiles perdaient leur sang. Leurs carrures noires s'étiraient dans la neige teintée de vermillon. Quatre autres s'enfuyaient péniblement en boitant bas. Les plus prudents avaient déjà disparu derrière leurs chiens, sans demander leur reste. L'un d'entre eux, plus idiot, avait cru bon de se réfugier sous un semi-remorque. Il avait été attaqué comme un grillon, avec de longues barres à béton. Après avoir un peu insulté, puis beaucoup gémi, il avait quitté son repère et les gars, magnanimes, l'avaient laissé partir.

Avec mon bras en bandoulière et mes côtes en désordre, j'enrageai de n'avoir pas pu participer à l'abordage.

Les six voitures des nervis furent « réquisitionnées » en guise de trésor de guerre et ramenées devant le réfectoire. Dans les cages des chiens, on avait jeté les gardiens les plus valides, à demi assommés, tandis que les blessés plus sérieux avaient été abandonnés devant le poste des pompiers. Et on partit en colonne jusqu'à notre QG sous le Donjon.

Giraud prononça enfin au micro le mot fatidique :

— Occupation !

Nous fîmes ouvrir le bâtiment administratif et escortâmes les trois ingénieurs jusqu'à leurs bureaux.

Tarrodo, à peine remis, pestait et menaçait le groupe des Assises et autres tribunaux. Il accusait tous les hommes qui l'approchaient.

— Vous, je vous reconnais, je connais votre nom, je vous enverrai devant les juges…

N'y tenant plus, un gars agita l'une des matraques piquée aux vigiles :

— Tu peux me faire expédier au bagne si tu veux…

Tarrodo se tut.

Goran, lui, s'intéressait aux papiers sur les bureaux. Il farfouillait malgré les cris des ingénieurs.

— Vous n'avez pas le droit ! Attention, monsieur Gregovitch… Ça pourrait être considéré comme une faute grave, vol avec effraction, ça va chercher loin…

— Parce que venir faire le coup de poing avec toute une bande de nervis armés, ce n'est pas grave, comme faute ?

Tous rassemblés au pied de la machine à café, nous attendions que Dialo fasse un sort au système de verrouillage. En bas, Momo avait déjà ouvert le distributeur de boissons, qui giclait maintenant une canette pour un oui ou pour un non.

Les gars profitaient des fauteuils et des canapés.

— On va les réquisitionner pour la salle de repos.

— Putain, t'as raison, répondit Luigi en s'étirant dans un fauteuil club en cuir fauve. Je suis pour une occupation confortable.

Goran poursuivait sa perquisition jusqu'à ce qu'un « Bingo ! » sonore nous fasse sursauter. Un large sourire sur le visage, le Yougo apparut dans le couloir :

— Va chercher Lulu, va chercher Lulu… et Giraud !

Goran jubilait en serrant un dossier de carton rouge :

— Les salauds, les salauds… répétait-il pour lui-même.

Les ingénieurs, qui avaient reconnu le dossier, baissaient la tête sans un mot.

Sur le parking, une déflagration sourde retentit. Puis une seconde. Face à la grille principale, les véhicules de la société de gardiennage brûlaient. Par les fenêtres du bâtiment, nous applaudissions, en hurlant des encouragements. Les flammes ajoutaient à notre sentiment de mutinerie. Nous nous précipitâmes dans l'escalier pour nous approcher du feu de joie. Mais, dans le hall, Lulu se montrait inquiet de cette action incontrôlée. Goran le contredit :

— Au contraire, moi je la trouve parfaitement contrôlée… Pas toi ? C'était notre décision collective, en bas on a voté pour le feu. Et pour une fois, justement, nous contrôlons tout, de l'idée jusqu'à sa réalisation.

— Nous devons éviter les débordements, nous montrer unis…

— C'est ce que je te dis, nous étions unis pour que les tires des nervis brûlent ! C'est chose faite.

Bob, le Chibani, Léo, Goran… enfin tous les anciens, se rapprochèrent des carcasses fumantes et, le poing dressé, ils entonnèrent.

> Écoutez-les nos voix qui montent des usines,
> Nos voix de prolétaires qui disent « Y en a marre »,
> Marre de se lever tous les jours à cinq heures,
> Pour prendre un car, un train parqués comme du bétail.
> Marre de la machine qui nous saoule la tête,
> Marre du chefaillon, du chrono qui nous crève.
> Marre de la vie d'esclave, de la vie de misère.
> Écoutez-les nos voix, elles annoncent la guerre !

Je me disais bien que je connaissais cet air-là. Il me replongeait au début des années quatre-vingt dans les maisons occupées de Barbès, tenues par des proches d'Action Directe.

Je me foutais de leur gueule quand ils chantaient en levant le poing. Ma copine d'alors me filait des coups de coude pour me faire taire. Elle avait fini encabanée comme les autres. Peut-être fredonnait-elle encore dans sa cellule de Fleury ?

Écoute, Lilou !

Cette nuit, devant cet incendie, dans mon usine, je chante avec eux. Tu ne peux pas m'entendre, peut-être es-tu morte ou as-tu trahi, mais où que tu sois, écoute ma voix, elle annonce la très vieille guerre :

Nous sommes les nouveaux partisans,
Francs-tireurs de la guerre de classe.
Le camp du peuple est notre camp.
Nous sommes les nouveaux partisans…

À six heures, deux cars de CRS s'immobilisèrent devant l'entrée principale. Une voiture banalisée les avait précédés, en débarquèrent deux condés des RG. Ils tentèrent d'entrer dans l'usine, mais Giraud et Lulu n'acceptèrent de les recevoir qu'à la conciergerie. Henry, bonne pâte, proposa de leur faire du café, mais Giraud l'en dissuada en le foudroyant d'un regard de reproche. Avec un collègue de la Cégette, je me tenais dans l'encadrement de la porte. Les flics cherchaient à savoir s'il y avait séquestration ou pas… Lulu nia. Mais Giraud ajouta que l'assemblée n'avait pas encore décidé si les ingénieurs étaient tolérés dans l'usine, ou s'ils étaient retenus contre leur gré.

— Vous savez, les choses vont très vite, depuis hier.

Le plus âgé des flics soupira :

— Je sais, je sais… C'est pourquoi nous sommes ici, façon de calmer le jeu. Reconnaissez que vous y avez été fort : l'équipe de *Sécuror* occupe trois chambres, à l'hôpital.

— Et nous, après l'accident, on n'a pas rempli tout un étage !

— Oui vous avez raison… Vous avez raison, mais maintenant il faut sortir de cette affaire déplaisante… Nous aimerions parler à un ingénieur, pour rassurer la Préfecture.

Lulu se leva.

— OK… On va consulter les gars.

— Enfin, vous êtes bien les responsables syndicaux ?

Visiblement, le flic se sentait mal à l'aise. L'ambiance n'était guère à l'apaisement, et l'aspect collectif n'était pas pour le rassurer. La bagarre très sérieuse et l'incendie des voitures auguraient un conflit sortant de l'ordinaire.

D'ailleurs, selon les gars, les radios en parlaient déjà.

— J'étais tranquille en train de me raser… Tin tan tin…

Le collègue imitait le carillon du journal de RTL :

— Et voilà que le gus parle de nous et de la bataille de la nuit… Le temps de me saper et j'ai débarqué illico presto !

Pour le remercier de ce récit sans doute banal, un compère organisa la visite sur les lieux de l'affaire. Une dizaine de nouveaux arrivés s'immobilisaient bouche bée devant les semis en partie détruits et la trace du corps de Tarrodo dans la poussière près de l'entrée.

À la lecture du dossier découvert par Goran, l'assemblé vota à main levée la séquestration des trois ingénieurs jusqu'au CE de l'après midi. Depuis six mois, la direction projetait la fermeture au premier incident grave. Toutes les procédures avaient été enclenchées dès avant l'accident, y compris l'intervention de démontage de cette nuit et jusqu'au contrat avec *Sécuror*, la société de surveillance. Ce matin-là, une trentaine de gardes privés aurait dû prendre possession de l'usine pour faciliter l'enlèvement des machines et l'embarquement des stocks. La nuit suivante, ce soir, un train de produit brut devait partir vers la Normandie.

— Les salauds, ils avaient tout préparé…

— Dire qu'on a pris des risques insensés pour sauver l'usine.

Titi s'énervait et criait fort en faisant tourbillonner la matraque au-dessus de sa tête. Avant d'enfermer les ingénieurs dans le local aux photocopieuses, il les avait fouillés lui-même, comme il l'avait vu faire dans les séries américaines. Pour aller aux toilettes, nos prisonniers demandaient l'autorisation aux gars installés dans des fauteuils derrière la porte et se laissaient escorter jusqu'aux chiottes de l'étage. Tarrodo vociférait. Il accusait toujours en gueulant à la cantonade les noms des coupables et parlait de « mesures humiliantes ». Celui dont il venait de hurler le nom répondit :

— La prochaine fois, tu pisseras dans la corbeille à papier.

Les copains autour de lui applaudirent en se marrant.

Aux alentours de dix heures, une délégation d'anciens fit son entrée, Mimoun en tête. Suivaient une trentaine de retraités du coin et quelques copains de la cité et du Foyer. Les CRS les bloquèrent un quart d'heure, avant de recevoir l'ordre de les laisser entrer. Parmi eux, Riton et quelques habitués du *Fontenoy* amenaient du pain frais, des boîtes de pâté et des claquos bien fumants pour un petit-déjeuner sur le piquet. Et bien sûr, ils n'avaient pas oublié deux musettes de rouge, sans compter le coffre de la Renault rempli à plier les essieux de cannettes de bière. Les anciens s'assirent autour des tables du réfectoire. Riton et Mimoun dégagèrent de sous leur chemise des drapeaux rouges soigneusement pliés. Celui de Riton était frappé de la faucille et du marteau comme au bon vieux temps ! Il aurait presque versé une larme quand deux jeunes grimpèrent sur l'auvent pour le hisser.

— Il faut que les cognes l'aperçoivent de leurs bétaillères… Ce n'est pas un drapeau de pacotille comme ceux que l'on arbore aujourd'hui, il est aussi vieux que nous, un de notre époque ! Quand on les faisait trembler.

La salle applaudit. Maintenant ils se souvenaient de tout et se demandaient comment ils avaient oublié et tout accepté sans moufter.

— Depuis le temps qu'on aurait dû…

Bientôt les grilles, les salles, les bâtiments se hérissèrent de drapeaux rouges improvisés, de banderoles. Si notre premier objectif de lutte avait été de reconquérir la fierté, sans conteste, il était atteint.

Goran avait réussi à sortir, et à revenir, non sans avoir tiré de ses cartons un calicot qui sonnait clair :

Comité de Base
OSER LUTTER, OSER VAINCRE

Il n'avait pas oublié de trimballer son phono et ses vieux disques. Maintenant, ils tournaient en boucle dans le réfectoire.

Après le repas, en manif et en chantant *L'Internationale*, nous accompagnâmes les délégués aux grilles. Rares furent ceux manquant à l'appel. Et avec l'élan, la manifestation fit le tour de l'usine. Un tour d'honneur en quelque sorte.

Et on chantait, on chantait…

Quand elle monte des usines
La colère, la colère,
Quand elle monte des usines
La colère a la voix des machines…

Et, malgré mes côtes en vrac, je chantais avec les copains, tant et si bien que vers quatre heures, ma voix s'érailla.

Profitant de l'accalmie, tous les « bras cassés » se rendirent en délégation au chevet de Sacha. Il nous attendait assis sur le lit. Le cou serré d'une minerve, le bras droit dans le plâtre, les deux yeux bleuis comme si Myke Tyson l'avait passé à tabac. Bob cachait sous sa veste une bouteille de vodka premier choix. Le regard du Russe s'illumina quand il l'extirpa comme un diable de sa boîte.

— Je sorrrs loundi et je serrrai avec vous à l'ousine.

Il essuya du drap d'hôpital une goutte qui avait coulé à la commissure de ses lèvres et exigea qu'on lui racontât une troisième fois la bagarre. Surtout le KO de Tarrodo.

— Ah c'ui là, jau aim'pas beaucoup, bien fait pourrr sa goule… bien fait pourrr sa sale goule… Il a saigné mais pas assez, pas comme moi jau saigné.

L'image de son sang dans la neige me traversa l'esprit.

— Moi avec Toxic, dirrre à ce salaud… Svetlana rrrisque essploser… Trois fois, dirrre… cadence c'est trrrop vite, trrrop forrrt. Mais c'est chier dans le violon… Boum !

Il fit un geste large de son bras valide et soupira.

— Et maintenant ousine cassée !

Il but une longue rasade puis ajouta tout bas.

— Svetlana m'a prrrévenou…

Il se retourna vers moi, assis sur le bord de son lit :

— Tou me crrrois, Toxic, tou me crrrois ?

— Bien sûr !

Et je lui posai la main sur l'avant-bras. Il serrait sa bouteille entre ses cuisses.

— Elle m'a dit : « Vite, vite sauve-toi, jau peux pas la rrretenir… jau peux plous… ». J'ai coupé la commande, elle n'a pas répondou… Pas possible allerrr à la vanne, trrrop loin… jau avais dit… Toxic, on avait dit…

J'acquiesçai de la tête.

— C'est vrai. T'as fait pour le mieux…

— Jau sorrrti… courrru, courrru… et boum ! Plus rrrien du tout ! Moi cassé et vous plous boulot…

Goran lui tapota sur l'épaule, avant de lui donner la nouvelle :

— Ils avaient prévu de fermer bien avant l'accident… Maintenant ils vont se souvenir de nous, je t'le promets…

— Loundi… jau viens loundi. Avec vous.

Devant le CE, la direction jura ses grands dieux qu'elle n'enverrait plus ses mercenaires de *Sécuror*. En échange, nous libérâmes les ingénieurs… ou plutôt, ils furent foutus à la porte ! Pas de coup de pieds au cul, certes, mais ils eurent droit à quelques crachats et à une bronca de quolibets qui valait une volée de bois vert.

De nombreuses procédures judiciaires furent engagées à la demande des uns et des autres. Le conflit prenait un semblant de régularité, sinon de légalité. Devant l'assemblée, nous organisâmes les tours d'occupation, les groupes de travail et même la sécurité des zones dangereuses encore sous contrôle *Seveso.* Nous ne voulions pas leur donner le prétexte de nous faire évacuer par les flics. La CGT fit publier un communiqué dans la feuille locale du *Parisien* notifiant entre autres que, contrairement à ce qu'affirmait la direction dès que les médias tendaient un micro, nous ne laissions pas l'usine à l'abandon. Un affolement du public aurait pu rendre l'action impopulaire.

Mais la population ne se montrait guère inquiète, du moins en ce qui concernait la sécurité. Quand nous allions distribuer des tracts sur le marché, la majorité des gens que nous abordions nous soutenait : « Défendez-vous... Vous avez raison... ». Beaucoup filaient même quelques euros pour la caisse de la solido. Les instits des quatre écoles de la commune, suivis aussitôt par les profs du collège, se cotisèrent et nous amenèrent une somme rondelette. Tout comme les copains de la centrale EDF que Riton avait mobilisé. Les commerçants, eux aussi, ne tardèrent pas à mettre en place une aide en produits de première nécessité. La ville était derrière nous et, lors des diverses manifestations que nous organisâmes devant la mairie ou la sous-préfecture, elle ne manqua pas de le montrer. Ainsi, le jour du dépôt du dossier en référé, il y avait plus d'un millier d'habitants face au palais de justice.

Le financement de cette grève, qui s'annonçait longue, aurait pu en effet devenir un problème. Mais les choses ne traînèrent pas. Tout d'abord, dès la première semaine, nous fourguâmes du matériel « saisi » comme prise de guerre : six transpalettes –encore sous emballage–, deux générateurs et quatre ventilateurs de sécurité tout aussi neufs. Ce petit commerce nous permit d'envisager une véritable autonomie.

Mais nous autres, les « bras cassés », avions d'autres possibilités dans nos manches. Lorsqu'il fut évident que la bataille durerait, au lieu d'attaquer la caisse, nous avons tenu un conseil de guerre en catimini. La décision d'organiser des ventes « sauvages » de Saloperie fut prise sans traîner. À ma grande surprise, Giraud et une dizaine de gars –dont le vieux Jeannot, avec sa bouteille d'oxygène– participèrent à cette assemblée discrète. Nous avions immédiatement lancé les appels et déjà une dizaine de commandes était revenue. Chaque jour, notre équipe bossait à ce financement clandestin. C'était de loin le plus délicat, car nous devions cacher nos activités non seulement aux flics –qui stationnaient devant l'usine nuit et jour–, mais aussi à bon nombre de collègues ignorants de ce petit trafic. Une seule balance et nous risquions gros.

Comme nous l'avions pressenti, le conflit dura.

Il s'installa dans une nouvelle routine. Les gars embauchaient en fonction des tours d'occupation, ou lorsqu'ils s'emmerdaient chez eux. Après les concours de belote, de manille ou de tarot, les magazines de mots fléchés achetés au poids, les parties de football ou de basket improvisées, l'ennui prit irrémédiablement le dessus. Les gars ne s'habituaient pas à rester sans rien faire. Après une semaine d'oisiveté, leurs mains inoccupées pesaient sur leurs cuisses de l'inconcevable poids de l'inutilité. Le moral s'en ressentit de manière tangible. Certaines discussions tournaient au vinaigre. Un soir, il y eut une bousculade à propos de broutilles. Le groupe refit la paix, en bougonnant, sans que cela tourne à la bagarre, mais l'atmosphère s'électrisait indubitablement.

La semaine suivante, un gars amena de chez lui du bricolage en retard –un magnétoscope, peut-être. Évidemment, ça donna des idées aux autres, et les idées de ravaude fourmillaient dans ces crânes.

Nous en discutâmes en assemblée et, plus nous étudions la question, plus nous découvrîmes des travaux et des réparations à réaliser, et les compétences requises pour les mener à bien. Nous organisâmes alors des ateliers en conséquence. Au garage, les deux mécanos se mirent à faire les vidanges et les réparations courantes sur les chignoles des grévistes. Ils ne tardèrent pas à être obligés de fonctionner sur rendez-vous. Finalement, ils se relayèrent pour donner des cours de mécanique automobile. Bob fit bientôt de même avec la petite électronique –ses fameuses télés!–, certains mirent en commun leurs talents pour la menuiserie, la maçonnerie…

J'en fis autant pour la soudure électrique, un jour sur deux, dans le hangar désaffecté le plus proche. Nous nous baladions dans la vieille usine, ramassant du vieux matériel pour le recycler. D'un coup de G9, nous ramenions le tout et nous triions les différents métaux sur le sol. Les gars emportaient leur lot et se mettaient au boulot. En deux semaines, grâce à mes conseils, Luigi monta un nouveau portail pour son jardin. Je terminai quelques travaux pour Riton et d'autres anciens, des soudures sur des remorques, des attaches de caravane. Puis on me demanda des lampes à pieds, j'en fabriquai une bonne dizaine avec du cuivre dégotté dans les vieilles chiottes des quais.

L'imagination des hommes pour le bricolage se répandait comme une épidémie. Aux quatre coins de l'usine, il se montait des activités. Demba, un Sénégalais du Foyer, au chômage depuis des mois, organisa un cours de sculpture sur bois. Les compères dénichèrent des moteurs pour fabriquer les tours et démontèrent des poutres et des traverses pour la matière première. Tous les gars eurent droit à leur statue mandingue d'esprit des ancêtres. Sous la férule de Demba, l'un des « granulés » se révéla particulièrement doué et campa, en volume, des caricatures des principaux ingénieurs, Tarrodo en tête. Nous installâmes ses statuettes sur une table, à l'entrée du réfectoire, et elles ne tardèrent pas à être bardées de clous, d'aiguilles et d'agrafes, à la façon d'un culte vaudou dont les fidèles plantaient leurs banderilles en se marrant :

— Tiens mon salaud ! Celui-là, c'est pour une bonne gastro. Si t'as pas la courante demain, j't'en remets double dose !

D'autres montèrent des séances de sport. Titi, un Ch'tiot qui jouait défenseur central dans l'équipe de football de la ville, traça un circuit de jogging. Il partait du parking et courait le long du fleuve. Chaque matin, il se le faisait en solitaire. Au début ! Bientôt, trois des jeunes le suivaient, puis cinq, puis une dizaine, malgré le gel ou la pluie. Le peloton coloré serpentait en bavardant. Après une heure de parcours, ils tapaient le ballon, sur la pelouse qui poussait sous les grandes cuves.

Farid, un géant venu des Aurès, me commanda une série de bazars bizarres, à souder. Il avait dessiné vaguement ses plans sur mon cahier d'alors. Je finis par comprendre qu'il s'agissait d'instruments de musculation dont il équipa un coin de salle inoccupée. Une foule de mecs se passionna pour ces exercices de gonflette. D'habitude, ils culbutaient les charges de Saloperie, maintenant ils soulevaient de la ferraille, retrouvant leur compte d'effort et de sueur.

Finalement, les plus pépères reprirent la belote et, surtout, la pétanque : ils avaient déniché un endroit idéal sur les quais. L'endroit fut aussitôt damé comme un terrain de compétition, clos de traverses de voies et toutes les boules sortirent des garages.

L'entrain revenait. Les gars prenaient leur poste avec le sourire. Un jour, l'un d'entre eux lâcha même une énormité :

— Eh, c'est mieux que les vacances !

Il se fit un peu rabrouer mais, au fond de nous, nous lui donnions raison. Souvent, il y avait plus d'ouvriers prêts à occuper l'usine qu'il n'y en avait besoin. Mais ils s'amusaient mieux ici qu'au *Fontenoy*, à enfiler les canons à deux ronds.

Alors que la plupart du temps les 3/8 baissaient la tête dans le guidon sans lever le nez, courant d'un tapis à une charge, nous avions enfin l'occasion de faire connaissance. Nous avions enfin une minute pour discuter, boire un verre ensemble, alors qu'auparavant ils évitaient les collègues, cherchant d'autres relations pour échapper à l'usine, ne fusse qu'une soirée.

En somme, nous prenions le temps. Les jeunes pères de famille voyaient leurs gosses les mercredis, goûtaient au plaisir d'aller les chercher à l'école, de se balader avec eux dans les rues piétonnes. Sur les trottoirs, nous ne nous saluions plus d'un vague signe de tête, mais nous nous arrêtions pour nous serrer les louches, évoquer telle ou telle info, demander des nouvelles, s'annoncer les heures de réunion…

Certains, bien sûr, cherchaient un vrai taf.

Nous le comprenions parce qu'ils avaient de la famille à charge. D'ailleurs ils ne s'en cachaient pas et nous ne disions rien quand, au réfectoire, ils étudiaient les annonces et passaient des heures au téléphone. Ils payaient à crédit leurs apparts et leurs pavillons et n'iraient pas sur le site de Normandie si une autre solution se présentait.

Riton et Jeannette avaient décidé que je devais m'installer au pavillon. Grands-parents et les enfants m'avaient accueilli, le soir même, autour d'un poulet grillé qui tourna à la petite fête impromptue.

Par Louise et sa boîte d'Intérim, j'aurais pu embaucher le lendemain dans une autre entreprise. Elle me le proposa, mais je refusai sans une hésitation, et elle n'insista pas. Je voulais vivre l'aventure jusqu'au bout.

J'étais libre. Plus que libre.

Libre, on l'est si on le veut vraiment, même derrière des barreaux. Mais, là je me trouvais en harmonie avec ce qui se passait autour de moi, je vivais en syntonie avec mes congénères pour la première fois de mon existence, aussi loin que ma mémoire pouvait remonter.

Lorsqu'un soir, je m'ouvris à Riton de ce nouveau sentiment, il me répondit :

— Ça ne m'étonne pas… La lutte, c'est ça. Ça te prend aux tripes, et au cœur… On abandonne sa peau de bête de somme pour la dignité. Nous –Jeannette, Louise, moi– on y goutte un peu à tes côtés… Car c'est un bonheur qui se partage. Bien sûr qu'on s'inquiète, on sait ce que ça veut dire pour vous, pour les plus vieux… Mais on aura toujours le temps de pleurer, aujourd'hui nous vivons la joie du combat. Avec vous.

La mère de toutes les batailles

L'occupation se prolongea deux mois et une semaine. Nous campions sur nos positions et, tant bien que mal, le plus gros des troupes resta mobilisé. Pourtant les résultats tardaient. Et la direction rechignait à la moindre concession. À part les bâtiments, nous n'avions rien entre les mains. Nos différentes productions tournaient sur d'autres sites et cela constitua une occasion pour les « ressources humaines » de pousser l'avantage de la précarité. Les CDD et l'Intérim progressèrent d'une manière spectaculaire.

La solidarité des camarades sur les autres sites du groupe se limita à quelques débrayages et à des délégations lors des grandes manifestations devant le siège, à Paris.

Dans les bulletins syndicaux, certains collègues n'hésitaient plus à écrire que nous mettions en péril l'équilibre de l'entreprise avec nos actions jusqu'au-boutistes. Le journal patronal martelait à satiétés le message: ces grévistes irresponsables condamnaient à la délocalisation des secteurs qui sans eux auraient très bien pu rester en France.

Dans l'ensemble des implantations, les chantages se multiplièrent. À Langon, près de Bordeaux, les ouvriers perdirent sans mot dire vingt minutes de pose payée. En Normandie, un quart d'heure. À Dunkerque, les cadences augmentèrent d'un point. Et l'encadrement répétait: la faute aux fous de la TSTF!

L'apothéose de la campagne de dénigrement de notre action fut le journal télévisé de TF1, qui avait invité Dufour, notre PDG. Pour lancer cette interview, un court reportage avait été diffusé. Il était déplorable de parti pris. Nous avions pourtant pris le temps d'accueillir l'équipe de tournage, de leur expliquer, de leur montrer. Au final, un journaliste –que nous n'avions jamais vu– se contenta de répéter les « infos » du dossier de presse élaboré par le service de communication de la boîte. Les plans complaisants sur l'usine dévastée par l'accident comptaient pour rien les heures d'entretien que nous réalisions tous les jours, partout sur le site. Lulu ne se vit accorder, au montage, qu'une moitié de phrase: « Nous nous battrons jusqu'au bout pour nos emplois ». Elle disait certes notre détermination mais, coupée de son argumentation, elle renforçait l'aspect jusqu'au-boutiste que Dufour ne se priva pas d'exploiter.

Le patron se livra à un grand numéro. Il se plaignit de cette « véritable prise en otage » de l'entreprise, fit part des efforts considérables que le groupe avait consentis pour « franchir cette épreuve », efforts qui le mettaient dans l'obligation de recourir à des aides spéciales des pouvoirs publics. Évidemment, il en remit une couche sur les « évidents risques de délocalisation » qu'une poignée d'extrémistes faisaient courir à une entreprise française. Bien sûr, il n'avait nullement évoqué les milliards de bénéfice de l'exercice précédent, ni la hausse du titre en bourse, qui avait grimpé de dix-huit points à l'annonce de la fermeture de notre usine. Ce qui, au passage, faisait pas mal grossir son propre lot de *stock-options.*

Dans la salle du bas, devant les télés, nous avions comme de juste applaudi le camarade de la cégette et hué Dufour. Bien que les insultes aient été bien plus salées, l'ambiance s'apparentait plutôt à une représentation de Guignol. Car, après tout, nous avions fini par rigoler des conneries que pouvait dégoiser la presse.

Les scribouillards expliquaient en long et en large ce qui était censé se dérouler dans notre usine sans jamais y avoir mis les pieds. En dehors du jeune correspondant d'un canard régional, d'un vieux routier de *L'Huma* et de l'équipe d'une émission de radio de *France Inter*, aucun des nombreux « journalistes » ne se déplaça pour poser ne serait-ce qu'une question sur notre vie du temps de l'usine, sur notre désespoir à cette heure.

Nous organisâmes pourtant plusieurs journées portes ouvertes. Seuls les familles et les amis se présentèrent aux grilles. Tous avaient revêtu leurs habits du dimanche. En silence, les visages graves, ils avaient visité les ateliers. Leur respect pour le passé de ces lieux de misère nous avait émus. Outre les anecdotes sur tel et tel endroit, à telle et telle époque, la plupart savaient les inquiétudes d'après les accidents. C'est lors de l'une de ces journées que Lucas, le fils de Louise, voulut voir l'endroit où je travaillais. Et lors d'une autre, l'un de mes frères vint nous rendre visite.

De plus en plus souvent, Louise passait en fin d'après midi, comme d'autres femmes. Gisèle et les employées du nettoyage ayant été intégrées aux équipes du siège et du centre de recherche, sur l'autre rive du fleuve, elles débarquaient de temps en temps comme une bande de copines, de voisines. Certaines tricotaient en prenant le café. Pour finir, s'étant rassemblées en comité, elles eurent l'idée de préparer un bal de solidarité. Elles avaient convaincu la mairie de prêter la salle du gymnase pour un samedi soir. On y dansa jusqu'à deux heures du matin à coup de vieux refrains des années soixante-dix. Le

Chibani, en dépit de sa guibole de plastoc, virevolta comme un beau diable, donnant le tournis à ses cavalières et aux maris les plus jaloux. Mais pour certains, l'ambiance n'était plus tout à fait à la fête. Quelques-uns s'étaient copieusement arsouillés au bar, non pas pour gagner en gaieté, mais pour oublier leurs angoisses.

Les jours défilaient. Malgré notre volonté et nos énergies conjuguées, la mélancolie gagnait un centimètre après l'autre. Nous lâchions prise, inexorablement, face à l'enlisement.

Question financement, le matériel négociable avait été écoulé. Nous avions bien vendu plusieurs tonnes de Saloperie, mais notre marché parallèle s'en était trouvé saturé. Nous en étions à brader. Mais ce n'était pas l'argent qui manquait, pas vraiment. À peine si la caisse de solidarité avait été entamée. Bob en serrait les cordons en digne petit-fils de montagnard auvergnat. Plus la grève durait, plus la caisse était gérée avec prudence. Nous grattions sur la bouffe, l'alcool et le café. Nous ne payions plus que les repas collectifs et n'aidions que les gars étranglés, par un grave problème de crédit par exemple. L'équipe réservait ses munitions pour la suite, au cas où les choses s'envenimeraient.

Question activité, la démerde et la ravaude ne suffisaient plus pour occuper les mains et les esprits. Les copains s'étaient lassés de tout. Bricolages et parties de pétanque avaient atteint les limites de ce que ces pis-aller pouvaient accomplir. Les hommes grognaient, désœuvrés, alignés derrière les vitres à contempler une pluie incessante. Cette lassitude m'affectait aussi, mais c'était surtout de les voir ainsi qui pesait sur moi d'une charge grise de plomb.

Je quittais souvent les salles de permanence pour me balader dans l'usine avec Sacha. Le Russe était remis autant qu'il pouvait l'être. Il avait même décroché un cachet dans un cabaret de Paname. Il nous expliqua qu'il ne s'agissait « pas de cirrrque ». Nous ne le questionnâmes pas d'avantage, mais Paul évoqua une histoire de Pigalle et de *chippendales*, en nu intégral. Nous n'allâmes pas plus loin, au fond on s'en foutait : tous les matins, Sacha pointait à son poste et c'était ce qui comptait. Même s'il dormait jusqu'au milieu de l'après-midi dans l'ancienne salle de repos, dévastée par l'explosion de sa chère Svetlana.

Quant à Momo, il dealait dru sa reubeu, nous assurant toutefois de sa présence fidèle et de ses coups de main. Avec des petits jeunes de la cité, ils avaient incendié des voitures de fonction sur le parking du siège. Après l'attaque, *Le Parisien* titra :

LA GRÈVE DE LA TSTF TOURNE À L'ACTION DIRECTE !

Lulu et le syndicat gueulèrent, mais au fond, plutôt satisfaits, les gars approuvèrent.

En somme, pour Sacha et Momo, une seconde vie pointait derrière l'ancienne. Inéluctable, elle poussait la première sur le côté. Néanmoins, sincères, ils nous accompagnaient jusqu'au bout. C'était *notre* aventure, la conclusion de toutes nos nuits de galère et de fraternité.

Cependant, nous sentions bien que cela leur coûtait.

Au cours de nos promenades entre les bâtiments, nos pas résonnaient d'un silence de cimetière. La neige avait fondu et les dépouilles de l'usine paraissaient plus grises encore. Les tapis, les refroidisseurs, les tuyauteries s'étaient figés de la raideur blême des cadavres. Je fis part de mon sentiment à Sacha, qui m'accompagnait ce jour-là:

— L'usine est morte!

Il acquiesça d'un hochement de tête. Nous suivions en effet son enterrement. Les équipes d'occupation se décimaient peu à peu et, comme pour l'ultime barricade, les gars s'étaient levés puis avaient disparu dans l'ombre des rues.

La moitié des hommes pressentis par la direction, et avisés par courrier, lâchèrent notre site pour celui de la Normandie. D'autres trouvèrent un autre emploi. Ils parlaient d'occases « qui ne se présenteraient plus », ou encore de problèmes avec les épouses, les enfants, les crédits. Bien sûr, les mêmes nous rendaient visite –certains soirs, ou le samedi–, mais ce n'était plus pareil. Ils ne combattaient plus avec nous, comme une partie de nous-mêmes. D'autres désertèrent sans un mot, sans un salut. Ils s'évanouissaient du jour au lendemain. Nous nous retournions et... ils n'étaient plus là! Posant la question de leur absence, personne ne répondait vraiment, ou alors les gars faisaient un vague geste des épaules, comme pour se débarrasser d'un fardeau. Un voisin, quelquefois, glissait des messages sous leurs portes. En vain: ils avaient « disparu ».

C'est à ce moment que les lettres recommandées se succédèrent comme des salves de batteries lourdes. Des mecs de la DRH passaient le soir aux domiciles, prenaient la famille à témoin: parents, femmes, enfants quelquefois. Ils leur faisaient la leçon, et certains camarades rentraient dans le rang en baissant la tête comme s'ils avaient commis quelque bêtise. Les nouveaux retraités furent sommés de se présenter aux caisses.

Bien sûr, à chaque manif, à chaque bousculade devant le palais de justice, le moral remontait en flèche, mais n'en retombait que plus vite. Et plus bas. Quelque part au fond de nos viandes, le ressort s'était cassé.

J'évitais de rentrer au pavillon. Mes silences noirs pesaient sur les enfants et Louise puis, un étage plus bas, sur Riton et Jeannette. Je n'en étais que plus malheureux. J'avais tant aimé vivre avec eux que je me sentais coupable. De plus en plus souvent, je dormais dans un sac de couchage, à l'usine.

Un dimanche matin, je me suis retrouvé dans le RER, ligne A direction Saint-Germain-en-Laye. J'allais à Chatou, avec mon pétard suisse planqué à la ceinture.

Mon esprit roulait dans le même tunnel que le train qui m'emportait. L'heure de l'assassinat avait sonné. La faiblesse enserrait mon corps entier d'un carcan de métal froid. Cette fois, j'allais le faire. Buter le vieux, casser son coffiot et tirer un trait.

Au fond de moi, une flamme pourtant brûlait encore. J'avais changé. Je n'étais plus le pâle reflet dans la vitre, au fond du trou. Je respirais les parfums d'une autre histoire, d'une autre aventure. Le petit jour, après la Défense, me tira de mon cauchemar.

Non, c'était faux. Ma détermination était feinte : je n'irai pas jouer du flingo pour quelques picaillons. J'étais encore trop plein de révolte pour cela. La récidive ne pouvait plus représenter un quelconque aboutissement. La vie m'emportait vers d'autres rives.

À Nanterre-Ville, je descendis sur le quai. Extraordinairement doux, l'air me caressa la joue d'un tendre baiser plein de vie. J'étais seul. J'étais libre. La prison m'avait quitté. Elle filait avec la rame qui abandonnait la gare. Un soulagement immense m'envahit. Un instant, je fus tenté de balancer mon calibre dans la première poubelle venue. Mais qui sait ? Peut-être… Peut-être en aurais-je besoin dans ma nouvelle vie ? Une arme ne sert pas qu'à voler, elle servira à plus de liberté encore, pas pour moi en égoïste, avec d'autres et pour d'autres buts.

Je changeai de quai.

La direction avait tout pour elle, nous avions tout contre nous. Ils possédaient le fric, les médias, les juges, les flics et le temps jouait pour eux… En face, nos cœurs insoumis, notre volonté et nos idées de solidarité à la « bras dessus, bras dessous » constituaient un maigre bois de chauffage. Il ne pesait pas bien lourd. Dans les plateaux de la balance d'une si petite époque, il n'y avait pas photo. Nous n'étions « rien », comme dans la chanson. Ou du moins pas grand-chose, dans une société qui n'était solidaire qu'avec les nantis, ceux qui ont tout. Une société impitoyable avec des gens comme nous.

Lors des assemblées, les messages de la lobotomie sociale revinrent, presque naturellement, sur les lèvres de beaucoup :

— C'est le pot de terre contre le pot de fer.

— Nos lendemains qui déchantent…

— Il faut savoir arrêter une grève.

Les mots des pauvres gens, lorsqu'ils acceptent d'avoir tout perdu.

Nous sortions peut-être par « la grande porte », mais pour bon nombre d'entre nous, nous nous découvrions insatisfaits.

Nous avions besoin d'une autre conclusion que cet abandon vérolé. Nous ne formions plus guère cette majorité rebelle du premier jour. Pourtant, malgré le constat des défections chaque jour plus nombreuses, cela et les privations, nous voulions aller jusqu'au bout. C'est-à-dire où ? Jusqu'à l'irraisonné ?

Inexprimable, l'idée tournait dans nos caboches obtuses. Pourrions-nous reprendre le boulot, comme avant ? Nous n'y croyions plus. Les assemblées se succédaient, souvent graves mais souvent sans autre objet qu'une misérable parlote vaine.

Giraud m'annonça un soir, du coin des lèvres : « C'est la fin ! ». Goran s'était enfermé trois jours dans son entresol, dans son cocon. Je ne voyais plus les gars de l'équipe qu'en dehors de l'usine. Riton ne dormait plus. Le matin, je le croisais dans la cuisine à peine éclairée d'une veilleuse. Il me préparait le café mais son cœur ne s'enflammait plus pour la lutte à l'usine. Il avait repris le cycle des tiercés quotidiens, des journées au *Fontenoy*, avec les anciens. La ville entière s'était habituée à la grève, résolue à accepter que la fermeture soit finalement une réalité, voire un bien.

D'ailleurs, de nouvelles voix –bien intentionnées évidemment– firent, à coups de campagne de presse, grand tapage. Il s'agissait de démontrer que l'arrêt de la production représentait une chance réelle pour la collectivité. Des associations, souvent récentes et issues de la nouvelle population venue résider là, pas trop loin de ses bureaux, visaient le bonheur écologique ! Il fallait profiter de cette opportunité pour procéder enfin à l'assainissement du site et à la construction de belles berges à promenade. Les promoteurs s'en pourléchaient les babines : leurs lotissements « Bord de Seine » allaient enfin voir le jour. Les rives du fleuve, domestiquées, allaient enfin se transformer en un cadre de vie susceptible d'attirer une nouvelle catégorie d'habitants plus aisés, moins remuants. Sans compter les visites dominicales de citadins en quête de vert. Les commerçants tiraient déjà des plans sur la comète.

La municipalité, prévoyante, modifia son plan d'occupation des sols et déclara les pentes du fort « zone constructible prioritaire ».

Les premiers recommandés d'expulsion parvinrent dans les boîtes aux lettres des locataires de jardins ouvriers.

Les beaux jours revinrent alors que nous bouclions le troisième mois d'occupation. Lulu se présenta au réfectoire avec la dernière proposition signée de la main même du PDG, visée par la Préfecture. Selon lui, il n'y avait qu'une alternative :

— C'est à prendre ou à laisser.

Le plan patronal fixait les préretraites aux minima des taux en vigueur. Question plan social, ceux qui n'étaient pas repris sur un autre site du groupe pouvaient crever la gueule ouverte, avec quelques confettis en guise d'indemnités.

Un bon tiers des gars accepta l'oukase et se désolidarisa de la décision de l'assemblée, votée comme de coutume à main levée. La minorité exigea un vote secret. Le syndicat le prépara pour le matin suivant. Sans surprise, il donna sensiblement le même résultat : Lulu repartait au siège, mandaté pour de nouvelles négociations. La cégette locale avait tenu ses promesses et jouait le jeu, malgré les messages de plus en plus pressants des autres sections, et de la fédération elle-même.

La direction refusa de discuter :

— C'est à prendre ou à laisser.

La contre-offensive patronale suivait son petit bonhomme de chemin. Elle avait joué le pourrissement, avec succès : le surlendemain, le tribunal d'appel ordonnait l'évacuation de l'usine par la force publique.

Le glas avait sonné.

Force fut de constater –pour ceux qui en doutaient encore– que chaque décision des juges chaussaient les pantoufles des avocats de la direction. Pas une fois, ils ne tranchèrent en faveur des salariés, même dans les cas où le Droit du travail était manifestement bafoué. Idem pour l'affaire des vigiles et des premières échauffourées avec la *Sécuror.*

Pas une seule fois !

Goran hurlait dans le prétoire :

— Justice de classe, juges pourris !

Le Président ordonna aux gardes qu'on l'expulse. Une bousculade secoua le public. Un « Enculés ! » retentit, à faire trembler les vitres des hautes fenêtres. Goran ruminait encore une heure après :

— Une justice au service des plus forts… Et qu'on ne dise pas que je suis manichéen. Pas une fois, même pour donner le change… Toujours du côté des patrons.

Toute la nuit, de rage, nous avons saboté le matériel que nous avions entretenu, faute de pouvoir le vendre. Ce que nous pûmes déplacer servit à ériger des barricades aux endroits stratégiques. Vers midi, je soudai les différentes grilles. Près des entrées, nous entassâmes des bidons remplis à ras bord d'un liquide couleur de Saloperie. L'odeur et le sigle *Seveso* ajouteraient à la confusion. Enfin nous tirâmes plusieurs tuyaux de la cuve de dégazage la plus proche.

L'ambiance bon enfant s'était muée en un désespoir sombre et violent.

Malgré les cris de quelques gars plus excités, l'assemblée refusa, en cas d'attaque, l'action ultime de déverser des produits toxiques dans le fleuve. Même l'idée de jouer cette comédie fut rejetée. Lors d'autres conflits, la menace avait eu le mérite d'alerter les médias, mais ici nous en étions à la fin, ce n'était plus l'heure.

En fin d'après-midi, derrière la grille principale, le commissaire et un responsable de la Préfecture notifièrent la sentence du tribunal. L'ultimatum était fixé au lendemain matin. Nous enfilâmes ostensiblement nos masques à gaz, et Giraud avertit solennellement de la présence de matériel dangereux à différents endroits. L'envoyé du Préfet ne savait pas que l'AG n'avait pas dit « non » à tout. Aussi ne nous prit-il nullement au sérieux. Au contraire, il força son expression paternaliste et condescendante, comme s'il grondait gentiment une bande de gamins dissipés.

— Enfin messieurs, soyez raisonnables, la loi est la loi… Imaginez que nous soyons tous comme vous, où irions-nous !

Dans le département, c'était la quatrième fermeture de ce type en deux ans. De quoi étayer les certitudes de ce guignol. Pourtant son « Soyez raisonnables » incita les gars à ne pas l'être.

Goran était fou de rage, comme les compères de l'équipe. Ils bouillaient à l'instar de la Saloperie qu'ils avaient fabriquée durant des décennies. Nous fûmes à deux doigts de faire une connerie. Giraud s'interposa et nous empêcha de siphonner une vraie bonne dose de vrai produit. La colère apaisée, nous reconnûmes nos égarements. Notre culture de l'accident ne pouvait se satisfaire d'un tel acte.

À cinq heures du matin, deux cents gars campaient encore autour du piquet de grève, sur le pied de guerre. Des retardataires essoufflés déboulaient en galopant à l'ombre du chemin des berges. Une armada de CRS et de gardes mobiles encerclait l'usine depuis la tombée de la nuit. Des renforts débarquaient sans cesse. Selon Bob, qui jouait les guetteurs au sommet de la tour de refroidissement, il n'y avait pas moins de trente cars qui s'alignaient jusqu'à l'entrée de l'autoroute, et autant sur le parking de la cité. Sans compter les véhicules banalisés en tout genre, et bien sûr les énormes bulldozers en première ligne.

Derrière les forces de police, le point du jour semblait hésiter, conscient qu'il était l'instrument de notre destin. Le moment venu, ses premiers rayons pâles sonneraient l'hallali. Un énorme cumulus noir, en forme de baleine, nagea entre les tours pour différer de quelques instants le départ de la nuit. Mais, malgré le crachin, l'aube ne pouvait être différée. Ses engrenages cliquetants résonnaient dans nos poitrines. Un frisson parcourut la troupe des ouvriers. Nous étions prêts à l'ultime bataille. Les militaires descendirent de leurs cars et les cohortes casquées se formèrent.

Lentement, nous avançâmes vers les grilles, nos mâchoires serrées et les poings fermés dans les poches. L'ambiance avait la teneur du plomb fondu.

Au mégaphone, le commissaire égréna les sommations d'usage. Depuis la veille, notre plan avait été longuement réfléchi et mûri. Goran le résuma comme à l'accoutumée d'un proverbe chinois.

— *Il n'y a qu'une mauvaise ruse : celle que déjoue l'adversaire.*

De pauvres mots, pour de maigres forces face à un ennemi hérissé d'armes et de certitudes. Le mille-pattes casqué se pressait, à l'abri de ses boucliers de plexiglas. Le premier bulldozer s'ébranla. Son pot d'échappement dressé vers le ciel régurgita un méchant crachat de fumée et de suie bistrée. Il s'élança les dents en avant. D'un coup d'un seul, sa lourde gueule d'acier plia la grille principale malgré les rails et les traverses de bois savamment enchevêtrés pour la consolider. Il hennit d'un plaisir de bête nuisible et renversa les bidons sans plus d'attention. Le second engin élargit la brèche en ruant à grands coups de reins.

Notre rang ne recula pas, pas même d'un pas.

En évitant soigneusement les flaques teintées de Saloperie, les CRS sautaient l'obstacle pour se réorganiser en peloton face à nous. Ils nous jouaient les grandes manœuvres. Au sifflet, les officiers dirigeaient le spectacle de leurs sinistres majorettes. Une première ligne de *Robocops*, caparaçonnés des orteils jusqu'au sommet du crâne, roula des épaules. Ils nous promettaient le bâton, battant de la matraque contre leurs bottes couleur deuil.

Le commissaire s'avança, mégaphone à bout de bras. Malgré son sourire figé, il nous dévisageait avec inquiétude. Il ne croyait pas que nous céderions aussi facilement sans même un semblant de résistance. Cette appréhension se transforma en panique lorsque, comme un seul homme, nous enfilâmes les masques à gaz. Il n'eut pas le temps de porter le mégaphone à la bouche. Dissimulés derrière la conciergerie, les énormes tuyaux éructèrent un nuage safran. Les brumes imprégnées de Saloperie à haute dose happèrent les pelotons pétrifiés de terreur. La surprise fut totale. Sur le coup, la sirène *Seveso* retentit et ajouta à la panique des assaillants.

Aucun ne franchit l'obstacle et les quelques mètres nous

séparant d'eux. Au cas où, nous nous étions avancés, armés de fines barres à béton. Déjà des gars levaient le bras, prêts à frapper des adversaires hypothétiques. Je fus déçu de n'en pas trouver un seul. Fendre un crâne m'aurait comblé. Ou plutôt ce geste aurait alimenté la vieille loco de mon ressentiment. Il réclamait sa pelletée de charbon noir comme le malheur. Je hachais le brouillard rouge de ma tige, comme un aveugle l'aurait fait de sa canne blanche.

Sous le masque, je psalmodiais :

Nous sommes les nouveaux partisans
Francs-tireurs de la guerre de classe…

Les flics avaient déguerpi en vrac. Ils avaient fui jusqu'au dernier. À droite de l'entrée, à peine si nous apercevions leur cavalcade. Leur effroi grimpa à son paroxysme lorsque le vent, montant du fleuve, poussa le nuage à leurs trousses. L'essaim noir refluait vers la nationale. Enfin, les quelques matamores qui couraient encore… De l'autre côté de la rue, une bonne moitié des effectifs dégobillaient tripes et boyaux dans le caniveau, en rang d'oignon comme un instant auparavant lorsqu'ils marchaient sur nous,

À contre cœur, le vieux Jeannot serra la vanne de dégazage. Le brouillard se dissipa. Derrière notre grille, nos masques relevés sur le front, nous hurlions tant de rage que de joie, et nous nous foutions de leurs gueules :

— Hé, les poulets ! On va faire grimper les chiffres de la grippe aviaire…

C'était Léo qui avait gueulé, les bras en l'air en signe de victoire. Grégoire toussait à en crever, tout comme Luigi, mais ils se serraient à grandes brassées.

— Ils veulent récupérer la Saloperie, qu'ils y goûtent… Qu'ils y goûtent !

Notre second assaut surprit le dispositif de la poulaille sur ses arrières. Une tripotée de jeunes de la cité bombardait de cocktails Molotov les véhicules garés sous la passerelle. Les gerbes de feu léchaient l'arche de béton. Les fragiles silhouettes noires allaient et venaient. Virevoltantes, elles repartaient à la charge. Au moins trois bus et une voiture brûlèrent en crachant au ciel des colonnes de fumées noires. À l'Est, les vitraux de flammes et d'explosion redoraient l'aube grise. Les tourbillons de la brise nous apportaient les rumeurs de la pétarade.

Goran entonna à pleine voix.

Écoutez-les nos voix qui montent des usines

Et tous les gars, qui avaient entendu pendant des semaines le disque sur le phono, même les plus jeunes comme Momo, reprirent avec lui :

Nos voix de prolétaires qui disent « Y en a marre »

Près de la porte d'entrée, les deux bulldozers délaissés avaient été abandonnés ; moteur en marche, portières largement ouvertes. Soudain amicaux, ils ronronnaient.

Écoutez-les nos voix qui montent des usines

Sans un mot, un petit groupe incendia les deux engins.

Un concert de sirènes palpitait près de la nationale. Perché sur le caillebotis des cuves, Paul nous avertit. Il ne s'agissait ni de pompiers, ni de renforts policiers mais des ambulances et du SAMU. La casse avait été sévère.

De la porte du local syndical, Lulu observait, au moins il était présent pour le dernier combat. Alors que nous nous repliions joyeux vers le réfectoire, il reçut un coup de fil de la Préfecture inquiète de notre usage de gaz toxique. Le cercle se forma autour de lui. Et au fur et à mesure, il nous informait en masquant de la main le combiné. Plusieurs policiers, dont le commissaire, étaient hospitalisés. Il y eut un tonnerre d'applaudissements. Goran rigolait :

— Ah, les chochottes… Avant 80, on prenait cette dose au moins deux fois par jour.

Les services de cette même Préfecture, aujourd'hui affolée, avaient publié moult rapports pour expliquer, en long, en large et en travers, que les dégazages de la TSTF n'atteignaient jamais une nocivité mettant en péril le personnel et le voisinage.

Notre victoire était totale.

Bien sûr, ils assiégeaient notre bastion. Sans doute allions-nous être délogés avant la fin du jour. Mais tous les médias reprenaient la nouvelle sur tous les tons. Les chaînes d'infos câblées diffusaient en boucle la déconfiture policière, le nuage roux et la débandade des *Robocops*, les bulldozers en flammes, l'attaque du parking, nos manifestations de joie et de triomphe. Le 13 heures de TFN préparait un direct devant l'usine. Lulu était invité à prendre la parole. Sur le parking extérieur, les camionnettes de techniciens déployaient leurs paraboles. Devant leurs télés, des millions d'ouvriers voyaient, ou allaient voir, ces images. Ils en garderaient la trace, assurément. Elles allaient s'imprimer dans leurs mémoires, et alimenteraient leurs combats à venir. Du moins, à ce moment, nous en étions convaincus.

Riton nous prévint par téléphone que la manifestation qui se rassemblait sur la place de la Mairie réunissait près de quatre cents personnes. Maire et élus en tête, elle se préparait à marcher sur l'usine. La mobilisation était un succès évident pour un jour de semaine.

Les plus hautes autorités avaient commencé à réagir, à contretemps d'une part, et d'autre part en usant de mesures outrancières parfaitement ridicules compte tenu des doses que nous avions employées.

Vers onze heures, le ministère de l'Intérieur diffusa un communiqué rageur, doublé d'un appel à la fermeté « contre les irresponsables » qui n'avaient pas hésité à rejeter dans l'atmosphère une « quantité considérable de produits toxiques ». La Préfecture emboîta le pas comme un bon petit soldat. Ses services avaient déclenché le plan « Attaque chimique et bactériologique » sur un rayon de cinq kilomètres, envisageant l'évacuation des riverains avant le prochain assaut. Le préfet en personne fit cette annonce devant les caméras, un masque à gaz à la main, affublé d'une combinaison coquelicot qui aurait fondu à la moindre exposition à de la véritable Saloperie.

Six véhicules blindés de la Gendarmerie se rangèrent en ordre de bataille, face aux grilles. Sur *France Info*, le colonel avait expliqué qu'il s'agissait d'engins résistant aux armes chimiques. Plusieurs vedettes de la brigade fluviale croisaient sur le fleuve, où la navigation était interrompue. Déjà en aval les péniches s'amassaient à quai. Devant ce déploiement disproportionné, quelques gars trimballèrent près des rives, par provocation –et en toute improvisation–, plusieurs dizaines de bidons tout à fait inoffensifs.

Immédiatement informé, le préfet affolé appela Lulu :

— L'évacuation est ajournée… De grâce, ne commettez pas d'actes irréparables !

Lulu nous restitua le « De grâce » avec toute l'aristocratie requise. Le préfet en appelait ensuite à la raison de ce « grand syndicat ouvrier » et à son « incontestable influence sur le personnel ». Il annonçait qu'il allait lui-même entrer en contact avec la direction du groupe. Le ministre en personne lui donnait carte blanche. Au ton de sa voix, Lulu comprit qu'il disait vrai. Et en effet, à peine une demi-heure plus tard, le fax de la cégette crachotait une invitation pour une réunion d'urgence à 14 heures.

Puis ce fut le tour des différentes directions des partis de gauche, jusqu'à l'archevêque de Paris et d'autres personnalités de la politique mondaine, émues par notre désespoir, et nous exhortant à la retenue. Tous –monsieur ou madame Machin, Chose et Trucmuche, veuve ou fils de, littérateurs à la mode et prétendus défenseurs de l'opprimé– semblaient connaître le numéro de portable de Lulu, qui se marrait de cette soudaine popularité :

— À quand une invitation à la *Star Ac'*?

La direction du syndicat appela également mais le délégué garda pour lui la teneur du message.

Des journalistes, dont certains correspondants de guerre reconnus, étaient prêts à tous les risques pour nous rejoindre. D'ailleurs les gars de la sécurité *Seveso* chassèrent une équipe de télévision qui se faufilait le long des tuyaux. Ils jurèrent leurs grands dieux que les journaleux portaient… des gilets pare-balles !

Notre bataille matinale fut le grand titre qui introduisait la grand-messe nationale du 13 heures. La bouille de Lulu apparut sur la musique du générique, arborant un air grave de circonstance. Quand la présentatrice, une vestale blonde en jersey, lui ouvrit le micro, l'écran derrière lui montrait en gros plan la manif. Il évoqua les trois mois de conflit, notre décision de nous battre jusqu'au bout, non seulement pour nous, mais pour tous les employés du pays victimes du chantage patronal et des politiques anti-ouvrières du gouvernement réactionnaire. Il profitait enfin de tous ses mots.

Nous étions dans la salle de permanence. Giraud se frottait les mains :

— Il est bon, il est bon… Il est dans un grand jour.

Luigi ajouta :

— Comme nous…

Nous nous tûmes.

Notre syndicaliste éludait les questions sur la menace chimique et renvoyait l'avenir des événements dans le camp de la direction. La présentatrice insistait, avec un ton affolé. Il l'ignora, désigna l'écran qui lui servait de fond :

— Dans la cité qui est derrière moi, madame, 28 % des personnes sont sans travail, pour les gamins de moins de 25 ans, c'est plus terrible encore… 62 %… Quelle société voulez-vous construire quand près de deux jeunes sur trois sont au chômage et n'ont aucun avenir… Quand ils ne sont pas déjà en prison…

— Mais comptez-vous réellement déverser des produits toxiques dans la Seine, comme vous en brandissez la menace…

Imperturbable, Lulu poursuivait.

— En désindustrialisant la région parisienne, le gouvernement Raffarin condamne cette population à la déshumanisation. La lutte dans notre usine est aussi symbolique : l'esprit de révolte grandit dans les quartiers déshérités. Pour moi, ce n'est qu'un début…

Derrière lui, la manifestation scandait des mots d'ordre de soutien. Sur la terrasse de la conciergerie, une dizaine de collègues, le masque autour du cou dansaient la gigue entre les bidons. À l'étage en dessous, Léo agitait un drapeau rouge et noir. Et du parking, Gisèle lui expédiait des brassées de baisers.

Au cours de ce triomphe médiatique, plusieurs hélicoptères survolaient le site en permanence, ceux de la police bien évidemment, mais aussi ceux affrétés par les différentes chaînes télé. L'un d'eux s'approcha si près que Bob, sur la tour de refroidissement, ne fit ni une ni deux et baissa son pantalon pour lui montrer son cul. En direct, devant nos yeux ébahis, une lune prolétarienne illumina de sa pâleur d'opaline l'écran du réfectoire.

Il en fut ainsi toute la journée. La société se penchait sur nos pauvres destinées.

Et insensiblement, comme elle sait si bien le faire, elle convertit l'aventure humaine en comédie grotesque. Elle n'avait pas à forcer le maquillage, nous nous étions grisés nous-mêmes de cette popularité soudaine, de tant de spectacle. Nous jouions nos propres rôles de révoltés ! Nous interprétions notre propre combat, le faisant basculer dans la farce. L'ambiance s'électrisa et tourna soudain à l'hystérie. Nous passions le mur du son de la connerie médiatique. On ne nous jetait pas des cacahuètes, mais pire : on nous tendait des micros. Tous les gars, même les plus sincères, ou ceux dont la timidité était notoire, se rêvaient en Néron de la classe ouvrière…

— Nous brûlerons quelques ministères si nécessaire… et leur ministre !

Si un journaliste me l'avait demandé, il n'aurait pas eu à me prier pour que je lui montre mes tatouages et m'épanche sur son épaule au sujet de mes galères carcérales. Il faut si peu de choses pour que l'on pose sur la photo, comme le dernier des couillons, avec un brochet ou deux perdrix royales. Aussi, je ne jetais pas la pierre aux gars pour ces débordements.

Sacha, le seul parmi nous à agir en professionnel du spectacle, cracha du feu torse nu face à la porte de l'usine, puis réalisa quelques pirouettes à vélo. Des dizaines de caméra purent immortaliser ces numéros.

Goran gardait néanmoins assez de lucidité pour ironiser. Aussi hurlait-il, par la fenêtre de réfectoire :

— Bande de Spountz !

En début d'après midi, le calme revint et la fatigue se mua en gueule de bois. La nuit tombait et, sous sa cape de facteur, le crachin brouillait les auréoles orangées des lampadaires. Nous nous regroupâmes, les uns contre les autres dans la salle du bas. Pour nous ressourcer, peut-être. Les rideaux tirés, nous avions choisi d'ignorer les projecteurs des flics, ceux des télés. Par saccades, des flashs crépitaient près de l'entrée.

Vers dix-huit heures, tout ce cirque était fini.

Lulu téléphona à sa sortie de la réunion avec la direction. Il donna le détail des ultimes propositions. Pour les derniers grévistes qui acceptaient de quitter le site avant minuit, la direction cédait sur les points essentiels. Nous serions payés deux mois sur les trois de grève. Les préretraites avaient été rehaussées de six points au-dessus du taux… et le tout à l'avenant.

Une véritable défaite en rase campagne, nous n'en avions pas rêvé d'aussi belle.

Forts de ce résultat, Giraud et Lulu –à peine revenu–, discutèrent avec le préfet d'opérette. Ils allaient imposer la position que l'assemblée des grévistes ne pouvait se tenir alors que les flics encerclaient l'usine.

À regret, le fonctionnaire ordonna la levée du dispositif. Les flics démontèrent leurs grilles, leurs tentes à douches anti-contamination, leurs projecteurs et le toutim. Moins d'une demi-heure après, blindés, 4x4, motos, camions et cars se mirent en branle. Le journal du soir annonça la nouvelle en direct : sans surprise, l'assemblée votait l'évacuation, et donc la fin de la grève.

En dehors de Goran, qui siégeait à la table des responsables, l'équipe au grand complet se serrait, épaules contre épaules, au dernier rang. Lors du vote, nous ne levâmes pas mollement le bras, nous dressâmes notre poing serré. Pourtant aucun d'entre nous ne reprendrait le boulot dans une entreprise du groupe. Pour nous, la page était définitivement tournée. Terminé ! La Saloperie, les nuits « L'usine est à nous ! » et les heures perdues : nous laissions tout derrière nous. Y compris l'amitié malgré les tourmentes, les petites aventures quotidiennes, la grande de l'accident, tout ce que nous avions partagé… Nous leur laissions tout, tout.

Un tonnerre d'applaudissements éclata à l'énoncé du résultat du vote. Puis l'assemblée entonna une belle *Internationale*, reprise à pleine gorge par la centaine d'anciens et de copains réunis devant les grilles, malgré le crachin.

Et tous purent enfin entrer.

Ensemble, notre cortège tourna dans l'usine. En silence. À pas lents. Finis les cris de victoire, certains gars pleuraient. D'autres se frottaient le visage avec leurs bonnets. Léo marmonnait en espagnol, Gisèle à son bras. Nous redressions la tête quand nous passions près de l'entrée.

Ma poitrine se serra quand nous enjambâmes la voie du chemin de fer. Je revis les citernes, le feu, la lueur verte des dents de la mort. À cet instant, Dialo –quelques rangs devant moi– se retourna. Nos regards se croisèrent, comme au moment où nous avions, ensemble, d'un seul corps, grimpé à bord de ce train.

Luigi lança un dernier « *Cornuti* » en direction de l'ancienne ligne. Sacha s'attristait devant les ruines de la SL127 qui ensevelissaient sa Svetlana, pour toujours. Goran, le regard perdu, pensait sans doute au comité de base de 68 et à tous les combats qui avaient suivi, à la grande grève de 80 et à d'autres histoires, plus discrètes, plus personnelles.

Le souvenir des copains morts flottait autour de nous, ceux du bombardement, ceux de l'accident de décembre 1980, le Jipé qui, malgré lui, m'avait laissé sa place. Nous laissions tous un peu de nous dans ce lieu des misères.

Des larmes montèrent à mes yeux et, sans y prendre garde, l'air de *Ce n'est qu'un au revoir mes frères* me prit évidemement à la gorge. Je n'aurai jamais imaginé chialer à la fermeture d'une usine ! Mais finalement, j'étais heureux de ma nouvelle sensiblerie. Elle était un nouveau tatouage, une marque indélébile de mon évolution récente. J'étais enfin sorti du rôle que l'on m'avait assigné. J'avais pris une autre route.

J'aimais cette école buissonnière.

Incorrigible…

Derrière les grilles, à l'écart des journalistes et des RG, l'ingénierie au grand complet attendait que nous abandonnions les lieux pour assurer la reprise en main. Nous devinions une équipe en belles combinaisons écarlates, probablement venue du siège, ou d'autres sites, d'ailleurs, en tout cas. Derrière eux, une trentaine de vigiles patientaient.

À notre passage, leurs chiens aboyèrent.

Et nous, nous poursuivions notre ultime tournée. Nous avons ainsi hanté l'usine jusqu'à minuit moins cinq.

Amassée devant le réfectoire, la manif chanta une dernière *Internationale.* Pour la route! Puis chacun embarqua ses affaires.

Goran ramassa ses 45 tours, son phono et son calicot du comité de base.

Le Chibani rangea dans son sac le nouveau transistor et le thermos cabossé du thé à la menthe.

Je mis sur le dos mon sac de couchage et balançai le restant de *Nescafé.*

Luigi embarqua son damier sous le bras.

Momo prit mille précautions pour descendre le drapeau. Riton refusa de le plier et le garda sur sa hampe.

À minuit moins une, le dernier homme franchit la grille.

Épilogue

Le paquetage, dans la toile bleue, ne pèse pas lourd. J'entre avec ce que je porte sur le dos. À la fouille, l'auxiliaire, sans doute un musulman de Bosnie, me refile le « sac de *La Samaritaine* », ainsi que nous appelons, en prison, ce strict minimum offert aux indigents : trois sachets de shampoing, un tube de crème à raser, cinq rasoirs jetables, une savonnette, un tube de dentifrice…

J'ai vécu dix ans sans repasser par la case « Fresnes », mais j'en garde néanmoins les habitudes, ancrées à la viande comme une seconde nature d'initié, seule façon de survivre aux us et coutumes de cette cathédrale de la terreur.

Je longe le grand couloir au parquet ciré, bien collé au mur de gauche. Je ferme le blouson. Je patiente en silence. Je présente ma carte d'identification intérieure à chaque pic. Une fois dans la division, je marche bien au milieu jusqu'à l'escalier métallique du fond.

Sans oublier de passer sous le portique. S'il se déclenchait, bien penser à repasser docilement après avoir déposé la montre, la ceinture, le paquet de cigarettes… sur la petite tablette de bois prévue à cet effet.

Je présente ma carte au surveillant venu m'engueuler. Comme d'habitude, il n'est pas content parce que je l'ai fait déplacer. D'un œil, il cherche la petite bête. Le T-shirt est dans le pantalon et le blouson est fermé… Il marque du coin des lèvres son regret de n'avoir rien trouvé.

— Avancez.

Premier étage, deuxième division Nord, cellule 111.

— Vous avez l'étiquette ?

Oui, j'ai l'étiquette, mes nom, prénom et numéro d'écrou sur fond bleu. Il la glisse dans le dispositif « étudié pour » à gauche de la porte.

Je jette mes affaires sur la paillasse. Mon lit.

Avant le rangement, j'entreprends le nettoyage habituel, véritable rite de passage. En guise d'ablution païenne, je lave. L'odeur de Javel parfume si bien ces murs et mes nouveaux jours d'animal en cage. Par bonheur, la cellule est nickel. Je gratte malgré tout. Dans le coin derrière les WC, mon prédécesseur a laissé des produits d'entretien, une éponge et une raclette. Je songe qu'il y a encore de bons gars, malgré tout. À grands renforts d'eau savonneuse, j'attaque le sol carrelé. Je compte par habitude : neuf carreaux bleus, neuf carreaux beiges, échiquier de mes journées. Comment oublier ces quatre-vingt-un carreaux ? Je récure consciencieusement la cuvette des chiottes, puis celle du lavabo. Je frotte fort pour éliminer les microbes, les traces, les limbes de mon collègue.

À partir de l'instant où le nettoyage est achevé, cette cellule est la mienne, ma seconde peau de pierre et de fer. Mon esprit s'est vidé avec les bassines d'eau salie. Il est passé par la bonde avec l'eau sale. Dans un baiser de bienvenue, la prison colle ses lèvres aux miennes.

Ma tête de mort tatouée me sourit de son rire d'os. Je suis prêt pour le long voyage. Ma respiration se calme lentement, je m'allonge sur la paillasse, les mains croisées sous la nuque.

Hier soir, vers minuit, la navette du Palais nous a dégueulés sur le pavé de Fresnes, enchaînés deux à deux. Le verdict des assiettes était tombé.

Les gars qui m'accompagnaient avaient reçu leurs additions, en guise d'extrême-onction: trente piges pour le premier, et vingt-huit pour le second. Les lascars avaient secoué une rombière des beaux quartiers, pour de la bige et une poignée de biftons. Celui qui les avait menés sur ce coup s'en était sorti, lui. Puisqu'il avait balancé ses deux complices, il s'en tirait. Rien de vraiment extraordinaire. Routine de malfrats.

Dans le panier à salade qui nous secouait, le plus jeune se tenait en face de moi. Dans la pénombre, je scrutais son visage. Il baissa les yeux. Sur son front s'inscrivaient déjà les noms des prisons pour fortes têtes: Moulins, Lannemezan, Clairvaux... Pas de surprise, le même circuit que son collègue parti à Fleury. Derrière le grillage de la cage voisine, deux *Grimlins* m'interpellaient en roulant des épaules:

— Oh l'ancien! L'ancien, excuse-moi... Vous pouvez nous dire? On a pris trente mois. Trente chacun. Quand on peut poser la condi?

— Vous avez fait combien?

Ma voix cachait mal ma lassitude.

— Trois, m'sieur. Trois mois,

— Et moi, monsieur: quatre... Il manque une semaine...

— Vous êtes primaires?

Ils avaient confirmé, rigolant, faisant les singes.

— Alors vous attendrez encore quatorze mois, minimum.

— Quatorze mois !

Ils en sont tombés assis sur leur cul, silencieux. La forte tête des assiettes, devant moi, ne leva même pas le regard. Tout cela ne le concernait plus. Il savait qu'il entrait dans un autre monde, dans un autre temps.

Nos chaînes cliquettent sur les pavés de la cour d'honneur, puis sur les marches de ciment gris, le long du petit escalier. Une grille, et nous voilà à la fouille du grand quartier. Les verrous de la première salle d'attente claquent. Nous glissons dans l'estomac de la mangeuse d'homme, le greffe, la photo avec le numéro d'écrou, l'identification et la première négation d'humanité, sous la forme d'un ordre mordant :

— Ne dépassez pas le trait au sol !

Encore des salles d'attente… Et la fatigue de ceux qui ont passé plusieurs nuits en garde à vue. Quelques-uns ont été secoués, ils gardent des marques rouges sur le visage, dans le cou. La longue file s'ébranle enfin, les uns derrière les autres, le balluchon bleu accroché à l'épaule.

— Restez alignés !

Le premier d'une longue série.

— En silence !

Le premier d'une autre série, complémentaire.

De nombreuses personnes empruntent chaque jour ce long couloir de vieux parquet : avocats, profs, employés des services sociaux… Pour eux, c'est un couloir comme un autre. Plat. Pour nous, les clients de la nuit, sa pente est abrupte. Nous plongeons, en l'empruntant, dans le royaume des galériens, jusqu'aux abysses infernaux du pays des prisons.

Enfin la cellule des arrivants, et l'odeur de désinfectant sautant à la gorge, le brigadier me montre du doigt :

— Lui là, à part. Seul en cellule.

Malgré le brouhaha des téléviseurs et les appels aux fenêtres, je dors comme une masse jusqu'à l'ouverture des verrous. Quand j'ouvre les yeux, pas de doute : je suis au Pays-du-dedans. Aucun cauchemar ne peut reproduire les frissons de ce type de réveil. Musique des tuyaux, gueulantes des matons, odeur rance de la vieille taule.

Mon exil semble avoir pris fin.

Je ne sais pas pourquoi mais ça ne me fait ni chaud ni froid.

Je suis redevenu un paquet de viande qu'ils trimballent d'une salle d'attente à une cellule. Indifférent, en apnée, comme si je refusais que cet air vicié pollue ma vie d'aujourd'hui. Enfin, celle qui a été la mienne jusqu'à hier.

Visite médicale.

— Aucun traitement ?

— Non !

Les yeux du médecin se lèvent. Il me dévisage avec un rictus de regret, comme s'il palpait un pourcentage sur la came.

— Monsieur se la fait à l'ancienne.

Nouvelle salle d'attente.

— Carte bleue ! gueule le maton quand on entre.

Elle n'a pourtant plus rien de bleu depuis belle lurette, mais c'est l'usage, et la tradition est essentielle en cette contrée. Ça les fait marrer, je suppose, le coup de la carte bleue qui ne l'est pas. Par la force de son uniforme, il est à même d'affirmer qu'elle l'est bien, bleue. Autant que l'ancienne. Refuser de l'admettre, ergoter, ricaner et il envoie les cagoulés pour une bonne branlée. Tu as tout gagné et c'est ta peau qui est bleue. Comme la carte.

Le maton tend les blousons, un pour chacun.

— Ne vous appuyez pas au mur !

Il faut que ça crie. Que ça hurle des ordres jusqu'au soir et plus tard encore. La tradition.

Le directeur, presque un adolescent dans son costume trop large, soupèse mon dossier. Il sourit en constatant :

— Lourd, il est bien lourd… Monsieur Branly, vous faites la une des journaux…

De sous son coude, il tire un exemplaire du *Parisien.* Je lis, d'un rapide coup d'œil, sous ma photo anthropologique, le titre racoleur :

UN DÉLINQUANT CHEVRONNÉ DIRIGEAIT LES CASSEURS DE LA TSTF

Le dirlo reprend son numéro :

— Vous savez qu'on n'aime pas les vedettes par ici… J'espère que tout se passera comme il se doit…

Bureau suivant.

Une jeune CIP*, sans doute une stagiaire, me propose de prévenir ma famille. Je lui donne le numéro du portable de Louise. Elle prend quelques renseignements pour son dossier, et me renvoie en salle d'attente.

Des gars discutent le long des murs sales. Ils sont tous plus jeunes que moi. Eh oui, comme le temps passe ! Et on sort blanchi de ces années. Ils pourraient être mes fils. Le visage de Lucas me traverse l'esprit.

Je me referme immédiatement.

Ne plus penser à rien, ni aux douceurs, ni à l'amour, ni à la joie de vivre… Laisser tout ça dehors avec l'espérance, même mal placée. C'est une condition de vie et de mort. Fermer les écoutilles et plonger. Apnée. Sonar.

*NDE : conseillère d'insertion et de probation.

Plonger sera mon sort six piges durant. Au mieux quatre avec les remises de peine. Je ne gratterai plus de conditionnelle, inutile de rêver. Avec un peu de chance, dans un an, j'enquillerai en centrale. Poissy ? Saint-Maur ?

Ne penser à rien. Espérer y réussir, en tout cas. Me blinder et me métamorphoser en un simple objet, pareil aux murs, aux barreaux, aux montants de la fenêtre. Cesser d'être un homme du dehors, vite, très vite pour ne pas souffrir, pour ne pas gamberger. Éviter surtout les « J'aurais dû », les « Si j'avais su » ou les « Si c'était à refaire »...

Et je monte en division.

Après la gamelle, allongé sur le lit, je me repasse le film des dernières heures, malgré mes résolutions.

À peine rentré de l'usine, le soir de l'ultime bataille, j'étais tombé dans un trou noir. Dormi jusqu'à midi. Louise avait envoyé Myriam me réveiller, et la petite avait sauté sur le lit en chantonnant *Une souris verte*. En bas, dans la salle à manger, la famille patientait pour le traditionnel poulet rôti des jours de fête. Je me débarbouillai à peine, enfilai un jeans, un vieux polo et les *Nike* du boulot.

En bas de l'escalier, Riton m'attendait, le verre de pastis dans sa pogne m'était destiné. Et il me tira vers les fauteuils où il m'avait préparé une revue de presse. Il égrenait les pages des journaux, y compris les « torchons réactionnaires », avant de tirer *L'Huma* avec une admiration à peine contenue :

— Et là, regarde : Marie-George parle de vous...

La télé, pendant le déjeuner, chantait une autre chanson.

Dufour, le PDG, se plaignait dans le poste du « saccage de l'outil de travail ». Il nous avait jetés à la rue, mais osait parler du travail! Et de saccage, alors qu'il avait programmé que l'usine serait voué aux démolisseurs. Les images se calaient sur les dégâts. Le journaliste évoquait des destructions, des vols, des pillages. Pour conclure, Dufour menaçait –une rengaine décidément– de poursuites judiciaires.

Je n'écoutais plus, et Riton se redressa pour récupérer la télécommande et coupa la télé. Un geste rare. Pour une fois, nous allions manger sans fond sonore.

À peine assis, il proposa un toast:

— À la victoire de la classe ouvrière!

Comme un seul homme, la famille leva son verre. Lucas et la petite dressaient leurs gobelets de jus de pomme.

Pour eux, j'étais bien plus que le nouveau compagnon de Louise, j'étais définitivement un héros du travail.

Mes frères m'avaient appelé. Peut-être l'avaient-ils fait plus tôt, mais on avait préservé mon sommeil de plomb. L'aîné évoqua le père, la fierté de nous voir, de me voir aux informations. Il fut un peu maladroit:

— Pour une fois… Euh, enfin… Je voulais dire: pour une fois, c'est pour la bonne cause…

Mon autre frangin m'avait reconnu, malgré le masque à gaz. Sa femme, ouvrière dans une entreprise de câblages électriques, tenait à me faire part de l'enthousiasme de ses copines de chaîne:

— Vous avez été formidables!

À l'heure du café, Mimoun entra avec sa femme et me secoua dans ses bras en parlant fort. Il n'avait pas dormi. Sa femme raconta qu'il rigolait tout seul dans le noir. Riton avoua qu'il avait ri lui-même et Jeannette confirma en hochant la tête. Les enfants se jetèrent sur les cornes de gazelles et les *macrout* qu'ils avaient apportés. La pièce embaumait l'eau de fleur d'oranger.

On parla de tout et de rien. Louise expliqua que nous partirions en vacances en novembre prochain.

— Nous irons à Cuba, qu'en penses-tu ?

Les Caraïbes socialistes, pourquoi pas ? Une façon de rester fidèle à mes deux vies.

Question taf, Louise m'avait dégotté une planque de première. Après une longue discussion avec un DRH, un ancien trotskyste, Louise était parvenu au miracle. Trois jours et demi par semaine, 35 heures et pas une minute de plus. Un contrat de six mois, renouvelable. Dialo et Momo enquillaient également. Le Black comme cariste professionnel et le Reubeu en tant que manutentionnaire. C'était d'autant plus extraordinaire que désormais l'étiquette TSTF était saturée de poudre subversive, bien trop anti-patronale pour une carrière ouvrière.

Nous fîmes entre hommes, après les contrats, un tour au *Fontenoy*. Le Chibani était là, avec Paul et Grégoire, tous le coude sur le zinc. Le vieil Algérien les avait enfin décidés à l'accompagner au bled. Et Paul d'expliquer :

— Nous qui avons combattu les flics et la Saloperie, les barbus ne nous font pas peur.

— Y'a pas di barbous, dans mou village… protestait le vieil unijambiste en haussant les épaules.

Goran téléphona un peu plus tard : il invitait toute l'équipe à se réunir samedi prochain, dans son sous-sol sanctuaire.

Dehors, il pleuvait. Les bourrasques drues balayaient la place de la Mairie, délavant de gris les murs et les hommes. Les giboulées de mars frappaient la vitrine d'une volée de clous. Les clients rentraient en se secouant comme les chiens après un bain. Tout le monde parlait de nous. Il fallait expliquer, et expliquer à nouveau. Combien ils étaient, leurs têtes quand nous avions enfilé les masques, leurs culs en l'air alignés devant le fossé et secoués de spasmes…

— Au moins trente à appeler « Raoul ! » en même temps.

Paul soulevait son verre. Avec Riton et Mimoun, ils étaient quelques-uns à s'en retourner la nuit.

À six heures du matin, une explosion secoue la maison endormie. Et puis des cris et une cavalcade dans l'escalier, je suis à peine assis dans mon lit quand des flics cagoulés et casqués braquent sur moi leurs armes à visées lasers. J'ai des points rouges sur la poitrine.

— Bouge pas ! hurle un civil en retrait.

Ils me menottent dans le dos et entreprennent immédiatement le saccage en règle de la chambre. Un procédé qui porte un nom chez la poulaille : « la perquisition de flagrance ».

Je suis plaqué contre le mur, sans défense, ce qui n'empêche pas un casqué de me flanquer régulièrement un coup dans les reins. Riton, Jeannette, Louise et les enfants, Lucas et Myriam sont alignés contre le mur du corridor en chemise de nuit, en pyjama. La petite pleure, le visage contre la cuisse nue de sa mère. Les bras en l'air, Riton proteste :

— Vous êtes pires que les Allemands, nom de nom…

Le flic le plus proche de lui est trop jeune pour comprendre l'allusion. Il se contente de crier :

— Qu'est-ce que tu radotes ? Ferme-la, sinon tu vas le regretter…

Puis ils m'embarquent sans ménagement. Je pense un instant que je vais atterrir au commissariat, mais ils filent directement par la nationale vers le dépôt du Palais de justice. Quand nous arrivons, toutes sirènes hurlantes, des journalistes nous attendent déjà. Des flashs crépitent. Le projo d'une caméra suit notre véhicule jusque dans le parking souterrain. L'un des flics de la voiture grommelle :

— C'est que t'es une vedette, salopard ! On va te faire passer l'envie d'envoyer des collègues à l'hosto, tu vas voir çà.

Ils me poussent dans une salle nue, pour la fouille à corps. Je suis bientôt à poil. L'escorte s'esclaffe :

— Regardez-moi cette BD ! Ça joue le prolo et c'est tatoué comme une racaille.

À peine ai-je le temps de ramasser mes vêtements qu'ils me balancent dans un cachot dégueulasse, puant le tabac froid et la pisse. Je me rhabille dans la pénombre suffocante.

Des pas, l'écho des verrous, sans doute la navette de Fleury ou le car de Fresnes. Quelle heure est-il ? À heure fixe, les prisons déversent leurs pelletées de gars dûment numérotés et convoqués pour recevoir leurs additions.

Des voix.

Je reconnais celle de Momo et, plus loin, le timbre de Léo. Je ne suis pas tout seul ! Je gueule. Ils m'envoient chier en rigolant. Il y a Titi qui crie à la cantonade :

— Bienvenue au club !

Les flics filent de grands coups de pompes dans les portes :

— Vous allez la fermer, oui ! Vos gueules…

Un voisin frappe à mon mur le message codé « Ce n'est qu'un début, continuons le combat ! ». Je reprends le message sur le mur opposé.

À 11 heures, ils ouvrent les portes. Nous sommes huit ouvriers de l'usine. Un officier de gendarmerie décline nos états civils. Au premier coup d'œil, facile de se rendre compte qu'il ne s'agit guère de voyous. Rien à voir avec les files de clients habituels, ils ne jouent pas aux affranchis, ne roulent pas des mécaniques. Ils ont sans doute peur, mais s'arment d'un autre courage, plus simple, plus collectif : nous nous étreignons. Les gendarmes essayent de nous en empêcher, puis renoncent.

Des avocats commis d'office nous attendant sur le palier, on nous informe que nous aurons un quart d'heure pour étudier notre défense.

À l'heure dite, l'officier nous demande de nous préparer. Nous reconstituons la file et nous entrons dans les box de flagrants délits.

À l'énoncé des chefs d'accusation, je saisis que je vais jouer le rôle du bouc émissaire. J'ai droit à la totale, dont le fameux « Violence en réunion ». Sans surprise, le procureur demande un an ferme, et l'obtient. Et avant que je ne quitte le box, il exige l'emprisonnement immédiat. L'avocat roule des manches, en vain. Les pandores me passent les menottes. Il y a des cris dans le public, mais les flics me tirent. J'entends les premières paroles de *L'Internationale* et la voix du Président qui hurle dans son micro :

— Gardes ! Faites évacuer la salle !

Du haut de l'escalier, Momo, qui en a pris pour six mois –mais sans mandat de dépôt–, m'informe que l'équipe m'envoie un baveux, qu'ils vont remuer ciel et terre et que je n'ai pas à m'en faire.

Les libérables me saluent en passant devant ma cellule. Les « Courage ! » claquent comme nos drapeaux au vent. Léo, empêché de s'approcher de moi, fait un scandale et l'officier finit par admettre l'embrassade.

— *Adios Compañero*!

En fin d'après midi, je ne saisis pas pourquoi une escorte m'emporte dans les étages et les couloirs. Et puis je reconnais le couloir, la porte, et mon putain de JAP. Il me reçoit avec sa succion caractéristique.

La satisfaction rayonne sur son visage, même sa greffière sourit. Le juge soulève la feuille dans ma direction.

— La fête est finie, monsieur Branly, la fête est finie… Je fais tomber vos cinq ans de conditionnelle.

Je tente une réponse sobre :

— Je ne suis pas définitivement jugé.

Ma protestation le comble d'aise et ses succions redoublent d'intensité.

— Lisez bien l'attendu, monsieur Branly… Changement d'adresse sans m'en avertir, changement de travail sans m'en avertir, non-paiement des parties civiles durant trois mois…

— J'étais en grève.

— Ah tiens ! Justement… parlons de votre hobby, monsieur Branly.

D'une chemise jaune posée devant lui, il libère un paquet de photos, qu'il me jette en vrac sous les yeux. On m'y voit en train de souder la grille. Au premier rang des ouvriers, le fameux matin, avant que je n'enfile le masque à gaz. Debout devant les CRS. À nouveau visage découvert, empoignant une barre à béton… Les RG ont fort bien fait leur boulot.

— Est-ce là, à votre avis, les agissements d'une personne en pleine réinsertion ? Vous conviendrez que…

— C'est justement le cas, si…

Mais je ne vais pas plus loin, il ne peut pas comprendre. Il cherche en vain une attitude dans sa dent creuse, puis change de sujet :

— Quant à vos exploits littéraires…

Suçotement dédaigneux.

— J'y mettrai également le holà, croyez-moi… Sachez qu'une loi nouvelle m'en donne le pouvoir. Je n'ai d'ailleurs pas manqué d'appeler votre éditeur, qui me semble très coopératif… Certains services du ministère avaient, avant moi, bien fait les choses… Votre… comment appellent-ils ça ? « Directeur de publication », c'est çà ! Bref, il attendra mon accord. Sachez, dès à présent, que si votre… « prose » parle tant soit peu de prison, ou de justice, j'y mettrais mon veto le plus ferme.

Deux ou trois coups discrets à la porte de la cellule. J'ai dormi. Est-ce la promenade ? Je me lève d'un bond.

— Toxic, Toxic…

— Ouais…

Je colle l'oreille au bois peint.

— C'est Raymond… Raymond, de Lannemezan, je suis à Fresnes en transit pour le CD de Toul… Ce matin, j'ai vu l'étiquette. Ils parlent de toi à la radio et à la télé… Tiens, je t'ai dégotté le journal…

Des feuilles glissent sous la porte.

— Tu as besoin de quelque chose ?

— Ben… J'ai rien, en fait !

— OK, OK… On te fait un colis… et en particulier ?

— Des crayons et des cahiers… De quoi écrire, ce qu'il y aura.

— OK, OK… T'inquiètes… On te démerde ça avant ce

soir, t'en fais pas, on est en place… T'inquiètes mon poto, ça bouge pour toi, tes collègues, ta famille…

Et, avec un ton d'infini respect :

— Y'a même des manifs devant le Palais.

Une gueulante de maton le coupe net :

— Hé toi, tu veux que j't'aide ? Avance, et plus vite que ça…

Raymond frappe deux coups brefs en guise de salut.

Ce soir, je pourrai écrire, boire une *Ricoré* et regarder le film de cul à la télé, je retrouve ma « vie civilisée », en quelque sorte !

Ah Raymond ! À peine si on se disait bonjour. Et voilà que par le miracle de la notoriété, je suis son « poto », un poto à la vie, à la mort ! Le folklore… Bah, pas d'importance !

Je me rallonge pour ouvrir le canard. Sur une page entière, le journaliste a repris, avec une délectation évidente et moult détails, mes anciennes condamnations. Le discours que lui ont servi Ballard ou Gerbier s'étale ensuite, sans le moindre bémol : depuis ma libération, je suis soupçonné d'avoir ferraillé avec la police après un braquage, et d'avoir abattu froidement un commerçant parisien. Interrogé, un syndicaliste policier évoque la mesure de libération conditionnelle scandaleuse qui a élargi un tueur notoire, alors que je n'avais pas accompli la moitié de ma peine –la confusion entre date d'incarcération et date de condamnation n'est évidemment pas soulignée– et le flic « représentatif » de fustiger le laxisme de juges, « tenus par des considérations idéologiques » et, comme chacun sait, « post-soixante-huitards » notoires.

Enfin l'article se conclut par le récit des incidents de la veille devant le Palais : des bousculades qui ont dégénéré et de violentes bagarres. Le scribouillard raconte qu'une grêle de pierres a endommagé deux voitures de police, qu'un flic a été roué de coups et hospitalisé. Viennent ensuite des épisodes d'agitation qui se déplacent vers la cité. Des véhicules ont brûlé dont –raconte-t-il– celui d'un maton de la Santé. En bas, sous une photo des « exactions » sur laquelle je ne reconnais personne, un simple encadré annonce, sans aucun détail, l'incendie du commissariat. L'information est sans doute tombée après le bouclage : ils ont voulu la mettre, mais n'avaient pas de détails du genre croustillant.

Je me relève, impossible de rester en place. Je marche de la fenêtre à la porte, une dizaine d'allers et retours pour retrouver mon calme.

Pour la première fois depuis deux jours, je rigole.

Le soir même, après la gamelle et la fermeture des verrous, le journal régional de FR3 s'ouvre avec le titre :

VIOLENTS INCIDENTS SUITE AU PROCÈS DES CASSEURS DE LA TSTF.

Les images, prises à l'épaule devant le Palais, sont confuses. Mais je reconnais Goran, Lulu, Giraud… et beaucoup de copains. Ils scandent :

Libérez not' camarade !
Libérez not' camarade !

Léo est interviewé, juste à sa sortie de la souricière du Palais. L'enregistrement force son accent d'Espingouin :

— Yé lé quitté à l'instant, il est confiant et très solidé… Lé combattt continu yusqu'à sa libéracion…

Encore des images floues, mais on y devine les éclairs des bouteilles incendiaires qui zèbrent la nuit. Je devine Riton et Mimoun, casquette baissée, qui encouragent une vingtaine de gamins encagoulés.

Au journal du matin, un travelling rend compte du commissariat ravagé, fenêtres noircies, toiture effondrée.

Je ne quitte plus la télé.

Vers midi, le ministre de l'Intérieur se déplace sur les lieux en vociférant devant des caméras complaisantes. Il est suivi d'une clique d'enrubannés forçant sur le tricolore. Le technocrate en appelle à la « répression sans faille » de ces « casseurs irresponsables ».

Au JT de 13 h 00, le présentateur ouvre sur une importante manifestation –mille participants selon les organisateurs, trois cents selon la police– réunie devant la mairie.

— Sur place, notre correspondant…

Le cameraman s'attarde sur les premiers rangs au point qu'on se demande s'il ne revend pas ses images aux RG. Mais elles défilent comme un album de famille. Je n'entends pas un mot du commentaire.

Ils sont tous là. Ils me parlent. Ils s'adressent à moi.

Goran s'empare du micro – « les aléas du direct »– et m'annonce la visite demain à Fresnes d'un élu du Parti. Puis Lulu rappelle le soutien inconditionnel du syndicat à tous les grévistes de la TSTF, aux condamnés et à ma pomme qu'il nomme « l'embastillé ». Au-dessus des rangs, le Chibani agite le drapeau palestinien. Riton rivalise avec le sien, rouge faucille et marteau. J'entrevois Lucas à ses côtés.

Puis, très nettement Louise et Jeannette… et Mimoun, et là… Oui : ce sont mes frères, et leurs femmes.

Momo, Sacha, Dialo…

L'équipe des « bras cassés » est au grand complet, mais aussi les « granulés », la cégette, les Ch'tiots.

Merde, non ? Mais si : voilà les piliers du *Fontenoy*, les jeunes et les anciens.

Ils sont tous là, leurs visages occupent tout l'écran de cette télé. Derrière la banderole, ils dressent le poing en criant :

Libérez not' camarade !
Libérez not' camarade !

Mon cœur frappe fort dans ma poitrine, l'émotion me vrille la respiration. Je chiale comme un môme.

Comment expliquer ça ?

Je les aime… Tous… mes collègues et mes copains…

Eux, et notre classe ouvrière !